盾构隧道接缝渗漏特性与分析方法

龚琛杰　丁文其　朱合华　彭益成　著

中南大学出版社
www.csupress.com.cn
·长 沙·

图书在版编目(CIP)数据

盾构隧道接缝渗漏特性与分析方法 / 龚琛杰等著. --长沙：中南大学出版社，2025.6. --ISBN 978-7-5487-6229-4

Ⅰ. U459.5

中国国家版本馆 CIP 数据核字第 2025U49F92 号

盾构隧道接缝渗漏特性与分析方法

DUNGOU SUIDAO JIEFENG SHENLOU TEXING YU FENXI FANGFA

龚琛杰　丁文其　朱合华　彭益成　著

□出 版 人　林绵优
□责任编辑　伍华进
□责任印制　李月腾
□出版发行　中南大学出版社
社址：长沙市麓山南路　邮编：410083
发行科电话：0731-88876770　传真：0731-88710482
□印　　装　广东虎彩云印刷有限公司

□开　　本　710 mm×1000 mm　1/16　□印张 15　□字数 301 千字
□互联网+图书　二维码内容　图片 31 张
□版　　次　2025 年 6 月第 1 版　□印次 2025 年 6 月第 1 次印刷
□书　　号　ISBN 978-7-5487-6229-4
□定　　价　78.00 元

内容简介

Introduction

本书阐述了作者在盾构隧道接缝渗漏特性模拟与分析技术方面的研究成果，针对盾构隧道建造与运营阶段出现的接缝渗漏水问题，系统介绍了用于盾构隧道接缝渗漏特性分析的物理试验、失效机理、模拟技术和设计方法。全书共8章，内容包括：绪论、盾构隧道接缝密封垫接触力学特性物理试验方法、盾构隧道接缝密封垫渗漏特性物理试验方法、盾构隧道接缝密封垫渗漏失效机理、盾构隧道接缝密封垫渗漏特性数值模拟方法、盾构隧道接缝密封垫精细化设计方法、盾构隧道接缝密封垫渗流特性分析方法、局部接缝渗漏条件下盾构隧道流固耦合计算模型。

本书可作为高校土木工程专业本科和研究生教材，也可用于隧道与地下工程领域相关研究人员的学习参考用书。

前言

Foreword

盾构法隧道具有施工效率高、安全性好、对周围环境影响小等优点，已成为我国越江跨海隧道建设的主流工法。进入21世纪以来，我国水下盾构隧道发展迅猛，突破了众多技术瓶颈，新建和运营水下盾构隧道数量和里程均位居世界第一。

盾构隧道衬砌结构由预制钢筋混凝土管片拼装而成，管片接缝的总长度为隧道自身长度的10倍以上，量大面广的接缝，是盾构隧道衬砌结构防水的薄弱环节。由于缺乏科学的分析方法和设计理论作为指导，大量盾构隧道饱受渗漏水病害困扰，不仅需要花费巨大的成本进行整治和堵漏，还给隧道的安全运营带来重大威胁。此外，随着工程建设的进一步发展，盾构隧道正呈现出“超大直径、超高水压、超长距离”的新特征，这无疑给盾构隧道的防水安全带来了新的挑战。如何实现盾构隧道“不渗不漏”，已成为学术界和工程界的研究焦点。

本书针对盾构隧道接缝渗漏水病害，在国内外研究成果的基础上，汇总作者多年以来的研究经验和实践成果，探讨了高水压条件下盾构隧道发生接缝渗漏水的诱因和机理。本书首先介绍了盾构隧道接缝密封垫接触力学特性试验方法，建立了接缝密封垫渗漏特性试验方法，并通过大量的物理试验对其渗漏特性开展了详细的分析；接着，深入分析了盾构隧道接缝密封垫渗漏失效机理，构建了基于界面张开的渗漏特性数值分析方法，发展了盾构隧道接缝密封垫精细化设计方法；最后，提出了局部接缝渗漏条件下的盾构隧道流固耦合数值计算模型，探明了接缝渗漏水情况下盾构隧道结构变形和力学响应特性。

本书由龚琛杰、丁文其、朱合华和彭益成撰写，感谢研究生解超然、程明进、刘洋博、林赞权等在书稿撰写、文档整理等方面所做的协助工作。本书内容是在作者博士学位论文以及相关期刊论文的基础上整理并丰富而成的。本书的研究工作得到了国家自然科学基金面上项目（52278421）、重大项目（52090083）、青年项目（51908557）、中国博士后科学基金面上项目（2024M762418）和湖南省科技人才托举工程项目（2023TJ-N24）的资助，在此一并致谢。

鉴于研究主题的复杂性，有些问题研究尚浅，相关工作仍有待继续深化研究。加之限于作者水平，书中不足之处在所难免，恳请读者批评指正。

作者
2024 年 12 月

目录

Contents

第1章 绪 论

21世纪以来，在建设“交通强国”和“海洋强国”的战略目标指引下，越江跨海交通的重要性日益凸显。越江跨海通道已成为连接沿海城市、促进区域经济一体化的重要纽带，也是确保国家战略安全的重要工程需要。国务院、国家发展改革委相继发布了《国务院关于依托黄金水道推动长江经济带发展的指导意见》《长江干线过江通道布局规划(2020—2035年)》等重要文件，明确指出：目前过江通道仍存在通道总量偏少、部分过江通道负荷较重、资源集约水平利用不高等亟待解决的矛盾和问题；到2025年，建成过江通道180座左右；到2035年，建成过江通道240座左右。桥梁作为越江跨海的主要手段，在其数量不断攀升的同时，越来越显现其局限性[1]：如恶劣天气难以保证全天候通行、桥梁净空高度对通航船舶吨位的限制等。而盾构法隧道具有施工效率高、安全性好、对周围环境影响小、可全天候通行等优点，已广泛用于城市轨道交通及跨海越江通道建设，如：在建的甬舟铁路金塘海底隧道[2]，已通车的妈湾跨海通道[3]，论证规划中的琼州海峡跨海通道、渤海海峡跨海通道和台湾海峡海底铁路隧道也均推荐以盾构法作为主体修建方案[4-5]。与桥梁方案不同，采用隧道方案建设越江跨海通道将面临着复杂的水下环境和较高的外部水压，盾构隧道接缝渗漏水问题已经成为制约工程高质量建造和高品质运维的技术瓶颈难题。

1.1 问题的提出

跨海越江隧道因其可全天候通行，抗震性能好，不影响江海环境，具有环境友好型、资源节约型的特点，已成为我国可持续发展的重大需求。不同于钻爆法隧道，盾构隧道呈现出“拼装式”非连续结构形式，每公里单圆盾构隧道包含5000~6000块管片，接缝总长度为隧道自身长度的10倍以上[6](图1-1)，众多管片接缝成为了隧道防水的薄弱环节。国内外盾构隧道在长期运营过程中，出现了大量的接缝渗漏水病害[图1-2(a)]，张成平等对北京地铁盾构隧道区间进行了调查统计，渗漏点多达 417 处，其中管片接缝渗漏病害数量为 255 处，占比超过 60%[7]；WU 等对上海地铁 1 号线的渗漏水部位进行统计分析，发现管片接缝部位的渗漏水占比超过了 90%[8][图 1-2(b)]。

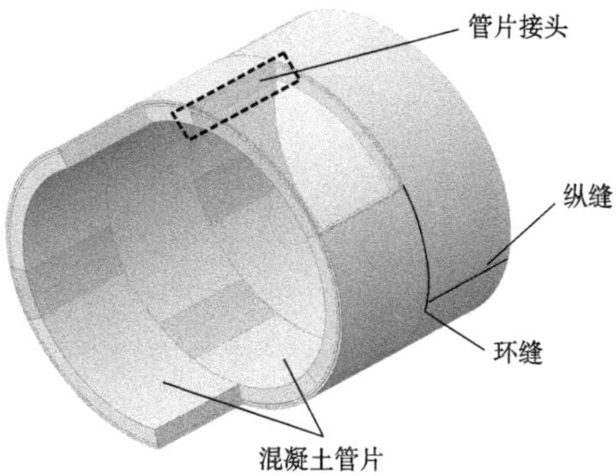

图 1-1　盾构隧道管片结构

(a) 管片接缝渗漏水现场照片

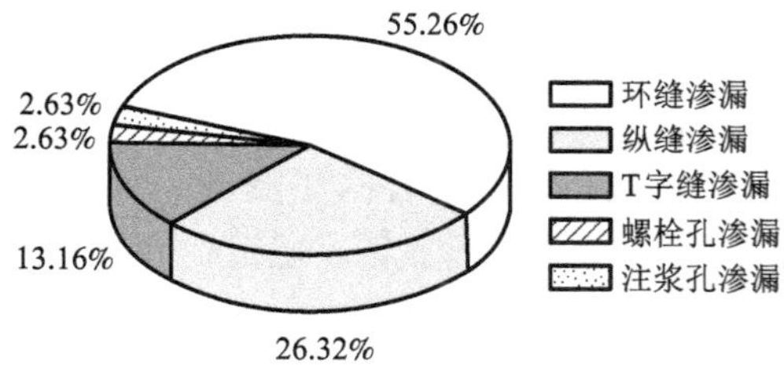

(b) 上海地铁1号线渗漏水位置统计

图 1-2　盾构隧道管片接缝渗漏水病害

隧道一旦发生渗漏水事故，堵漏和修复的难度较高，极大增加了运营和维护的成本[9]。接缝渗漏水不仅会导致隧道内部设施受损，还会导致隧道沉降甚至隧道结构破坏，严重威胁着隧道的安全运营[10]。特别是随着我国工程建设需求的发展，越江跨海盾构隧道面临着更为复杂的地质条件，呈现出高水压、大直径、大埋深的结构特点，增加了盾构隧道接缝发生张开、错台的可能性，使得盾构隧道接缝防水安全备受挑战，如何保障高水压盾构隧道防水密封可靠性成为未来需要面对的关键问题[11]。

目前，盾构隧道通常采用多孔的三元乙丙橡胶密封垫作为接缝防水的核心构件，依靠管片拼装的弹性反力产生接触应力实现接缝防水。这种密封垫在 1983 年建成的英国谢斯菲尔德隧道最早使用，在我国已有几十年应用历史[12]。

然而，盾构隧道接缝变形受力特征复杂，这使得密封垫的设计需要兼顾多项设计指标：在满足短期和长期防水要求的前提下，既要兼容管片接缝可能产生的大张开、大错位变形，又要控制压缩力，避免压溃管片沟槽，保证管片顺利拼装。因此，盾构隧道密封垫通常被设计为大截面、受力复杂的多孔结构，而非机械密封领域广泛使用的实心 O 形圈结构。

在近几十年的工程实践当中，国内外的盾构隧道工程涌现出种类繁多的密封垫截面形式以及接缝防水构造，但密封垫截面形式复杂多变，特别是在外部水压作用下，密封垫的力学行为变化更为复杂，增大了接缝渗漏失效分析的难度，这也使得目前大量的工程设计仍然依赖于经验类比。因此，迫切需要科学的理论体系指导盾构隧道接缝防水结构设计，为我国高水压、大直径越江跨海盾构隧道建设奠定理论基础。

1.2 国内外研究现状

本书主要讨论盾构隧道管片接缝在外部水压作用下的渗漏特性和密封失效机理，这些内容涉及盾构隧道接缝密封垫的物理试验方法和数值模拟技术，因此下面重点阐述盾构隧道接缝防水性能试验方法、接缝密封垫数值模拟方法及接缝局部渗漏流固耦合分析三个方面的研究现状。

1.2.1 盾构隧道接缝防水性能试验方法

盾构隧道弹性密封垫的防水试验是接缝渗漏特性分析的基础，也是确定盾构隧道密封性能的重要手段。密封垫防水试验最早由德国的 PAUL 教授[13]提出，他将框型的密封垫安装于带有沟槽的钢模具中，通过千斤顶压缩钢模具模拟管片的拼装过程，在框型密封垫的内部空腔施加水压，实现了一字缝密封垫防水性能的测试。在此之后，国内外学者不断改进现有的试验装置，取得了一系列的研究进展。表 1-1 汇总了 20 多年来国内外学者开展的接缝密封垫防水试验研究。

表 1-1 盾构隧道接缝密封垫的防水性能试验研究汇总

沟槽类型	研究目的	工况	研究人员
钢制沟槽	地铁隧道工程的密封垫设计选型	一字缝和 T 字缝	陆明[14]
钢制沟槽	接缝张开和错位对密封垫防水性能的影响	一字缝	OHTSUKA[15]
钢制沟槽	接缝张开和错位对密封垫防水性能的影响	一字缝	SCHURCH[16]

续表 1-1

沟槽类型	研究目的	工况	研究人员
钢制沟槽	越江隧道工程的密封垫设计选型	一字缝和T字缝	赵运臣等[17]
钢制沟槽	接缝张开、错位和转动对密封垫防水性能的影响	一字缝	刘建国[18]
混凝土沟槽	地震荷载对密封垫防水性能的影响	一字缝和T字缝	SHALABI 等[19]
钢制沟槽	密封垫底部开孔与否对密封垫防水性能的影响	一字缝	SHALABI 等[20]
混凝土沟槽	越江隧道工程的密封垫设计选型	一字缝	赵明[21]
混凝土沟槽	密封垫实心转角对密封垫防水性能的影响	T字缝	黄星程[22]
钢制沟槽	接缝张开和错位对密封垫防水性能的影响	一字缝	沈佳佳[23]
钢制沟槽	火灾高温对密封垫防水性能的影响	T字缝	刘腾等[24]
混凝土沟槽	深层排水隧道工程的密封垫设计选型	一字缝	吴炜枫等[25]
混凝土沟槽	深层排水隧道工程的密封垫设计选型	一字缝	朱洺嵚等[26]
钢制沟槽	接缝张开和错位对密封垫防水性能的影响	一字缝	董林伟等[27]
钢制沟槽	地震荷载作用下的密封垫设计选型	T字缝	谢宏明等[28]

上述研究表明，盾构隧道接缝弹性密封垫的防水性能和力学性能已逐渐成为隧道工程的研究热点问题。通过室内模型试验的手段，对特定工程的接缝密封垫的设计选型积累了较丰富的研究成果和技术体系。然而，既有的试验研究多集中于接缝张开和错位模式下某一个/几个密封垫的荷载-压缩量曲线和接缝张开量-渗漏水压曲线的测试，以验证工程选型密封垫断面的合理性，对接缝密封垫的防水性能的本质关注很少，更缺少对接缝弹性密封垫在水压作用下的变形模式和接触应力分布规律的研究，以及深入全面的防水密封机理分析和张开渗漏精细计算模型。

1.2.2 盾构隧道接缝密封垫数值模拟方法

盾构隧道管片受复杂的外荷载作用和施工因素的影响，不可避免地会产生接缝张开、错位、转动等变形情况，使得接缝密封垫的变形情况更为复杂，增加了密封垫防水失效的风险。但是多工况的防水性能测定试验流程复杂、工作量大，而且受限于试验技术手段，难以观察和测定密封垫在水压作用下的失效变形过程和应力分布状态。因此，数值模拟方法作为一种高效、便捷的手段，被广泛运用于密封垫压缩性能和防水性能的研究，近年来已有大量学者开展了相关研究。

在密封垫压缩性能模拟方面，向科[29]、雷震宇[30]研究了密封垫压缩过程中的孔洞变形、接触面的应力大小及分布规律，提出了通过有限元方法对密封垫断面孔洞优化的设计思路。欧阳文彪[31]通过数值模拟分析了橡胶硬度与密封垫开孔率等对密封垫压缩性能的影响，并将结果与力学试验结果进行对比。王文浩[32]通过有限元软件对多种密封垫截面形式的压缩性能及防水性能进行对比，对比了圆角三角形孔和圆形孔密封垫的防水性能。罗驰等[33]借助数值模拟结果，分析了密封垫孔洞排布方式对其防水能力的影响。张子新等[34]采用数值模拟方法研究锚固式密封垫的接触应力分布和防水性能，对比了两类密封垫的防水性能差异。

在密封垫防水性能模拟方面，王湛[35]基于平均接触应力的概念，对接缝张开和接缝错位模式下的不同接触面上的接触应力进行比较，从而预测渗漏的发生位置；孙廉威[36]建立了一种水压施加随密封垫变形动态调整的有限元模型，揭示了接缝张开模式下的防水失效机制，提出了用于评价弹性密封垫防水性能的安全系数的概念。WU 等[37]探索了一种新的数值方法以模拟盾构隧道衬垫接头的局部泄漏，这种方法可以有效地克服泄漏单元的实体网格的限制，并大大减小计算误差。周文锋等[38-39]、WU 等[40]采用欧拉-拉格朗日耦合方法(CEL 方法)建立了流固耦合模型，对盾构隧道管片密封接缝的渗流进行了模拟，并对密封接头在整个渗流过程中的渗漏形态和应力变化进行了一系列的数值研究。

由上述研究可见，有限元数值模型已广泛应用于密封垫防水性能研究，能够充分考虑材料非线性、几何非线性和复杂接触关系，进一步明确了密封垫不同设计参数对力学变形规律的影响。尽管一些更为精确的数值模拟方法(如 CEL 方法)，可以考虑密封垫与外部水压的流固耦合效应，但这些方法建模较为复杂，计算非常耗时且难以收敛，特别是在压缩量较大的工况下，密封垫网格极有可能产生畸变和穿透，限制了这些方法的应用。

1.2.3 盾构隧道接缝局部渗漏流固耦合分析

当盾构隧道修建于富含地下水的环境中时，各种原因导致的地下水压力场的改变都会引起土体和隧道结构本身的应力与变形的改变。引起地下水压力场改变的原因多种多样，如在盾构施工时，开挖面平衡和盾构注浆等过程都会引起隧道周围孔隙水压力场的改变。YI 等[41]通过建立考虑土体固结和应变硬化行为的数值计算模型对上海芙蓉江污水管隧道由盾构施工引起的孔隙水压力和土体位移的改变进行了分析。

除了施工期的影响，在后期运营中，盾构隧道渗漏水引起的隧道变形和内力变化也是不可忽略的一个重要因素，其是一个复杂的相互作用过程，在这个过程中，对盾构隧道渗漏情况的定义十分重要。在实际盾构隧道中，由于管片多采用抗渗性能较好的材料，因此渗漏水情况一般发生在管片接缝、注浆孔和手孔等处，但在理论分析时，由于复杂的边界条件难以得到解析结果，所以往往将局部的渗漏水等效为衬砌管片整环渗漏。

O' REILLY 等[45]采用衬砌有效渗透的方法研究英国 Grimsby 隧道在长达 11 年的时间内的纵向变形情况，计算结果表明，该方法基本可以反映地表的整体沉降趋势。因而，O' REILLY 等认为对盾构隧道的渗水问题可以用等效均质渗透的思想。LI 等[46-47]得到了衬砌有限渗透条件下隧道开挖引起的土体应力和变形随时间变化的解析解。SHIN[48]依然采用等效渗透的思想，基于英国伦敦和韩国首尔的地层条件，分别建立了考虑完全渗透、有限渗透、不渗透和水位变化情况等因素的数值模型，计算分析了孔隙水压力、土体有效应力、作用在隧道上的荷载、衬砌轴力分布等。张冬梅等[49]采用等效渗透原理研究了衬砌渗透性对地面沉降发展和地层损失的影响，并结合上海地铁 2 号线某区间，对隧道长期沉降的发展进行了预测和比较。包鹤立[50]在考虑衬砌半渗透条件下，提出了处于饱和黏弹性土体中隧道的固结解析解。根据三单元流变模型和太沙基-伦杜立克固结理论，建立衬砌半渗透条件下的超孔隙水压力的控制方程，利用解析解对上海地铁 1 号线的长期沉降进行预测。ARJNOI 等[51]首先给出了两种不同排水条件下(一种是假定隧道衬砌周围孔隙水压力为 0 Pa，另外一种是认为隧道衬砌周围孔隙水压力为一固定水头)隧道稳态渗流场的解析解，并且运用数值模拟方法对曼谷地铁蓝线南延伸段隧道结构渗流场进行了模拟，研究了不同渗流边界条件下孔隙水压力场分布、衬砌应力等。

ATKINSON 和 MAIR[52]基于有效应力原理对不同排水条件下的隧道周围水土压力进行分析，认为深埋隧道在衬砌发生渗水时对周围土体中原来的水位线影响较小，因此作用于衬砌上的水压力基本保持不变。LEE 和 NAM[53]结合首尔地铁 5 号线研究了不同排水条件下作用在隧道衬砌结构上的渗流力的影响，并且结合实际工程对隧道施工时两个影响开挖面的稳定性的因素(即作用于开挖面的有效应力和渗流力)进行了分析，为隧道衬砌结构的设计和施工提供了参考。

上述将盾构隧道的局部渗流简化为整体渗流的方法虽然较易获得解析解，但也存在一定的问题，如 WONGSAROJ 等[54]发现，将衬砌看作均质渗透体，衬砌周围的局部孔压分布与现场监测值会有较大差异，由此计算得到的隧道和地层沉降与实际也存在一定的差距。因此，一些学者根据隧道实际情况，对隧道衬砌结构不同部位设置不同的渗透系数，以模拟隧道局部渗透特性。郑永来等[55]以上海盾构隧道为算例，认为隧道上部和下部的渗水情况不同，通过对隧道上部和下部分别设置了不同的渗透系数，计算分析了渗流对沉降的影响。吴怀娜等[56]认为隧道封顶块处渗漏水情况较为集中，研究了在隧道顶部发生渗漏时对盾构隧道沉降的影响，并认为地表的沉降量与隧道的渗水量成正比。刘印等[57]提出了一种模拟盾构隧道局部接头渗水的计算方法，在稳定渗流状态对应的相同渗水量的前提下，对比分析了管片在不同接头渗水条件下隧道周围土体孔压分布、地表和隧道沉降以及隧道变形规律。

综上，对盾构隧道局部渗漏引起的隧道和地层沉降以及隧道结构内力的变化的研究，目前以二维模型为主，尚未开展局部渗漏对隧道纵向变形的研究；目前对盾构隧道局部渗漏引起隧道变形的研究中采用的模型均为经过一定简化的隧道结构力学模型，其无法真实反映盾构隧道实际的力学特性；对盾构隧道局部渗漏所引起的流固耦合特性的研究尚未深入。

1.3 本书内容

本书基于国内外研究现状，采用资料调研、室内试验、理论推导和数值模拟的研究方法，系统开展了盾构隧道接缝密封垫接触力学感知试验、渗漏特性物理试验、渗漏失效机理分析、渗漏特性数值模拟、精细化设计方法、密封垫界面渗流特性分析及局部接缝渗漏条件下的流固耦合分析等七部分的研究工作。全书共分 8 章。第 1 章为绪论；第 2 章为盾构隧道接缝密封垫接触力学特性物理试验方法；第 3 章为盾构隧道接缝密封垫渗漏特性物理试验方法；第 4 章为盾构隧道接缝密封垫渗漏失效机理；第 5 章为盾构隧道接缝密封垫渗漏特性数值模拟方法；第 6 章为盾构隧道接缝密封垫精细化设计方法；第 7 章为盾构隧道接缝密封垫渗流特性分析方法；第 8 章为局部接缝渗漏条件下盾构隧道流固耦合计算模型。

第 2 章　盾构隧道接缝密封垫接触力学特性物理试验方法

2.1　概述

接触应力是评价密封垫防水性能的重要性能指标，然而橡胶密封垫结构形式复杂，使得常规的试验手段很难获取密封界面上非均匀的接触应力分布。为此，本章设计了一种通过薄膜压力传感器开展管片接缝密封垫接触应力精细化测试的试验方法，获取了密封垫压缩过程和渗漏过程的接触应力的三维空间分布，并通过建立三维管片接缝密封垫压缩数值模型和 Hertz 接触理论分别从接触应力分布规律和平均接触应力大小两个方面对力学试验的精度进行验证，从而精确地获得管片接缝密封垫压缩过程中接触面上的空间应力分布规律；在此基础上，开展了接触面渐进渗漏试验，提出用水压渐进渗漏过程前后密封垫间的接触应力变化来表征理论渗漏面水压。

2.2　接触应力精细化试验方法

2.2.1　试验原理

微观条件下，密封垫的接触表面是凹凸不平的，如图 2-1 所示。因此，密封垫-密封垫接触面上的应力分布不是均匀的，而是变化的。除此之外，现有的有限元手段已经证实密封垫-密封垫接触面接触应力的不均匀分布特征，且接触应力的分布受断面开孔率、开孔形状、橡胶硬度、开槽数量等多种因素的影响[26]。

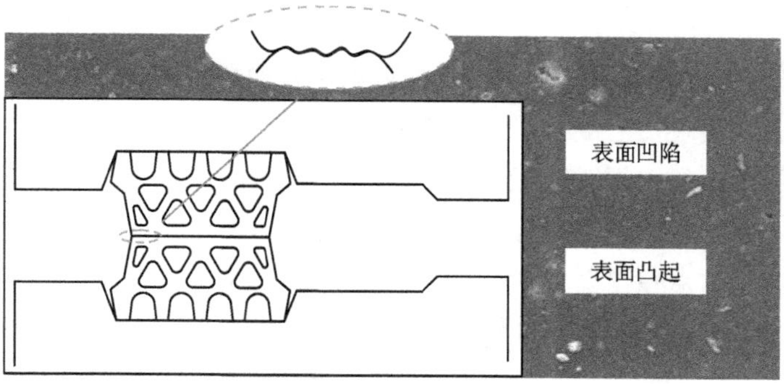

图 2-1　密封垫微观表面接触图

现有的管片接缝密封垫力学试验研究的对象多为闭合压缩力或接触面的平均接触应力，有限元分析中也多采用以二维模型提取线路径应力的方式来探究接触应力分布规律。平均接触应力固然能够在一定程度上表征上、下密封垫的贴合程度，但也有其局限性。一方面，密封垫表面的应力分布不均匀，另一方面，密封垫接触应力的研究归根结底是要探讨防水性能，而用平均接触应力来进行研究有其局限性，因为渗漏路径通常都是曲折的，不能用某单一截面来表示，如图 2-2 所示。

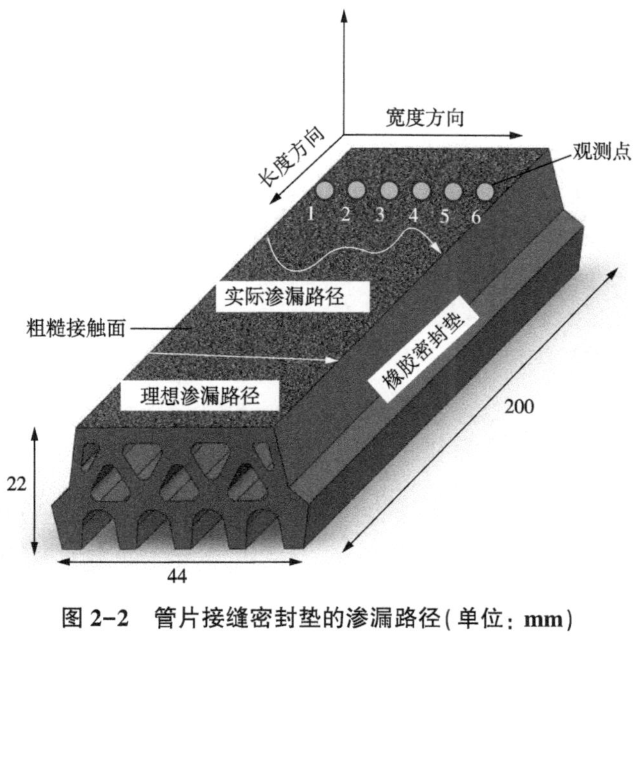

图 2-2　管片接缝密封垫的渗漏路径(单位：mm)

管片接缝密封垫精细化力学试验原理如图 2-3 所示。在密封垫压缩的过程中，宏观上看到的相互接触的上、下密封垫表面，若从微观角度来看，实际上是密封垫表面微凸体之间的相互接触，当观测尺度足够大时可以理解为无数个点与点之间的接触。接触点之间的应力记为(σ_x, σ_y, σ_z)，当在上、下两个密封垫之间设置一厚度很小的薄层(薄膜压力传感器)时，可以简单地理解为在原先接触的两个点之间增加了过渡层，同时也可以将上、下两个密封垫表面与过渡层之间的接触简单地理解为点接触。此时分别记上、下两个密封垫表面微凸体与过渡层之间的接触应力为(σ_{x1}, σ_{y1}, σ_{z1})和(σ_{x2}, σ_{y2}, σ_{z2})。事实上，过渡层的存在，必定会对压缩过程中表面的变形产生影响，即添加薄层后接触的两个点必然不会是原先接触的那两个点。然而，若取极限状况，即当薄层厚度趋于无限小时，又回到了真实的接触状况。由此，当薄层厚度趋于无限小时(σ_{x1}, σ_{y1}, σ_{z1})和(σ_{x2}, σ_{y2}, σ_{z2})与(σ_x, σ_y, σ_z)可以近似认为相等。因此，在密封垫压缩过程中，难以测量的上、下两个密封垫之间的接触应力，通过设置薄膜压力传感器来间接测量，只需尽可能地减小薄膜压力传感器的厚度即可达到足够的精度。

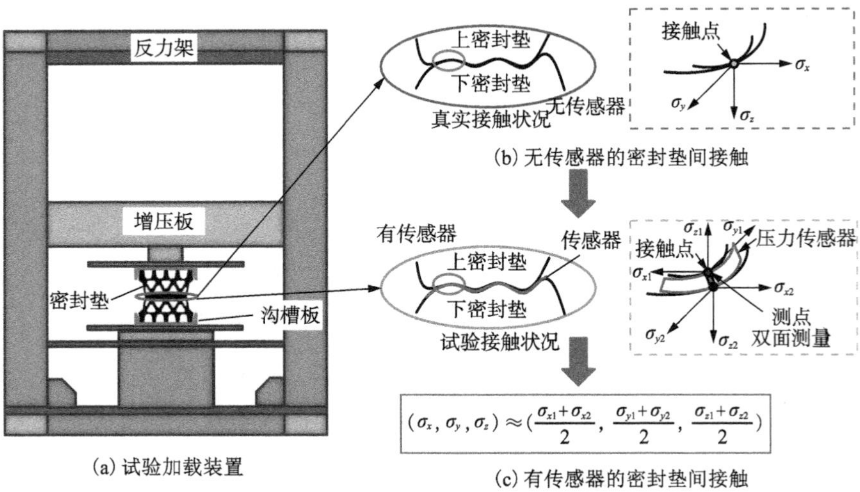

图 2-3　密封垫精细化力学试验原理图

当外水压侧向作用于密封垫表面且尚未形成渗漏通道时，通过传感器测得的接触应力值理论上是密封垫挤压产生的。但当密封垫与密封垫表面形成稳定的渗漏通道乃至渗漏面时，接触面的接触应力会产生一定变化。这是因为渗漏面的水体会对密封垫产生挤压作用，所以密封垫的接触应力会发生变化。以此为研究前提，就可以通过分析密封垫接触面的应力变化量进而分析渗流面的水压力分布及变化规律，可对后续探究理论渗漏水压的变化规律和双道密封垫防水机理起铺垫的作用。

2.2.2　试验设计

力学试验包含两个方面的内容：①无水压加载的接触面接触应力测试，探究无水压作用下密封垫-密封垫接触面接触应力的空间三维分布规律、接缝张开变形下的接触面平均接触应力大小、接缝不连续变形对接触面平均应力的影响；②有水压加载的接触面接触应力测试，探究了有水压作用下的接触面接触应力分布规律、接触面渗漏前后的接触面接触应力的变化规律，以及接缝张开变形对理论渗漏水压的影响。精细化力学试验设计如图 2-4 所示。

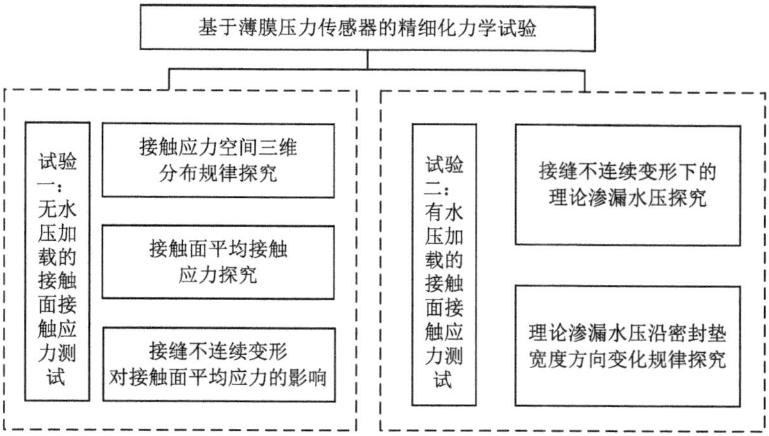

图 2-4　精细化力学试验设计图

接缝不连续变形工况主要从接缝的张开量来考虑：一方面试验的出发点是探究上、下密封垫接触面的接触应力空间分布规律，错位下测得的结果包含密封垫顶面与侧边的接触结果，偏离了试验目的；另一方面考虑到错位情况下密封垫的挤压变形对薄膜压力传感器会产生较大的剪切力作用，影响试验结果。故本节仅从张开量来设置试验工况，试验工况见表 2-1。

表 2-1　试验工况表

试验类型	工况
无水压加载的接触面接触应力测试	张开 0 mm、4 mm、8 mm、12 mm
有水压加载的接触面接触应力测试	张开 4 mm、8 mm、12 mm

2.2.3 试验方案

(1)试验装置及材料

力学试验的密封垫断面尺寸如图 2-5 所示，试验中的密封垫长度为 200 mm，橡胶的主要参数满足《高分子防水材料 第 4 部分：盾构法隧道管片用橡胶密封垫》(GB 18173.4—2010)的相关规定，具体见表 2-2。

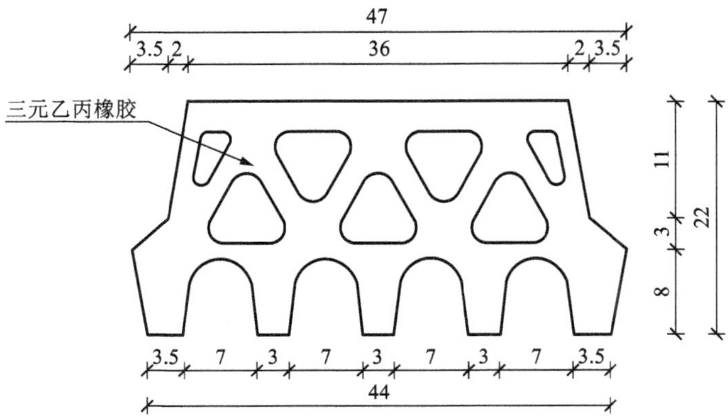

图 2-5 密封垫断面图(单位：mm)

表 2-2 三元乙丙橡胶密封垫材料主要参数指标

性能项目		要求的性能指标
邵氏硬度/HA		67
硬度偏差/HA		±5
拉伸强度/MPa		≥10
拉断伸长率/%		≥330
压缩永久变形/%	70℃×24 h，25%	≤25
	70℃×72 h，25%	≤15
热空气老化(70℃×96 h)/%	硬度变化/HA	≤6
	拉伸强度降低率	≤15
	拉断伸长率降低率	≤30
防霉等级		不低于二级

本次密封垫精细化力学压缩试验所采用的加载装置和控制系统为中南大学大型仪器平台的生物力学试验机(型号为 MTS Insight 30)，夹持装置分为上、下盖板和上、下沟槽板，试验中可通过控制系统设置压缩位移量实现指定的张开量，通

过调节上、下沟槽板的相对位置实现指定的错位量，如图 2-6 所示。考虑水压加载的接触面接触应力试验采用的试验装置根据 GB 18173. 4—2010 中相关要求经一定改进而成。本次试验装置包含上、下沟槽板，反力梁，框架底座，水压表及电动试压泵。防水试验装置如图 2-7 所示，断面形式及沟槽尺寸如图 2-8 所示。本次试验采用钢沟槽虽然会对试验产生一定的影响，但本节重点探究的是密封垫-密封垫渗漏路径下的防水机理，故能保证试验处于合理的简化范围之内。

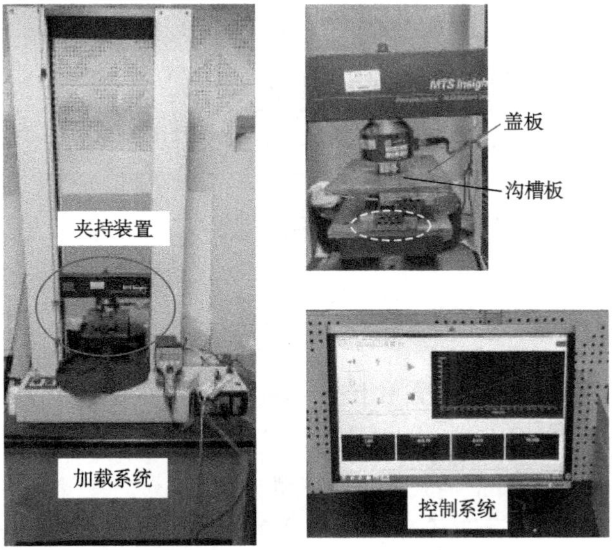

图 2-6　密封垫力学试验装置图

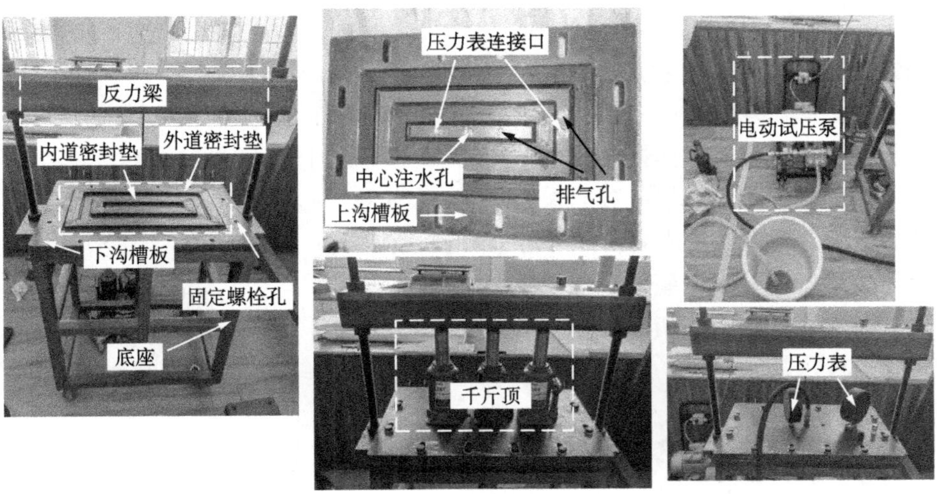

图 2-7　防水试验装置图

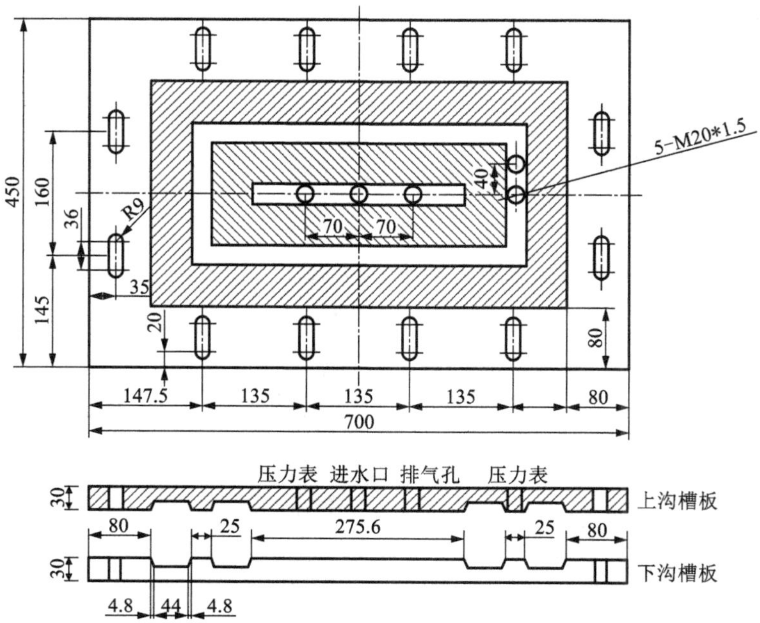

图 2-8　断面形式及沟槽尺寸图(单位：mm)

试验采用 Forcemapping 薄膜压力分布测试系统(包含采集器和薄膜压力分布传感器)，其中薄膜压力分布传感器用于接受压力产生信号，采集器负责接收和采集传感器产生的信号并将之传到操作系统，操作系统能够实时显示测量值。传感器的测点密度为 16 个/cm^2，量程为 6 MPa，精度为 10%，分布式传感器的厚度不足 1 mm。由前所述，可认为能测得接触面之间的点对点接触应力。精细化力学测试装置如图 2-9 所示。

(2)试验步骤

无水压加载的接触面接触应力测试包含以下几个试验步骤：

①将薄膜压力传感器与数据采集系统、操作系统进行连接，将薄膜压力传感器放置于上、下密封垫之间，将密封垫放置于沟槽板中，用盖板压在沟槽板上，并整体放置于试验机底座上。

②设置好试验机的初始程控(当出现力时进行位移清零，开始以 50 mm/min 的恒定速度压缩密封垫，当达到工况设置的张开量时结束加载)，启动试验机开始试验。

③当出现位移清零之时，打开采集仪开始采集数据，加载结束且读数稳定后停止采集，保存数据开始下一组实验。

有水压加载的接触面接触应力测试包含以下几个试验步骤：

图 2-9　精细化力学测试装置

①将薄膜压力传感器与数据采集系统、操作系统进行连接，将薄膜压力传感器放置于上、下密封垫之间。

②用千斤顶将橡胶密封垫压缩至指定张开量。此时打开数据采集系统，实时采集试验数据。

③逐级加载水压，每级增加 0.1 MPa 且稳定 5 min，直至接触界面出现渗漏，结束采集，卸载水压开始下一组试验。

2.3　无水压作用的力学试验结果

为了能够准确测得密封垫-密封垫接触面特定位置的接触应力，对测点的分布进行合理的规划，并且对结果的提取范围进行了限制，如图 2-10 所示。需要说明的是，传感器中测点与测点之间的间距固定，皆为 2.5 mm，在分析中将宽度方向的距离理解为 2.4 mm，一方面是出于误差的考虑，将挤压过程中剪切变形和侧面挤压的影响纳入考虑之中，另一方面也是出于数据统计的方便。

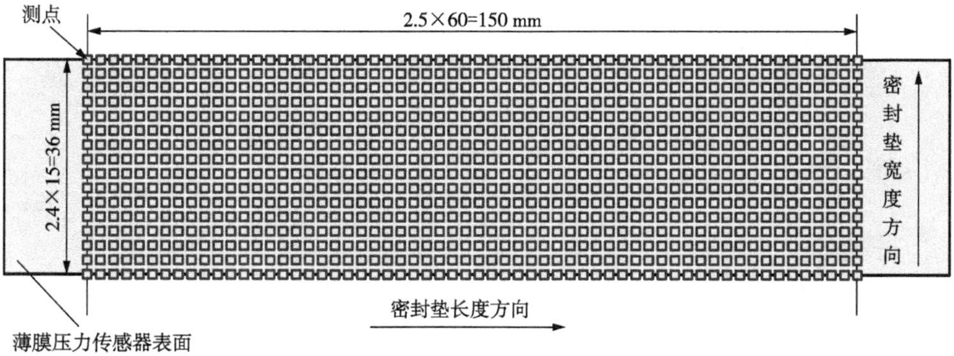

图 2-10　测点分布图

本节从接触应力的空间分布规律和平均接触应力大小两个方面对无水压作用试验下的密封垫-密封垫接触面接触应力进行分析和验证，主要包括以下两个部分。

(1) 开展密封垫压缩精细化三维数值试验，提取不同张开量下的密封垫-密封垫接触面空间应力，并且将其与物理试验的结果进行对比，总结出接触应力的三维空间分布规律。

(2) 开展密封垫表面微观特征研究，从微观接触理论探求密封垫的压缩力与接触面平均接触应力之间的关系，并与从力学试验结果中拟合而得的两者关系式进行比较分析。

无水压作用下的试验结果分析流程如图 2-11 所示。

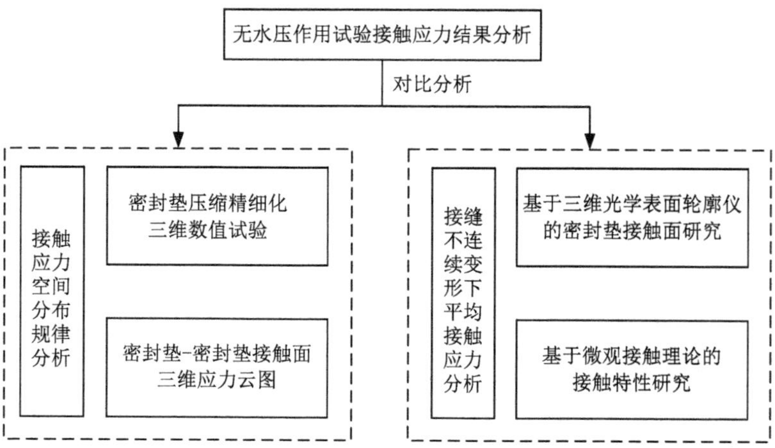

图 2-11　无水压作用下的试验结果分析流程

2.3.1　接触应力空间分布

建立原型尺寸的三维数值有限元模型，如图 2-12 所示，该模型包含上、下沟槽板和上、下橡胶密封垫。因为不考虑管片沟槽的变形，将沟槽板定义为刚体，橡胶密封垫采用 Mooney-Rivlin 的本构模型，GENT 等[58]基于大量实验数据和回归分析，提出了确定模型参数 C_{10} 和 C_{01} 的简化方法，具体表达如式(2.1)～式(2.3)所示：

$$G_g = 2(C_{10}+C_{01}) \tag{2.1}$$

$$E = 3G_g \tag{2.2}$$

$$C_{01} = 0.25C_{10} \tag{2.3}$$

式中：G_g 为橡胶材料的初始剪切模量，MPa；C_{10} 和 C_{01} 为模型本构参数；E 为橡胶密封垫的弹性模量，MPa。

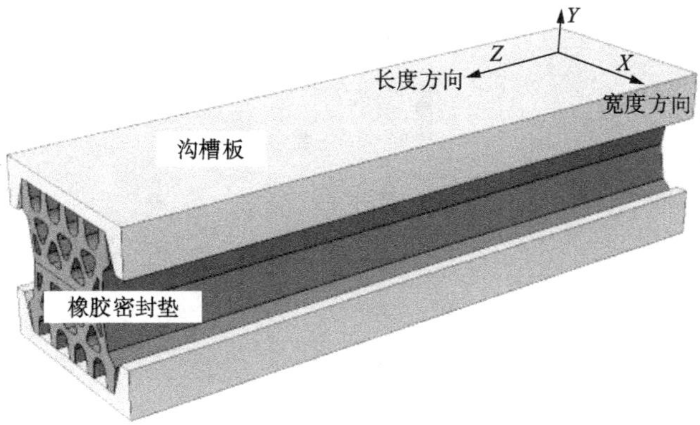

图 2-12　三维数值有限元模型

该模型的橡胶密封垫本构参数 C_{10} 和 C_{01} 分别取 0.646 和 0.161。在接触定义中，密封垫柱脚与管片沟槽采用绑定约束，密封垫-密封垫接触面采用法向罚函数来定义，并赋予其一定的摩擦系数。数值模型取消了密封垫沿长度方向上的变形限制，使其能够真实还原力学压缩试验中的情况。

图 2-13 为压缩变形结果，提取了不同接缝张开量下的密封垫-密封垫间接触面的应力分布结果，如图 2-14 所示。从图 2-14 中可以看出，随着张开量的减小，接触面的接触应力增大，且沿密封垫宽度方向大约在中心处及宽度边缘处密封垫的接触应力取到最大值。接触应力存在沿宽度方向起伏的过程。从长度方向看，接触应力大致相同，唯有两侧较低，这是因为数值模拟中取消了对密封垫长度方向上的位移限制，所以出现了密封垫纵向上的伸长，这使其在一定程度上脱离了钢板的约束，导致了接触应力的减小。

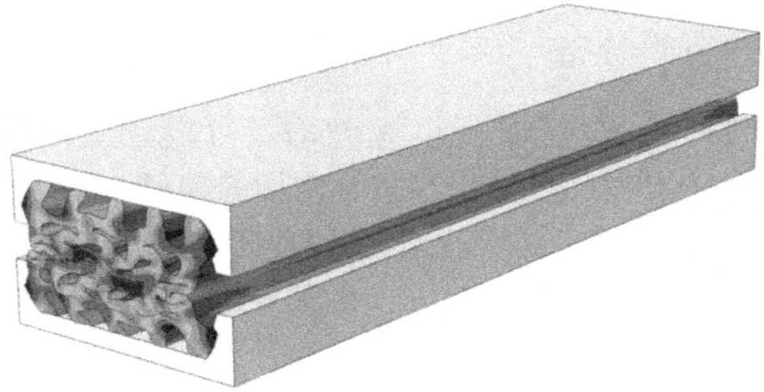

图 2-13　压缩变形结果

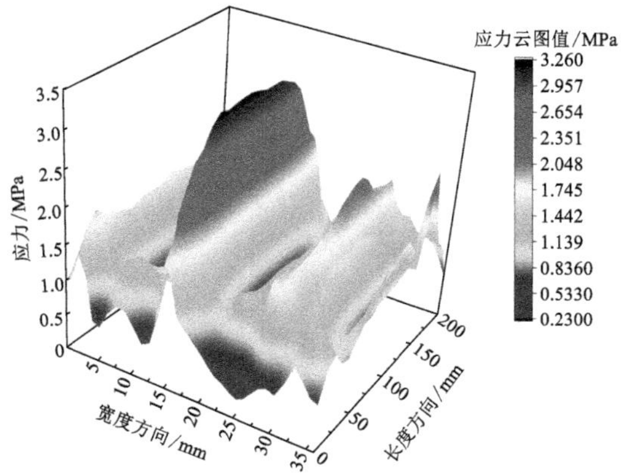

(a) 张开0 mm

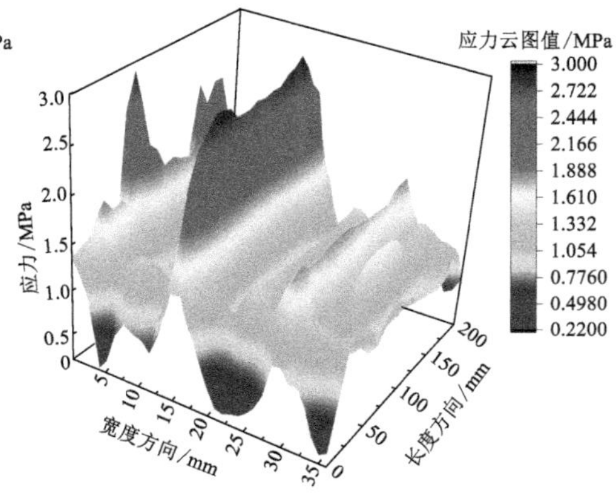

(b) 张开4 mm

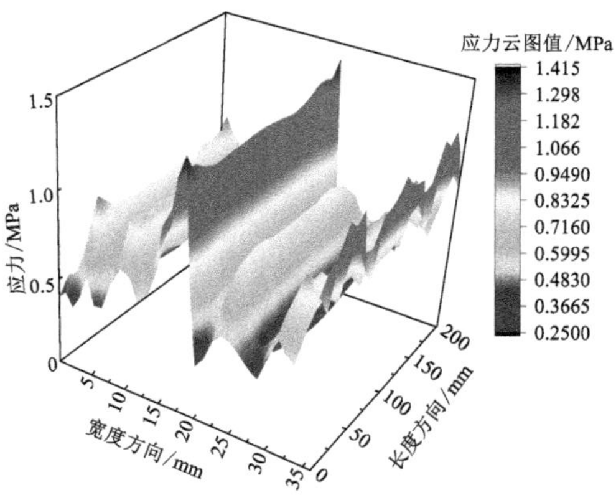

(c) 张开8 mm

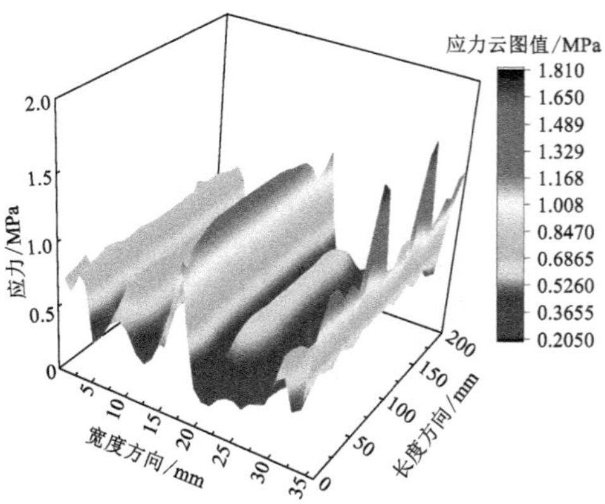

(d) 张开12 mm

图 2-14　数值模拟提取的密封垫-密封垫接触面接触应力分布结果

扫一扫，看彩图

图 2-15 为通过薄膜压力传感器测得的密封垫-密封垫接触面应力分布云图，随着张开量的减小，峰值应力显著增大，需要说明的是，当张开量较大时，测得的云图中存在无应力状态点(即零数据点)，这显然与实际状态有所出入，这是因

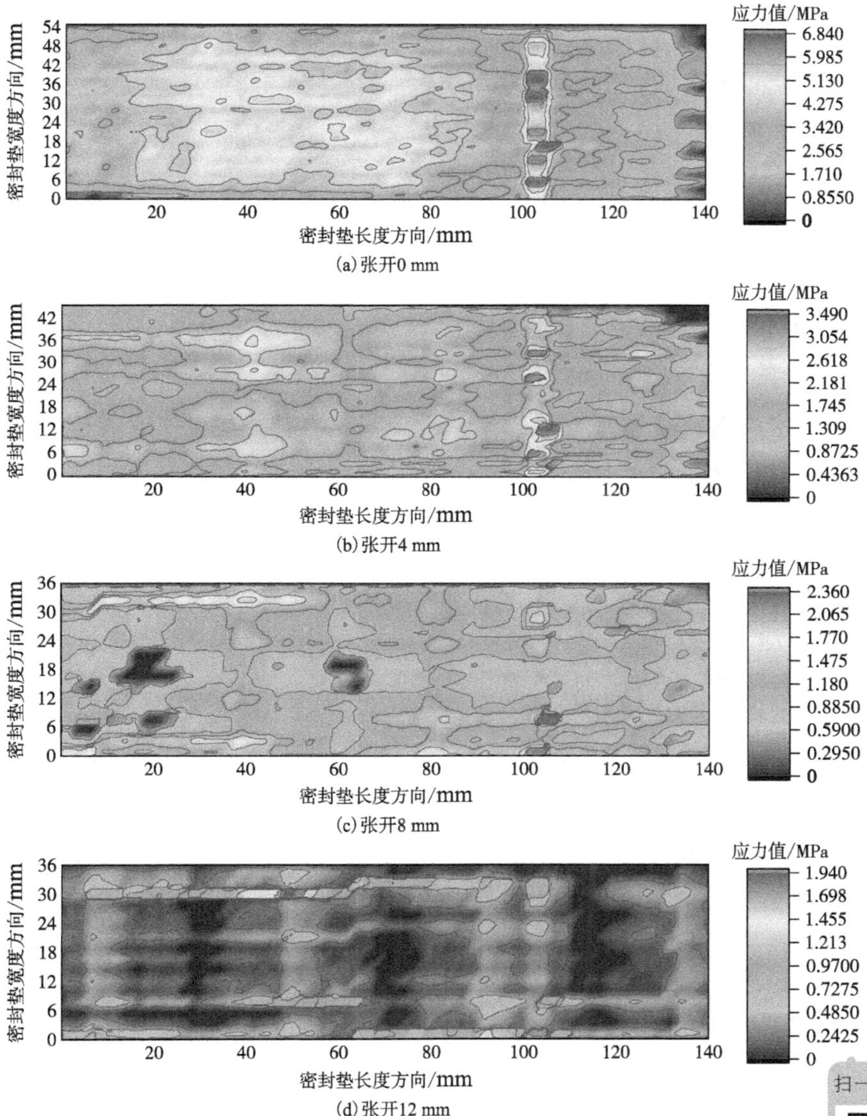

(a) 张开0 mm

(b) 张开4 mm

(c) 张开8 mm

(d) 张开12 mm

扫一扫，看彩图

图 2-15　试验测得密封垫-密封垫接触面应力分布云图

为分布式压力传感器虽然厚度足够小但还是不可避免地产生影响，薄膜压力传感器在压缩过程中遇到挤压产生的剪切力时，无法如橡胶那般形变，会产生一定的褶皱从而影响部分测点的接触。为了试验数据的合理性，本节对零数据点进行了修正，修正的方法为线性内插(优先考虑以长度方向的相邻值进行内插，当长度方向相邻值缺失时考虑宽度方向相邻值)。将处理后的结果进行重新绘制，得到的结果如图 2-16 所示。从图 2-16 中还可以看出，随着张开量的减小，云图的宽度有明显的增大，即有应力区域增大，这是因为在低张开量下密封垫变形巨大，密封垫侧面也与压力传感器产生挤压变形。此外，由于压板为金属材料，不可避免地产生一定电磁干扰(图 2-16 中紫色滤波)，但是考虑到在试验前的校准中已设置了 100 的过滤值且电磁干扰程度较小，故不考虑其对接触应力测量值的影响。

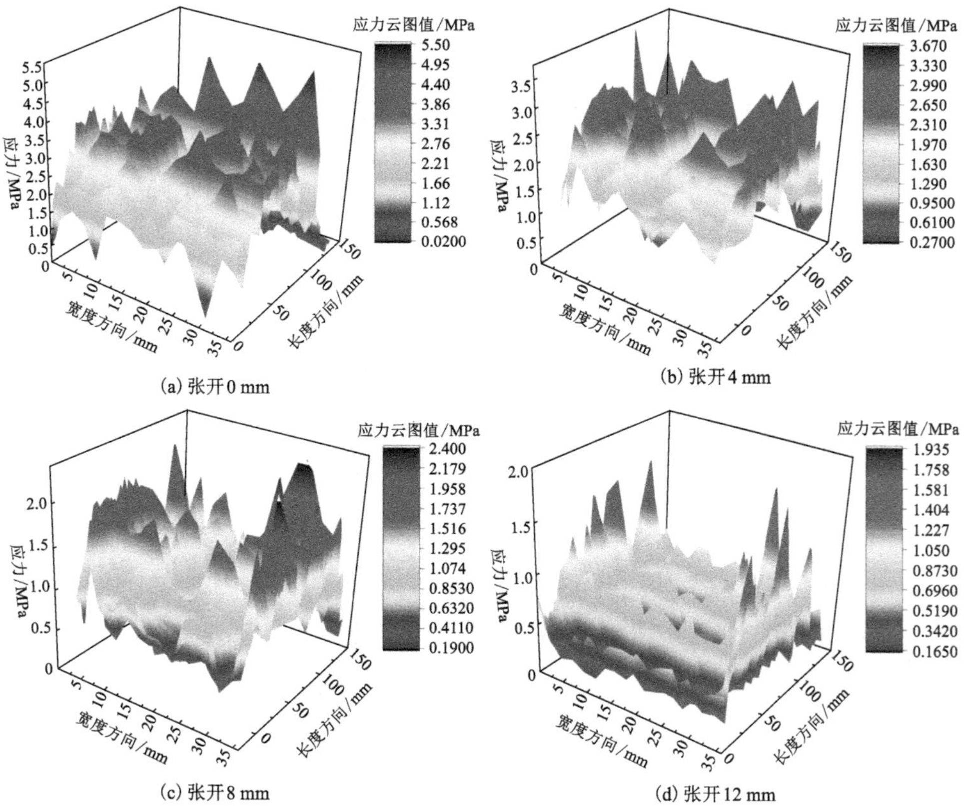

(a) 张开 0 mm　(b) 张开 4 mm　(c) 张开 8 mm　(d) 张开 12 mm

图 2-16　试验修正所得密封垫-密封垫接触面接触应力分布三维图

扫一扫，看彩图

对比图 2-14 和图 2-16 可以得出如下结论：

(1)在张开量较大的情况下，数值模拟和试验方法提取到的接触应力最大值较为接近，当张开量趋于 0 mm 时，试验方法测得的最大接触应力值要远大于数值模拟得到的结果，这是由于当张开量很小时密封垫变形很大，薄膜压力传感器出现连续褶皱，部分测点出现应力集中现象。

(2)无论是试验测得的接触应力分布还是数值模拟测得的接触应力分布，都表现出在宽度方向两侧或者中间处应力值大的特征，且可以看出，沿着接触面宽度方向应力值起伏变化。

(3)数值模拟得到的应力云图连续性较强，而试验得到应力云图连续性较差，这是因为数值模拟的方法可以通过调整网格大小来获得更高的精度且节点与节点之间有变形协调，而试验方法受传感器测点间距离和复杂的接触关系的影响，各个测点测量相对独立且存在一定的波动。

(4)同一张开量，试验测得的数据要偏大于数值模拟，这是因为分布式传感器的厚度使得压缩到指定张开量时，密封垫的变形程度要超过同等张开量下不布置传感器的情况，且分布式的传感器会改变实际的接触状况。

考虑到试验不可避免地存在一定的误差，综合分析云图三维形状以及最大值、最小值分布规律，在一定程度上我们可以认为试验测得的接触面应力分布和数值模拟得到的分布较为相近。

为了更好地分析出沿密封垫宽度方向接触应力的分布特征，以张开 4 mm 的工况为例，将宽度值一样的数据求取平均值绘制于图 2-17 中。从图 2-17 中可以看出，试验结果曲线上各个波峰分别位于宽度方向 2.4 mm、7.2 mm、14.4 mm、19.2 mm、26.4 mm、31.2 mm 处；数值模拟结果曲线上各个波峰分别位于宽度方向 2.0 mm、7.7 mm、14.7 mm、22.0 mm、28.2 mm、31.5 mm 处。由此可以看出数值模拟与试验测得的接触应力在沿宽度方向的整体变化趋势是一致的，但试验测得的结果总体上更为平稳，数值模拟结果则起伏变化更为显著。数值模拟结果的应力最大值要大于试验结果，但数值模拟结果的最小值要小于试验结果。这是因为薄膜压力传感器在一定程度上限制了密封垫的变形。

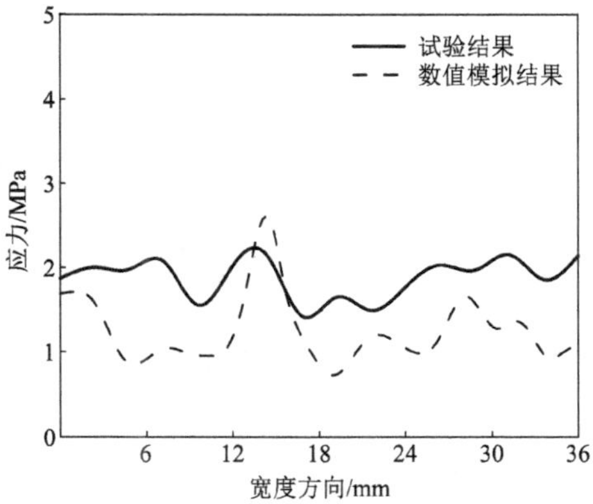

图 2-17　张开 4 mm 工况应力特征分析图

综上所述，试验方法所采用的薄膜压力传感器在测量接触面应力分布方面有足够的精度。

2.3.2 平均接触应力分析

由于橡胶密封垫的密封防水性能主要依靠密封垫表面受压变形来实现，故对密封垫表面轮廓进行微观研究对探究密封垫表面的接触特性具有重要意义。本节采用 Bruker 公司的 Coutour-GT 系列三维光学表面轮廓仪(图 2-18)对条形橡胶密封垫表面的表面形貌进行了研究，其中采样范围为 1270 μm×953 μm，选取橡胶密封垫表面 6 个不同位置(图 2-19)提取表面轮廓的粗糙度参数并求取平均值，得到的表面轮廓粗糙度参数见表 2-3。

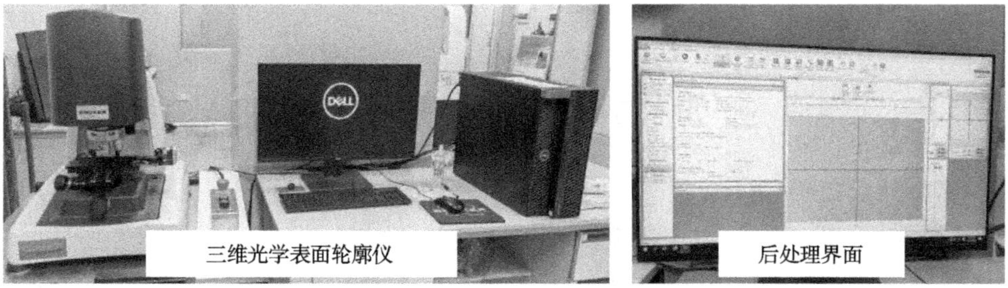

图 2-18　Coutour-GT 系列三维光学表面轮廓仪

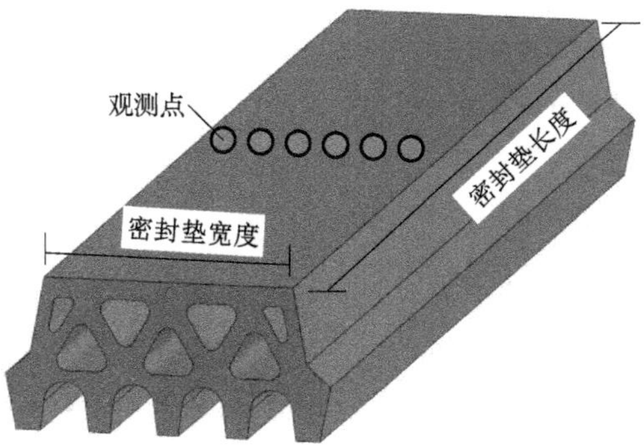

图 2-19　密封垫表面测点布置示意图

图 2-20 与图 2-21 为橡胶密封垫微观表面状态图，橡胶密封垫表面沿宽度方向存在明显的凸起与凹陷交错现象，且沿宽度方向上的轮廓曲线近似为正弦函数。事实上，一些理论也都对此给出了一定解释，在典型的分形接触模型 M-B 模型中，单一微凸体的形状就是基于 W-M 函数来定义的，长为 l 的单一微凸体则被简化为了不同幅值和波长的余弦曲线[59-60]；WAGNER[61] 等采用了功率谱密度(PSD)量化粗糙表面，根据计算得出的幅值和频率可以用一组正弦函数来重建表面；董吉义[62]在前人研究的基础上提出了一种采用正弦曲线轮廓与粗糙度参

数相结合的方式来表征密封型材分析表面上单一微凸体的方法，正弦曲线如式(2.4)所示。其中轮廓算数平均偏差 R_a 和轮廓平均高度 R_{sm} 分别对应正弦曲线的幅值与周期(图 2-21)。

$$y=R_a\times\sin\left(\frac{2\pi x}{R_{sm}}\right) \tag{2.4}$$

式中：R_a 为轮廓算数平均差，μm；R_{sm} 为轮廓平均高度，μm。

接触应力的分布与密封垫表面轮廓相关，表面粗糙度的存在会导致接触不完全，现有的研究表明，实际的接触面积也只是名义接触面积的一小部分[63-64]。为简化计算，在计算两个粗糙弹性体表面的接触问题时，通常将其简化为一个绝对光滑的弹性体与一个表面粗糙的刚性体之间的接触[65]。简化后的微凸体为半圆柱曲面且半径 R 与正弦曲线在顶点处的曲率半径一致(图 2-22)，可由式(2.5)得到。根据 Hertz 接触理论，对于半圆柱与刚性平面接触的单个粗糙峰而言，接触面积可以近似为一个矩形且接触区域面积 a 可由式(2.6)求得。

$$R=\frac{R_{sm}^2}{4\pi^2 R_a} \tag{2.5}$$

$$a=\sqrt{\frac{16L\times F\times R}{\pi E^*}} \tag{2.6}$$

式中：a 为接触区域面积，mm^2；R 为正弦曲线在顶点处的曲率半径，mm；L 为接触区域的长度，mm；F 为单一微凸体所受荷载，N；E^* 为等效弹性模量，可由式 $E^*=E/(1-2v)$ 求得，E 为密封垫弹性模量，MPa，v 为泊松比。

根据式(2.7)，可以得到粗糙度参数 R_a 和 R_{sm} 与平均接触应力的关系。

$$\overline{P}=\frac{F}{a}=\sqrt{\frac{\pi^2 E^* R_a\times F}{4L\times R_{sm}^2}} \tag{2.7}$$

表 2-3　橡胶密封垫表面轮廓粗糙度参数汇总

测点	R_a/μm	R_p/μm	R_q/μm	R_t/μm	R_v/μm	R_{sm}/μm
1	1.936	21.686	2.580	46.933	−25.248	163.626
2	1.956	21.595	2.522	44.100	−22.505	283.502
3	2.227	17.573	2.980	42.084	−24.511	297.110
4	1.501	9.530	1.934	26.572	−17.042	145.447
5	1.708	23.893	2.195	42.342	−18.450	190.118
6	1.227	14.527	1.866	36.922	−22.395	227.494
平均值	1.759	18.134	2.346	39.826	−21.692	217.883

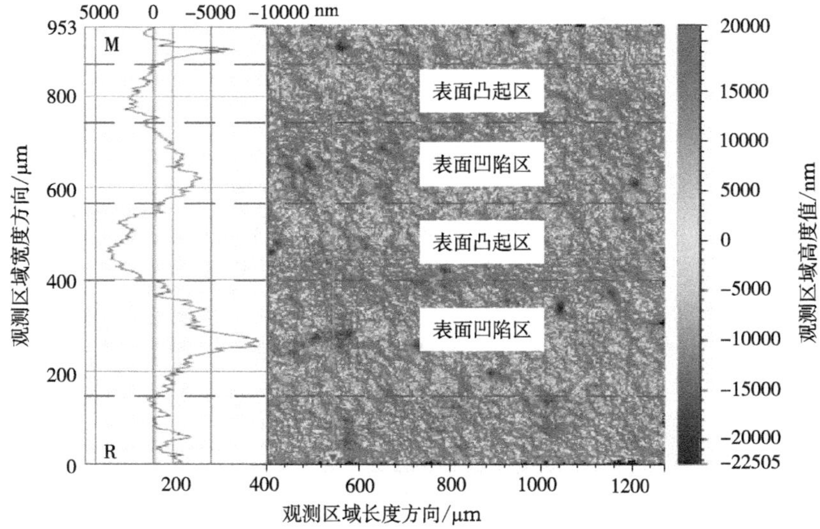

图 2-20　橡胶密封垫微观表面状态(平面展开视图)

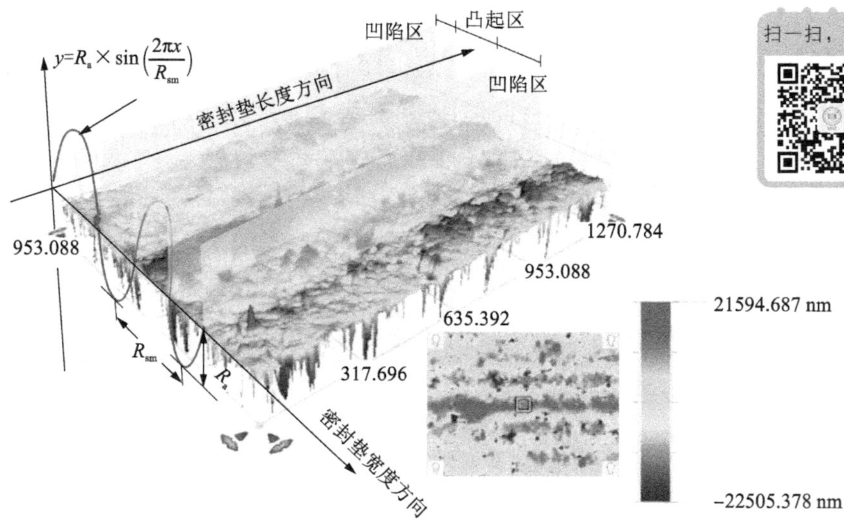

扫一扫，看彩图

图 2-21　橡胶密封垫微观表面状态(三维视图)

综合式(2.7)和微观表面轮廓扫描的结果，绘制相应的曲线，结果如图 2-23 中实线所示，其中粗糙度参数 $R_a = 17.59$ μm，$R_{sm} = 217.883$ μm 取的是表 2-3 中的平均值，这是因为研究对象为表面接触应力的平均值。取 $L = 1270$ μm，橡胶的弹性模量为 4.8424 MPa，橡胶的弹性模量由式(2.8)求得。

$$E=(15.75+2.15H_A)/(100-H_A) \tag{2.8}$$

式中：H_A 为橡胶密封垫的硬度，所用橡胶密封垫的硬度为 67 H_A；v 为橡胶材料的泊松比，取为 0.5。

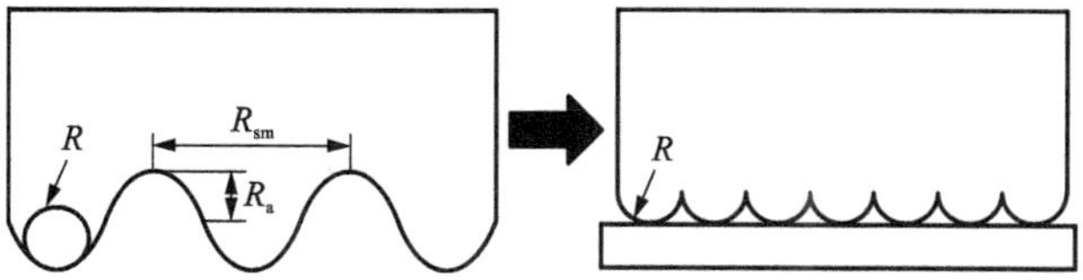

图 2-22　简化示意图

在探究接触面平均接触应力与压力大小之间的关系试验中，通过加载过程中的力和位移关系获得指定张开量下的总压力值。由于分布式力学传感器单个测点的测点面积为 1.5 mm×1.5 mm，由此可以得到单个测点面积下的压力值。而密封垫-密封垫接触面间的接触应力平均值可以由传感器的测量值在修正后求平均值得到。基于此，得到试验方法中多个张开量下的平均接触应力值与压力之间的关系。采用样条曲线绘制结果，如图 2-23 中的点划线所示。最后通过对既有数据点进行函数拟合，得到了压缩力与平均接触应力的试验公式，如式(2.9)所示，其中 $a=0.7079$、$b=0.66781$ 都为拟合数值，没有实际物理含义。

$$\overline{P}=aF^b \tag{2.9}$$

式中：$\overline{P}$ 为接触面平均接触应力。

对比图 2-23 中的实线与点划线，可以发现：

(1)在张开量很小时，理论值与试验值非常接近，且张开量越小两者接近程度越大。

(2)在张开量较大时，理论公式所得的接触应力的变化速度比微凸体压力变化速度更快，且同等压力下理论公式所得的接触面平均接触应力要大于试验所得。

(3)根据拟合结果和理论推导可知，密封垫-密封垫间接触面的平均接触应力与所受压缩力之间存在幂函数关系，且指数要小于 1 且略大于 0.5。

(4)从图 2-23 中可以看出，无论是理论推导还是试验方法所求得的张开 8 mm 时的接触面平均应力都要接近或略小于工程中设计的防水阈值，除了部分理论公式的使用条件及试验误差带来的影响外，结合上节对接触面应力分布状态的研究不难得知，接触面的防水是个复杂的过程，不能简单地用平均接触应力来衡量，更应该考虑的是接触应力最大值。

综上，采用薄膜压力传感器来探究密封垫-密封垫间接触面平均接触应力与压力大小关系具有很高的可行性与精度。

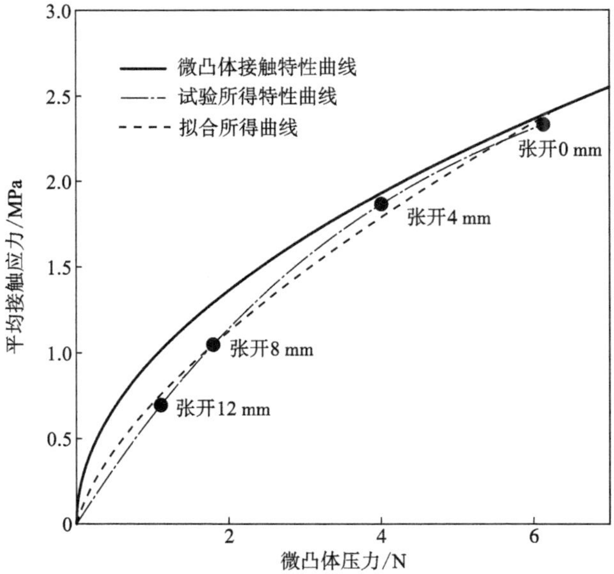

图 2-23　密封垫表面接触特性曲线

2.4　水压作用的力学试验结果

通过上节试验结果的分析，证实了在密封垫与密封垫之间设置分布式传感器的方法能有效测得橡胶密封垫表面接触应力，且测得的结果在应力的空间分布规律及平均接触应力的大小等方面都有很高的精度。本节在此基础上对水压作用下的力学性能试验结果进行了分析。

图 2-24 为测得张开 4 mm、8 mm 和 12 mm 时渗漏前后密封垫-密封垫接触面的接触应力分布云图，可以看出，渗漏后的接触应力总体上要大于渗漏前的测量值，这是因为渗漏面水压对密封垫产生了更大的挤压效果。需要说明的是，试验中很难捕捉到界面刚出现分离时的时间点，此处的渗漏前指的是密封垫压缩完成时，故不可避免地会受侧向水压的影响。

以张开 8 mm 工况为例，首先提取密封垫表面各测点的应力测量值，其次将密封垫的宽度方向划分为 15 个区域(16 个测点布置分界面)，与图 2-10 一致。从每个分界面沿长度方向上截取 15 个测量值(一方面上节提到渗流不是沿着某单一截面进行的，另一方面在实际试验中很难直接观测到渗漏水具体出现区域，只能将实际渗漏水范围放大来确保所选区域包含全部渗流，故考虑选择截取 15 个测量值)并求取平均值，然后将求取的平均应力值沿宽度方向进行汇总，得到渗漏前与渗漏后的接触应力沿宽度方向变化关系曲线，如图 2-25 所示。对渗漏前与渗漏后接触面的接触应力进行对比分析，可得各分界面理论渗漏面水压值并绘制于图 2-25 中，需要说明的是，此处的理论渗漏面水压也有平均的含义，这也是理论水压数值较低的原因。图 2-25 中的水压压降指的是沿密封垫宽度方向，理论渗漏面水压总体呈降低趋势。

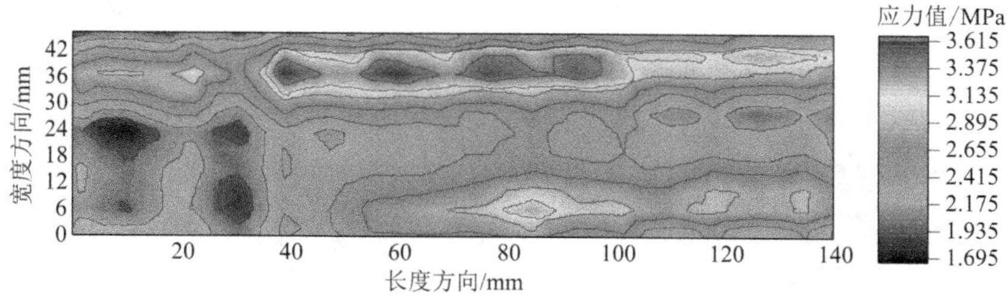

(a) 张开4 mm工况渗水前

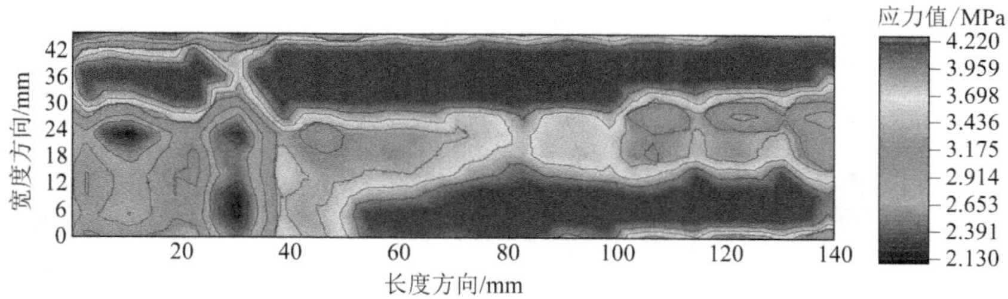

(b) 张开4 mm工况渗水后

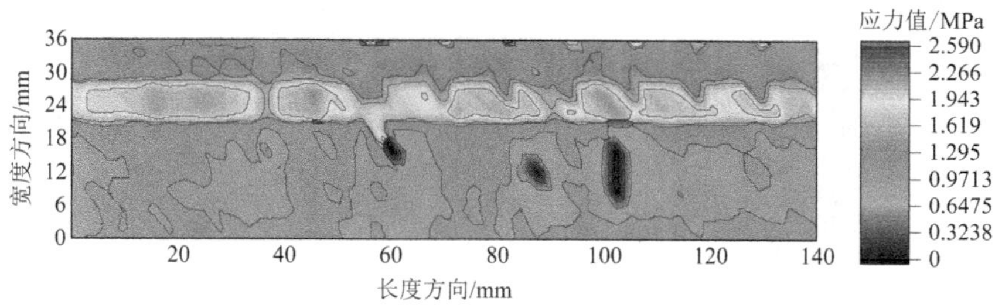

(c) 张开8 mm工况渗水前

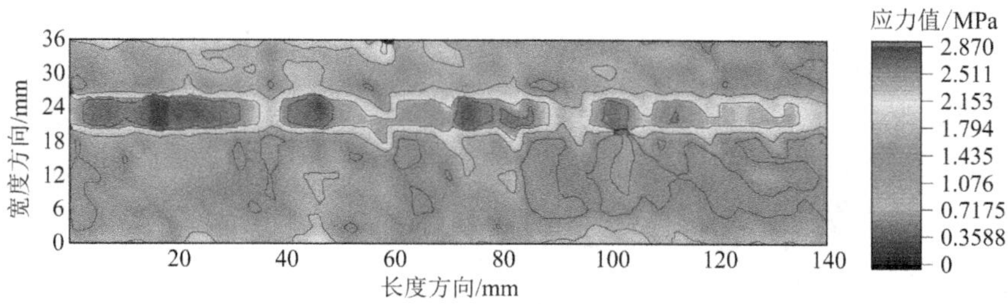

(d) 张开8 mm工况渗水后

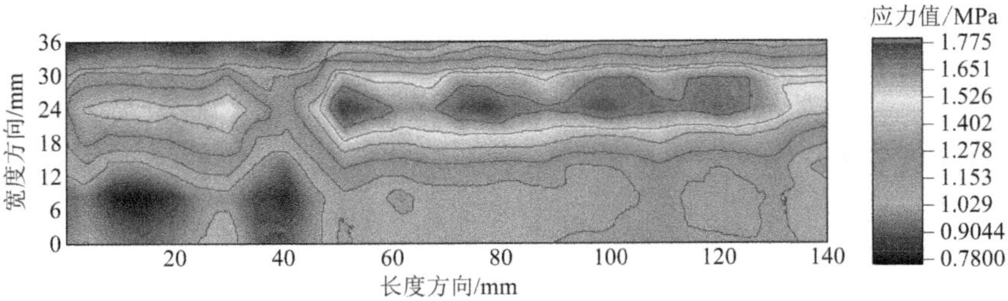

(e) 张开12 mm工况渗水前

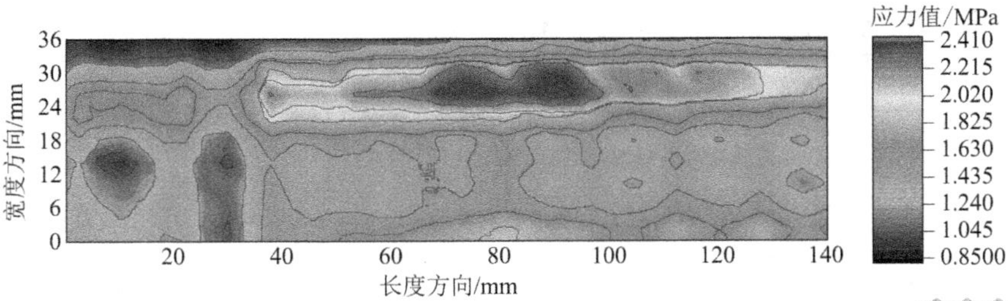

(f) 张开12 mm工况渗水后

图 2-24　渗水前后接触应力分布云图

扫一扫，看彩图

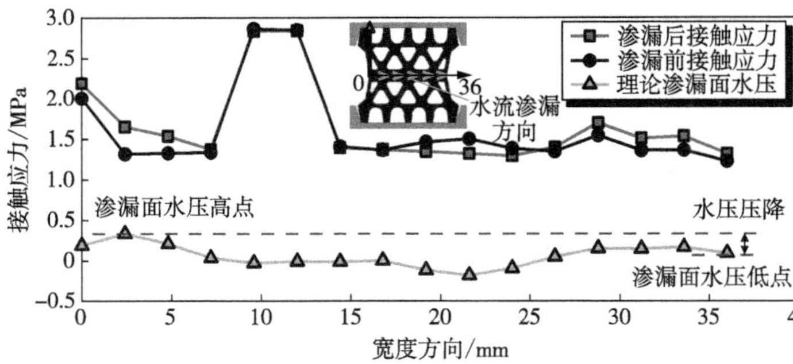

图 2-25　渗漏面接触应力变化图

从图 2-25 可以看出，在接触应力峰值处渗漏前后的接触应力几乎没有任何变化，这是由于渗漏发生于薄弱处。从曲线的整体趋势来看，可以看出渗漏前的接触应力要小于渗漏后的接触应力，这也证实了渗漏面理论渗漏水压的存在。渗漏面的理论渗漏水压是曲折变化的，一方面是由于密封垫表面沿宽度方向本身就是起伏变化的粗糙表面，另一方面是由于密封垫压缩过程中的不平整变形。从整体来看，渗漏面的理论渗漏水压沿渗漏方向逐渐减小，渗漏始端与渗漏末端的理论渗漏水压存在明显的差值，这也从侧面说明了密封垫表面对渗漏面的水流具有黏滞阻碍作用。这种黏滞阻碍作用的存在使得在双道密封垫防水体系中寄生腔与外腔之间会存在一定的压力差，将进一步提高双道密封垫的防水能力，就像图 2-25 中理论渗漏面水压在两端存在压力差。

2.5　本章小结

为探究密封垫-密封垫接触面间的压缩接触应力大小及其空间分布规律，并在此基础上从渗漏前后接触应力变化的角度给出密封垫间渗流面的理论渗漏水压及其变化规律，进而从侧面证实渗漏阻力的作用，本章首先设计了无水压作用和水压作用两种情形的密封垫力学性能精细化试验，并用数值模拟和微观接触理论等方法对无水压作用下力学试验的结果进行了分析和验证，除此之外还对水压作用下的力学试验结果进行分析，取得以下几个方面的结论：

(1)密封垫-密封垫接触面的应力分布表现为沿宽度方向波浪式变化，且约在宽度方向上的两侧与中间取到最大值。密封垫-密封垫接触面的接触应力随着张开量的减小而不断增大，试验测得的峰值应力及应力的空间分布状况和数值模拟所得结果具有一致性，仅在云图的顺滑性方面有区别。

(2)借助试验的手段给出了接触面平均接触应力和所受荷载的关系，并且通过拟合的方法给出了两者之间的指数函数关系式。借助表面轮廓仪取得了橡胶密封垫表面的粗糙度参数，并且证明了橡胶表面的轮廓曲线近似为正弦函数曲线。基于微观接触理论给出了平均接触应力与微凸体所受荷载之间的指数关系式。试验给出的拟合曲线和基于微观接触理论的接触特性曲线在张开量较小时有较高的一致性。当张开量较大且处于同等压力时，试验所得的平均接触应力要小于理论计算所得的结果。

(3)将渗漏前、后密封垫-密封垫接触面的接触应力变化归结为渗漏面的水压作用，并且提出了理论渗漏水压的概念。理论渗漏水压沿着渗漏方向总体上呈减小趋势，从侧面证实了密封垫表面会对渗漏水产生黏滞阻力的作用，并因此产生压力差。

第3章　盾构隧道接缝密封垫渗漏特性物理试验方法

3.1　概述

在盾构隧道中，管片接缝除了是盾构隧道结构的受力薄弱点之外，还是主要的地下水渗漏点。通过在接缝沟槽位置设置弹性密封垫，并在施工阶段通过管片拼装机/千斤顶完成接缝闭合，从而压紧密封垫产生接触应力来抵抗外水压的侵入；另外，相邻管片间不可避免地存在一定量值的错位，这对接缝防水性能影响较大[66-69]。本章首先介绍了某越江大断面盾构隧道工程背景和超高水压带来的接缝防水设计需求，依托发明的盾构隧道管片接缝防水性能试验装置开展7种弹性密封垫断面的力学压缩试验和接缝防水性能试验，得到弹性密封垫在沟槽中的闭合压缩力-压缩量关系，一字缝(模拟纵缝和环缝)和T字缝(模拟管片错缝拼装的T字缝)构造的不同接缝错位量下的渗漏水压-接缝张开量关系等试验数据[70]，进而对接缝变形与密封垫细部构造影响下的接缝防水性态进行剖析：对比不同接缝工况下接缝防水性能试验结果，讨论接缝张开量、弹性密封垫硬度和密封垫内部孔洞结构对接缝防水性能的影响，分析弹性密封垫力学特性和接缝防水能力的相关性以及不同位置发生渗漏水的原因。本章的试验结果为后述提出接缝密封垫在侧向水压作用下的防水失效机理和建立接缝防水能力精细有限元计算模型提供了数据验证。

3.2　依托工程介绍

3.2.1　衬砌结构设计

图3-1(a)为某越江大断面盾构隧道典型横断面示意图，衬砌圆环外径

14.5 m，内径 13.3 m，幅宽 2.0 m，由 10 块管片拼装而成，即 7 块标准块（B1～B7），2 块邻接块（L1～L2）和 1 块封顶块（F）。管片纵缝采用 3 根 M36 斜螺栓连接，螺栓等级为 6.8 级。管片为钢筋混凝土结构，混凝土强度等级 C60，抗渗等级为 S12。为提高衬砌圆环的纵向刚度，相邻衬砌圆环采用错缝拼装连接，环缝采用 58 根 M30 斜螺栓连接，螺栓等级为 6.8 级。相应地，错缝拼装使得衬砌结构存在三种类型的接缝，即相邻管片间的纵缝、相邻衬砌圆环间的环缝、纵缝和环缝相交处的 T 字缝，如图 3-1（b）所示。

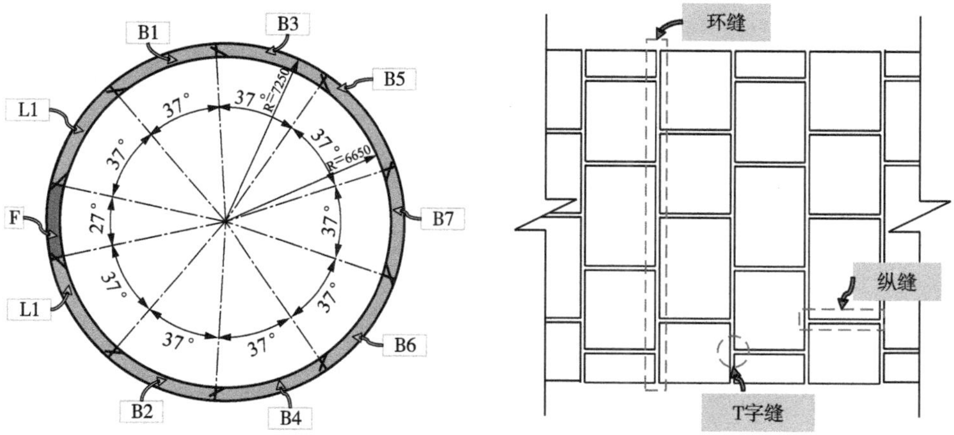

（a）隧道典型横断面示意图（单位：mm）　　（b）隧道纵向示意图

图 3-1　依托工程结构

3.2.2　接缝防水构造

该越江隧道的最高设计水位高度达到 72 m，并且穿越渗透性较强的粉砂岩层，一旦发生接缝发生渗漏水，伴随而来的水土流失，将会危及隧道结构的承载性和安全性。为提高隧道接缝防水密封的安全系数，本工程接缝采用内、外双道密封垫的防水方案。其中，外道弹性密封垫采用三元乙丙橡胶作为主要防线；内道弹性密封垫采用遇水膨胀橡胶作为辅助防线。此外，管片接缝内弧面处预留有嵌缝沟槽，以便渗漏水发生时涂抹密封胶堵漏。图 3-2 为某越江大断面盾构隧道管片接缝（纵缝）构造图，接缝从外弧面侧到内弧面侧依次为外侧密封垫沟槽、混凝土接触面、定位棒沟槽、内侧密封垫沟槽和嵌缝沟槽。需要指出的是，环缝的外侧密封垫沟槽和内侧密封垫沟槽的尺寸和纵缝完全相同，当采用同样的密封垫时，纵缝和环缝的接缝防水能力相同。后述章节中的弹性密封垫指的是外侧弹性密封垫，密封垫沟槽指的是外侧密封垫沟槽。

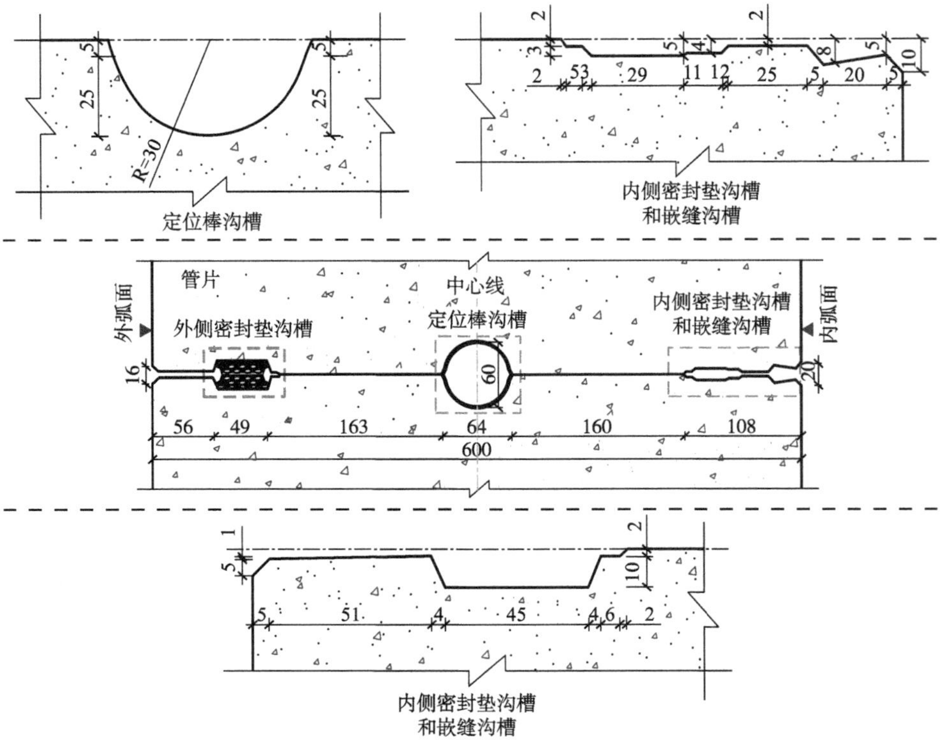

图 3-2　管片接缝几何尺寸(单位：mm)

3.2.3　防水设计要求

隧道接缝防水设计包括两部分：密封垫沟槽和弹性密封垫。一个合理的弹性密封垫设计，可以保证接缝在隧道使用期间处于最不利接缝变形模式下仍不发生渗漏；同时，弹性密封垫具有良好的压缩特性，可以保证在施工阶段拼装机或千斤顶压紧接缝时，弹性密封垫产生的闭合压缩力不会导致管片角部开裂。一个合理的密封垫沟槽设计，可以保证在选定的弹性密封垫压缩过程中，沟槽的混凝土区域具有良好的抗剪切能力。值得说明的是，沟槽的抗剪切能力除了取决于沟槽尺寸，还和弹性密封垫断面尺寸和硬度相关，不是一个独立设计变量。在工程实践中，往往先初步确定沟槽尺寸，再选定适合的弹性密封垫断面，最后校核沟槽的抗剪切能力。本工程的接缝防水设计要求为：接缝在 6 mm 张开量和 15 mm 错位量条件下的防水要求为能承受的最大水压力不小于 1.3 MPa，且弹性密封垫的最大闭合压缩力不超过 100 kN/m。需要说明的是，上述设计要求针对的是纵缝或环缝，对 T 字缝未作进一步的规定。

3.3 试验方案

本章的重点在于张开错位工况下盾构隧道管片接缝防水性能试验数据的解读与分析，为保证论证内容的完整性，本节简要概述了试验装置、试件设计与制作和试验流程[70]。

3.3.1 试验装置

试验装置为可三项加载的盾构隧道管片接缝防水性能试验装置，包括电脑控制界面、纵向/垂向/横向作动器、自平衡反力框架、混凝土试件及密封垫、数据采集器和水压加载装置等六大组件。绘制试验装置示意图，如图 3-3 所示。通过混凝土试件和密封垫的组合，可模拟工程中的纵缝/环缝、T 字缝等接缝构造。试验装置可进行两种类型的试验：接缝防水性能试验和弹性密封垫力学压缩试验。其中，接缝防水性能试验可进一步划分为一字缝和 T 字缝防水性能试验。一字缝模拟的是实际工程中的纵缝/环缝，T 字缝模拟的是实际工程中的 T 字缝。

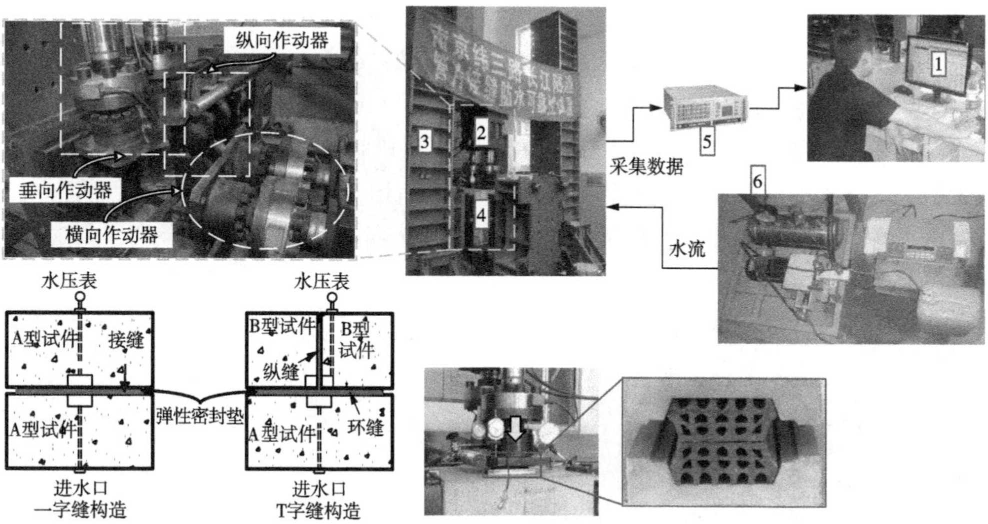

(a)接缝防水性能试验　　　　(b)密封垫力学压缩试验

1—电脑控制界面；2—作动器；3—自平衡反力框架；
4—混凝土试件及密封垫；5—数据采集器；6—水压加载装置。

图 3-3　盾构隧道管片接缝防水性能试验装置

3.3.2 试件设计与制作

为模拟依托工程中的纵缝、环缝和 T 字缝等三种接缝形态，作者设计了两种类型的混凝土试件(A 型试件和 B 型试件)，如图 3-4 所示。试件的密封垫沟槽、沟槽与外缘的距离，同实际管片的相应构造尺寸一致。试件中心有预埋件水槽，水槽端部为螺纹连接，可连接注水管道和水压表。A 型试件的长度为 600 mm，宽度为 600 mm，高度为 300 mm；B 型试件的长度为 600 mm，宽度为 300 mm，高度为 300 mm。

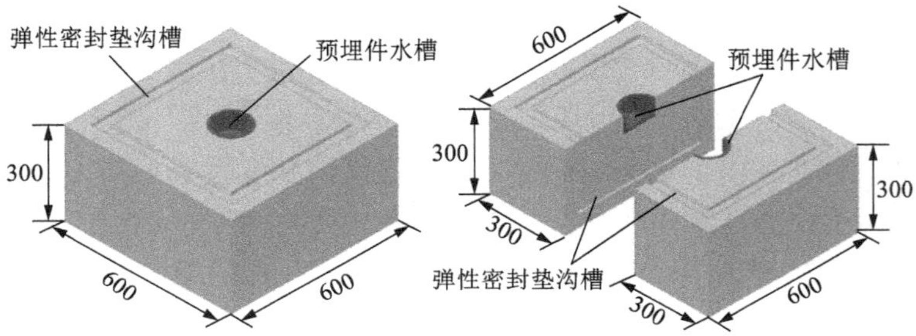

(a) A 型试件　　(b) B 型试件

图 3-4　混凝土试件(单位：mm)

为保证混凝土试件的生产质量，委托专业管片制作单位进行加工。混凝土的强度及配合比采用某越江大断面盾构隧道管片的相关参数。试件的制作步骤包括高精度钢模加工、混凝土浇筑及振捣和 28 d 自然养护，如图 3-5 所示。

(a) 钢模加工　　(b) 混凝土浇筑及振捣　　(c) 自然养护

图 3-5　混凝土试件制作步骤

3.3.3　测试密封垫断面

试验研究分三个阶段测试七种弹性密封垫断面，其中：阶段 I 的试验对象为密封垫 SC1～SC3，阶段 Ⅱ 的试验对象为 SC4～SC5，阶段 Ⅲ 的试验对象为 SC6～SC7。作者重新绘制的密封垫断面结构如图 3-6 所示。弹性密封垫断面设计有内部闭合孔洞和底部敞开孔洞等构造细节，如图 3-7 所示。表 3-1 给出了各弹性密

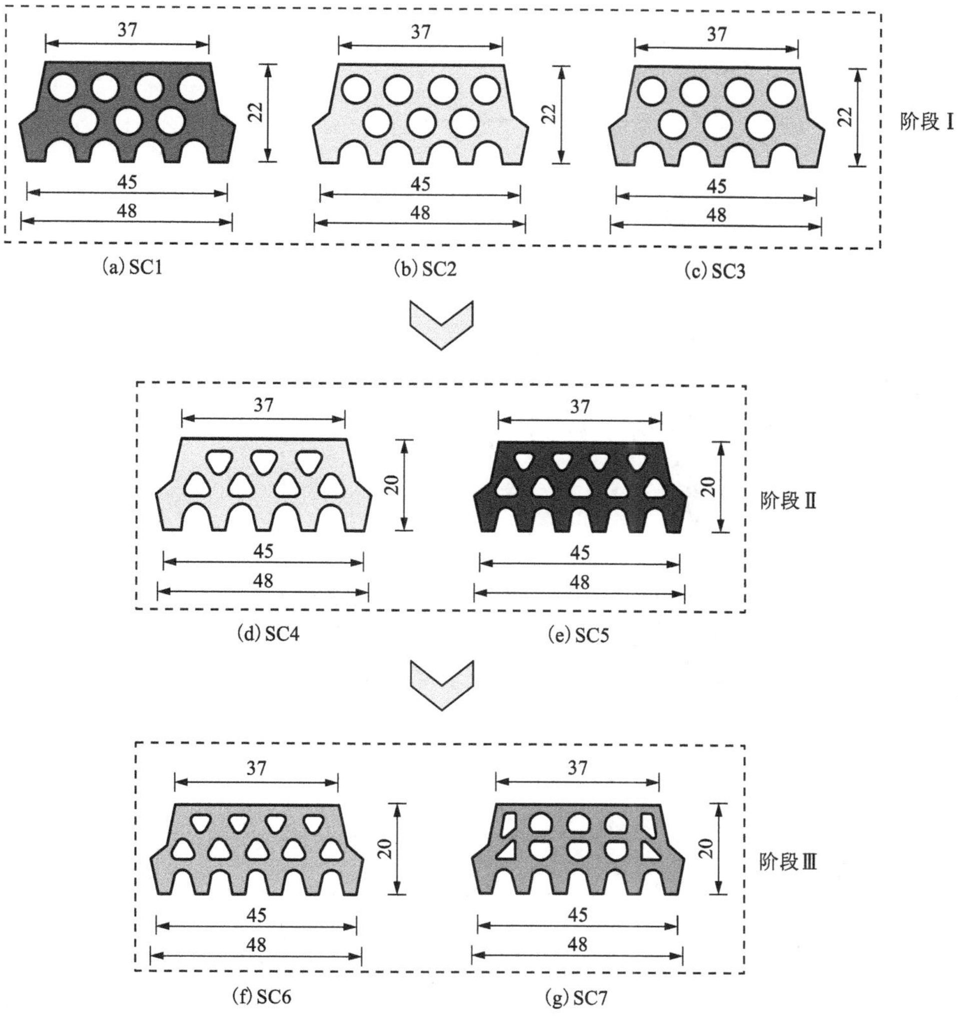

图 3-6　试验测试的七种弹性密封垫断面结构（单位：mm）

封垫断面的设计参数，其中：h_g 是密封垫高度，A_{gasket} 是密封垫外轮廓面积，A_c 是内部闭合孔洞面积，A_o 是底部敞开孔洞面积，A_h 是孔洞面积，A_n 是密封垫净面积，H_A 是密封垫硬度(邵氏 A)，ξ_a 是密封垫开孔率，ξ_c 是闭合孔洞比例，ξ_g 是密封垫在沟槽中的填充率。上述参数的计算关系如下：

$$A_h = A_c + A_o \tag{3.1}$$

$$A_n = A_{\text{gasket}} - A_h \tag{3.2}$$

$$\xi_a = A_h / A_{\text{gasket}} \tag{3.3}$$

$$\xi_c = A_c / A_h \tag{3.4}$$

$$\xi_g = A_{\text{gasket}} / A_{\text{groove}} \tag{3.5}$$

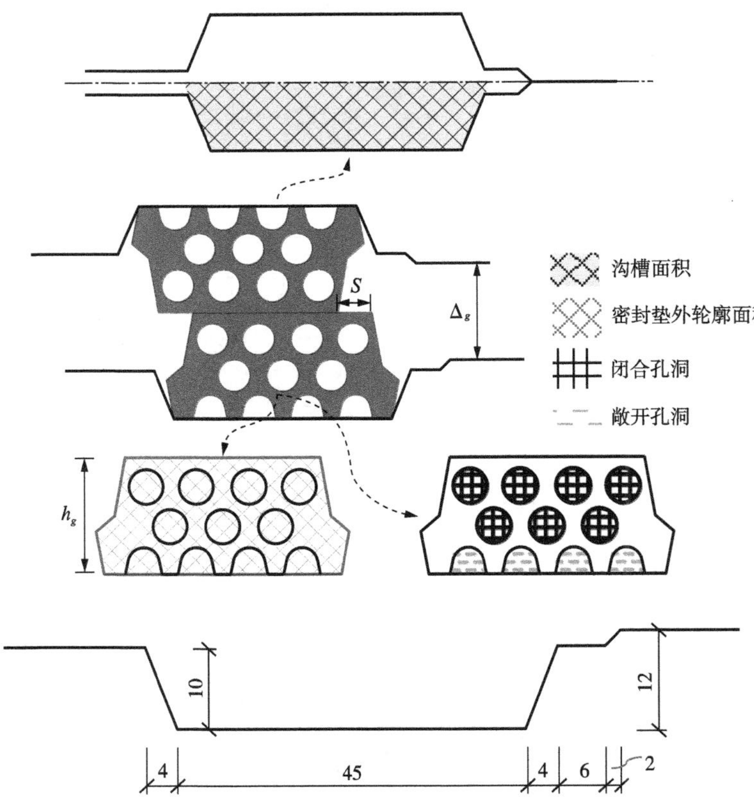

图 3-7　密封垫断面和密封垫沟槽(单位:mm)

表 3-1　弹性密封垫断面设计参数

参数	单位	SC1	SC2	SC3	SC4	SC5	SC6	SC7
h_g	mm	22	22	22	20	20	20	20
A_{gasket}	mm^2	934.50	934.50	934.50	856.50	856.50	856.50	856.50
A_c	mm^2	232.28	222.46	232.28	155.90	169.16	149.19	160.36
A_o	mm^2	109.22	134.95	109.22	130.70	116.28	136.26	121.04
A_h	mm^2	341.50	357.41	341.50	286.60	285.44	285.45	281.40
A_n	mm^2	593	577.09	593.00	569.90	571.05	571.05	575.10
H_A	邵氏 A	67	67	57	67	67	70	70
ξ_a	—	0.37	0.38	0.37	0.33	0.33	0.33	0.33
ξ_c	—	0.68	0.62	0.68	0.54	0.59	0.52	0.57
ξ_g	—	0.992	0.966	0.992	0.954	0.956	0.956	0.962

3.3.4　接缝防水性能试验

接缝防水性能试验的目的在于测试特定接缝张开量和错位量组合工况下的防水能力，可分为模拟纵缝/环缝的一字缝试验和模拟 T 字缝的 T 字缝试验两种类型。一字缝试验使用上、下两块 A 型混凝土试件，T 字缝试验使用上侧两块 B 型混凝土试件和下侧一块 A 型混凝土试件，在密封垫沟槽内刷涂粘合剂，粘贴弹性密封垫，形成封闭中心水腔。下侧试件的进水口与水压加载装置通过螺纹连接进行注水，上侧试件的出水口与水压表通过螺纹连接。每一级以 0.02 MPa 的增量施加水压力，使用三个方向的作动器控制接缝的张开量和错位量，在上侧试件的四个角点安设千分表记录接缝的张开量，水压施加完成后观测接缝是否出现渗漏水现象。根据前述介绍，总结出详细的试验流程和试验步骤，如图 3-8 所示。

表 3-2 给出了接缝防水性能试验工况，共计 18 组工况，包括 SC1～SC7 断面的 0/15 mm 错位量的一字缝试验和 SC2 断面的 T 字缝试验。

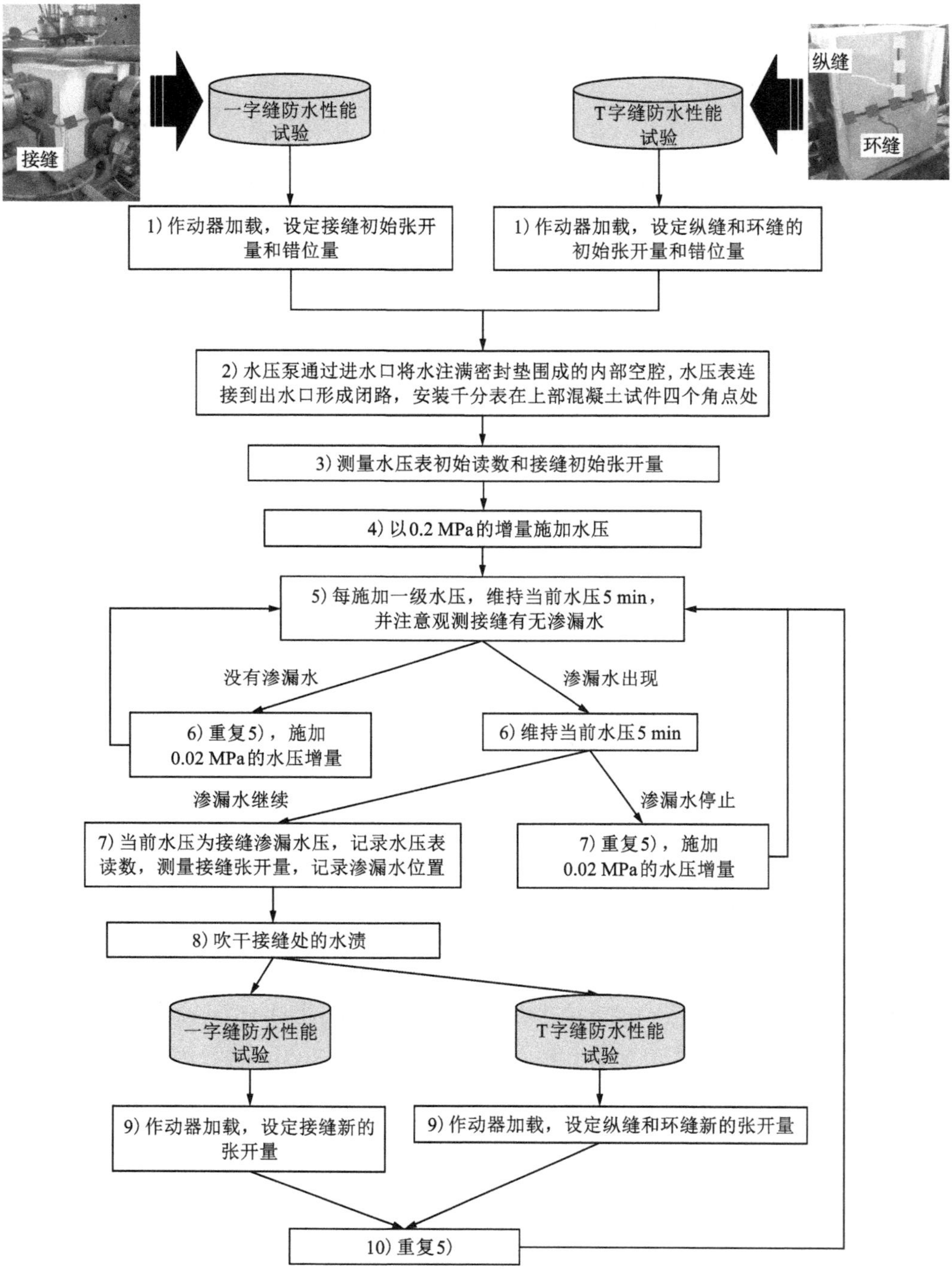

图 3-8　接缝防水性能试验步骤

表 3-2　接缝防水性能试验工况表[70]

工况	密封垫	试验类别	接缝错位量 /mm	纵缝张开量 /mm	环缝错位量 /mm
SC1-0	SC1	一字缝	0	—	—
SC1-15	SC1	一字缝	15	—	—
SC2-0	SC2	一字缝	0	—	—
SC2-15	SC2	一字缝	15	—	—
SC3-0	SC3	一字缝	0	—	—
SC3-15	SC3	一字缝	15	—	—
SC4-0	SC4	一字缝	0	—	—
SC4-15	SC4	一字缝	15	—	—
SC5-0	SC5	一字缝	0	—	—
SC5-15	SC5	一字缝	15	—	—
SC6-0	SC6	一字缝	0	—	—
SC6-15	SC6	一字缝	15	—	—
SC7-0	SC7	一字缝	0	—	—
SC7-15	SC7	一字缝	15	—	—
SC2-0-6.5-0	SC2	T 字缝	0	6.5	0
SC2-0-10.5-0	SC2	T 字缝	0	10.5	0
SC2-0-6.5-15	SC2	T 字缝	0	6.5	15
SC2-0-10.5-15	SC2	T 字缝	0	10.5	15

注：对于 T 字缝防水性能试验，接缝指的是环缝。

3.3.5　密封垫力学压缩试验

弹性密封垫力学压缩试验的目的在于测试密封垫在沟槽中的力学变形特性，得到弹性密封垫的最大闭合压缩力，用于评价其拼装性能。试验工装由上侧和下侧钢模组成，钢模长度为 20 cm，钢模的沟槽尺寸和实际工程管片的密封垫沟槽尺寸一致，如图 3-2 所示。试验对象为长度为 20 cm 的弹性密封垫试样。将下侧钢模搁置在混凝土试件上，作为固定端，通过垂向作动器以《高分子防水材料 第 4 部分：盾构法隧道管片用橡胶密封垫》(GB 18173.4—2010) 中 B.6.2 条规定的 50 mm/min 的速度进行加载，直至密封垫完全压缩。在上侧钢模四个角点布置千分表，记录试验过程中的密封垫压缩量变化。

3.4 试验结果

3.4.1 接缝防水性能试验

（1）一字缝试验结果

图 3-9 为接缝错位量为 15 mm 工况下的试验渗漏水压（$P_{wl,\ EXP}$）和接缝张开量（Δ_g）的关系曲线。从图 3-9 中可以看出，接缝的渗漏水压（或防水能力）随着接缝张开量的减小而增加，试验曲线可划分为线性和非线性两个区段。对于阶段Ⅰ测试的 SC1～SC3 断面，渗漏水压随着接缝张开量的减小呈线性增加，直至接缝张开量约为 6 mm［图 3-9（a）］；对于阶段Ⅱ测试的 SC4～SC5 断面，对应的接缝张开量临界值约为 4.5 mm［图 3-9（b）］；对于阶段Ⅲ测试的 SC6～SC7 断面，对应的接缝张开量临界值约为 4 mm［图 3-9（c）］。上述临界值的差异可归因于两个方面：一是弹性密封垫断面高度的不同，例如，SC1～SC3 的高度为 22 mm，SC4～SC7 的高度仅有 20 mm，较大的密封垫断面高度带来更大范围的线性防水密

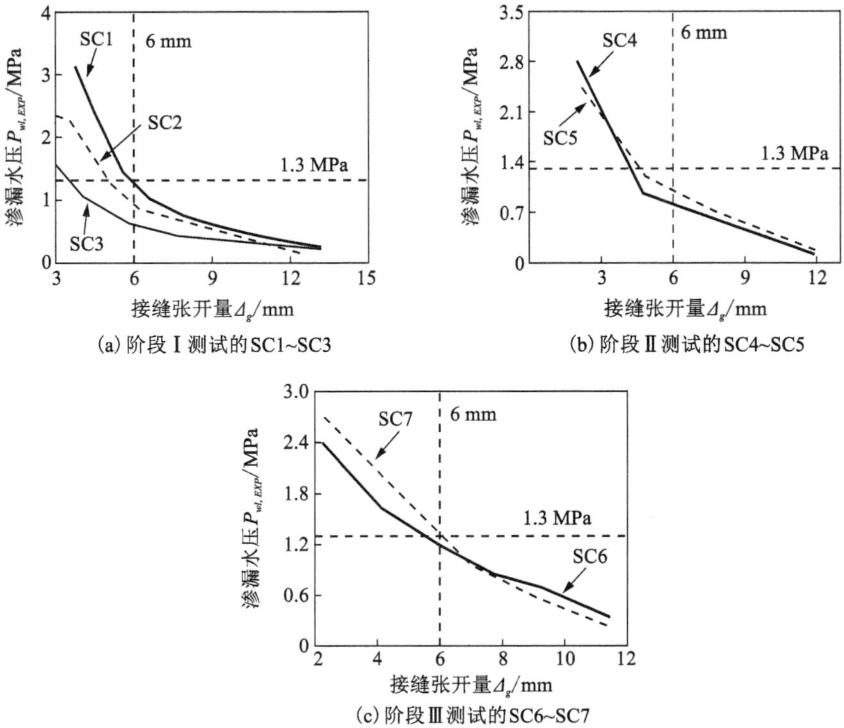

图 3-9　7 种试验弹性密封垫断面的一字缝防水性能试验结果（接缝错位量=15 mm）

封区域；二是断面高度相同时，不同的断面结构(孔洞形式、布置、开孔率等)和硬度带来的影响。在线性区段，较小的压缩量和较低的侧向水压加载联合条件下的密封垫变形较小，进而刚度变化不大。一方面，当接缝张开量进一步减小，密封垫内部孔洞开始闭合，刚度急剧增大，密封垫接触面紧闭，需要更大的侧向水压撑开接触面形成渗漏通道；另一方面，更大的侧向水压使得密封垫的变形更加剧烈，进一步压紧了接触面，从而使得接缝发生渗漏时的渗漏水压更大。SC1 在设计要求下(6 mm 接缝张开量和 15 mm 接缝错位量)的渗漏水压为 1.27 MPa，SC2 在设计要求下的渗漏水压为 0.91 MPa，SC3 在设计要求下的渗漏水压为 0.62 MPa，SC4 在设计要求下的渗漏水压为 0.81 MPa，SC5 在设计要求下的渗漏水压为 1.00 MPa，SC6 在设计要求下的渗漏水压为 1.18 MPa，SC7 在设计要求下的渗漏水压为 1.31 MPa。根据试验结果，仅有 SC7 满足设计要求。

一字缝构造的渗漏水压和接缝张开量呈现负相关性，较大的接缝张开量对应较小的渗漏水压，较小的接缝张开量对应更大的渗漏水压。为进一步分析接缝渗漏行为，我们选取 SC2 断面，分析其 0 mm 和 15 mm 接缝错位量工况下的试验渗漏水压($P_{wl,\ EXP}$)和接缝张开量(Δ_g)的关系曲线，如图 3-10 所示。显而易见的是，随着接缝张开量的减小，渗漏水压上升，即接缝防水密封能力增强。该试验现象表明，弹性密封垫接触应力随着密封垫压缩变形而增大，从而需要更高的外水压来撑开接触面形成渗漏通道。另一点有趣的试验现象在于，0 mm 错位量工况的渗漏水压均大于对应的 15 mm 错位量工况的渗漏水压。该现象可归因于接缝初始错位量的存在，使得上、下侧弹性密封垫有一个错动量，密封垫-密封垫接触面之间的接触长度下降，水流更容易击穿接触面形成渗漏。

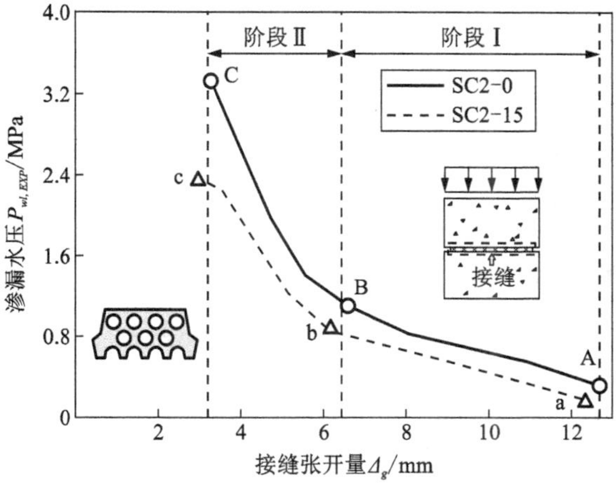

图 3-10　一字缝防水性能试验结果(SC2)

SC2 的试验曲线有 3 个特征点，可划分为 2 个区段：阶段Ⅰ的接缝张开量范围约为 12 mm(图 3-10 中 A/a 点)到 7 mm(图 3-10 中 B/b 点)，此范围内渗漏水压随着接缝张开量的减小呈线性增加；阶段Ⅱ的接缝张开量范围约为 7 mm(图 3-10 中 B/b 点)到 3 mm(图 3-10 中 C/c 点)，此范围内渗漏水压随着接缝张开量的减小呈非线性加速增加。这是因为接缝张开量很小时，密封垫断面孔洞近乎闭合，受到沟槽完全约束限位，密封垫刚度和相应的接触应力极大，需要的外水压抵消接触应力形成渗漏也更大。

(2)T 字缝试验结果

图 3-11 为 SC2 断面的 T 字缝工况下的试验渗漏水压($P_{wl,\ EXP}$)和接缝(T 字缝中的环缝)张开量(Δ_g)的关系曲线。对于纵缝张开量=6.5 mm 的工况 SC2-0-6.5-0 和 SC2-0-6.5-15 来说，试验曲线存在一个“拐点”(点 A/a)：当接缝张开量小于“拐点”对应张开量时，渗漏水压随着接缝张开量的减小而增大；当接缝张开量大于“拐点”对应张开量时，渗漏水压随着接缝张开量的减小而下降。工况 SC2-0-6.5-0 的“拐点”对应张开量约为 6.12 mm，相应的渗漏水压最大值为 1.62 MPa；工况 SC2-0-6.5-15 的“拐点”对应张开量约为 5.78 mm，相应的渗漏水压最大值为 1.41 MPa。试验过程中，上述工况的纵缝张开量始终控制在 6.5 mm。值得指出的是，“拐点”对应的环缝张开量和纵缝张开量相近，即环缝张开量和纵缝张开量接近时，“拐点”出现。这一有趣试验现象可归因于环缝和纵缝的相对独立效应：环缝和纵缝的渗漏水压中的较小值决定 T 字缝的渗漏水压。根据试验记录，环缝张开量大于 6.5 mm 时，渗漏水多发生于环缝；环缝张开量小于 6.5 mm 时，渗漏水多发生于 T 字缝。

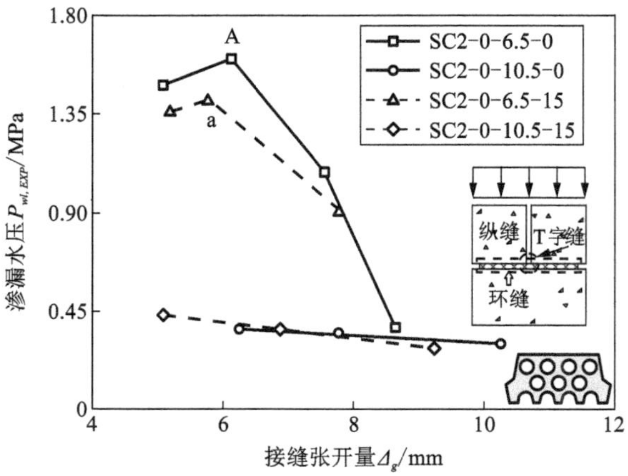

图 3-11　T 字缝防水性能试验结果(SC2)

对于纵缝张开量=10.5 mm 的工况，渗漏水压随着接缝张开量的减小略微增大，且没有曲线“拐点”出现。上述试验结果的差异是由较大的纵缝张开量导致的，即试验全过程中，纵缝处的弹性密封垫都没有压紧，接触应力较小，相应的抵抗外水压的密封能力较弱，从而使得 T 字缝整体的渗漏水压较低，这与 SHALABI 等[71]的 T 字缝试验结果一致。此外，根据试验记录，上述工况试验的水流均从靠近 T 字缝交点的纵缝的密封垫-密封垫接触面处渗出，验证了上述分析的合理性。

综上所述，T 字缝构造的渗漏行为更加复杂，渗漏水压取决于环缝和纵缝两个接缝方向上对应渗漏水压的较小值。

3.4.2　密封垫力学压缩试验

图 3-12 为七种弹性密封垫断面在沟槽压缩中的闭合压缩力(F_g)和压缩量的关系曲线。从图 3-12 中可以看出，闭合压缩力随着压缩量的增加而增大，试验曲线可划分为平缓、线性和非线性三个区段。对于阶段Ⅰ测试的 SC1~SC3 断面，当密封垫压缩力小于 4 mm 时，闭合压缩力几乎不变[图 3-12(a)]；对于阶段Ⅱ测试的 SC4~SC5 断面，对应的压缩量临界值约为 0.8 mm[图 3-12(b)]；对于阶段Ⅲ测试的 SC6~SC7 断面，对应的压缩量临界值约为 1 mm[图 3-12(c)]。随着压缩量的增加，闭合压缩力线性增大，直至约 16 mm(SC1~SC3)、12 mm(SC4~SC5)和 12 mm(SC6~SC7)。当压缩量继续变大，闭合压缩力加速增大直至密封垫完全压缩进密封垫沟槽。SC1 的最大闭合压缩力为 318 kN/m，SC2 的最大闭合压缩力为 273 kN/m，SC3 的最大闭合压缩力为 156 kN/m，SC4 的最大闭合压缩力为 90 kN/m，SC5 的最大闭合压缩力为 94 kN/m，SC6 的最大闭合压缩力为 147 kN/m，SC7 的最大闭合压缩力为 73 kN/m。根据试验结果，SC4、SC5 和 SC7 满足设计要求。

为进一步揭示弹性密封垫受力变形机理，建立 SC2 断面的有限元分析模型，结合试验得到的闭合压缩力(F_g)和压缩量的关系曲线，分析其荷载变形规律，如图 3-13 所示。如前所述，试验曲线有 4 个特征点，可划分成 3 个阶段：

平缓阶段(AB)：密封垫断面形状几乎没有改变，内部闭合孔洞和底部敞开孔洞发生很小的变形，闭合压缩力的增长很小。

线性阶段(BC)：密封垫断面形状开始改变，内部闭合孔洞受挤压呈“横鸭蛋”变形模式并逐渐闭合，底部敞开孔洞受压扩张，使得密封垫两侧外边缘和沟槽两翼贴合，闭合压缩力线性增长。

非线性阶段(CD)：密封垫断面形状急剧改变，内部孔洞几乎完全闭合，底部敞开孔洞大部分闭合，密封垫完全压入沟槽区域，且密封垫水平向挤出，进一步受到沟槽两翼的约束，闭合压缩力加速增长。

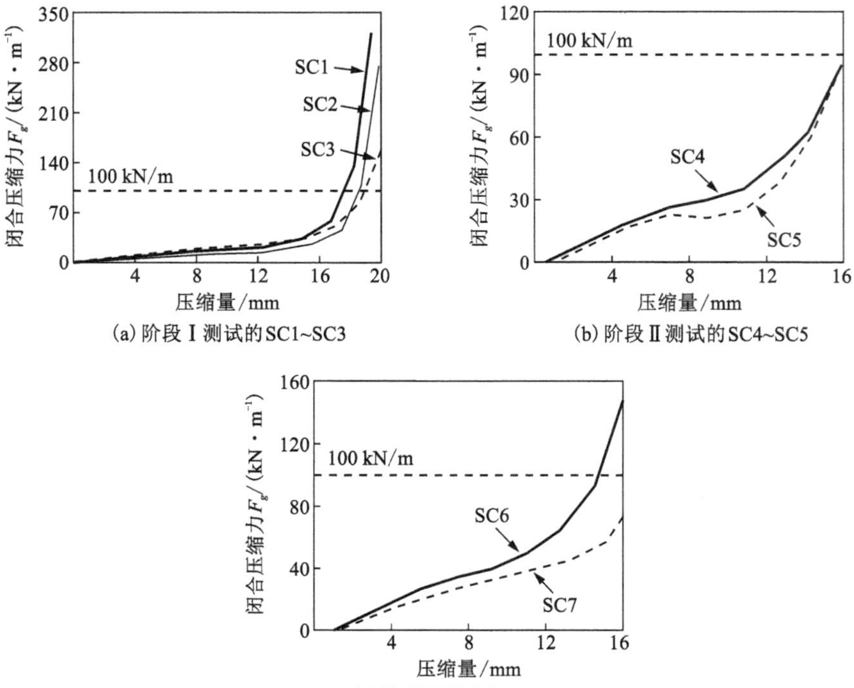

(a) 阶段Ⅰ测试的SC1~SC3

(b) 阶段Ⅱ测试的SC4~SC5

(c) 阶段Ⅲ测试的SC6~SC7

图 3-12　弹性密封垫力学压缩试验结果

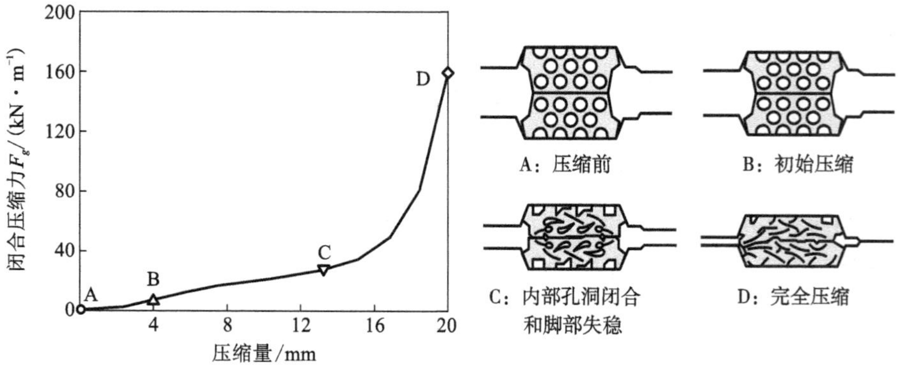

图 3-13　弹性密封垫在沟槽中的渐进压缩变形过程(以 SC2 为例)

3.5　接缝变形与密封垫细部构造影响下的防水性态分析

赵明等[70]的研究侧重于对研发的可模拟沟槽混凝土和密封垫橡胶真实接触性态的防水试验装置取得的成果进行展示，缺少对渗漏行为和防水性态的深入分析。因此，本小节基于已有的试验数据，探讨接缝张开量、错位量和密封垫细部构造等因素对接缝防水性能的影响。

3.5.1　一字缝和 T 字缝防水性能试验结果的对比

图 3-14 对比了一字缝和 T 字缝防水性能试验得到的渗漏水压($P_{wl,\ EXP}$)和接缝张开量(Δ_g)的关系曲线，可以看出，不同接缝构造下的渗漏行为具有明显的差异。对于 0 mm 接缝错位量[图 3-14(a)]，SC2-0 的一字缝工况的接缝张开量从 12.68 mm 减小到 6.63 mm 时，渗漏水压相应的从 0.33 MPa 上升到 1.10 MPa，即接缝防水能力随着接缝张开量的减小而增加。然而，SC2-0-10.5-0 的 T 字缝工况的渗漏水压基本维持在 0.30 MPa 左右，尽管接缝(T 字缝中的环缝)张开量从 10.20 mm 减小到 6.10 mm，但 T 字缝整体的防水能力保持不变。上述一字缝和 T 字缝渗漏行为的差异，主要是由 T 字缝构造中的较大初始纵缝张开量(10.5 mm)导致的。10.5 mm 的纵缝张开量表明，该方向的接缝密封垫没有压紧，抵抗水压的密封能力较低，从而 T 字缝的渗漏行为取决于纵缝。15 mm 接缝错位量[图 3-14(b)]的一字缝工况(SC2-15)和 T 字缝工况(SC2-0-10.5-15)也表现出类似的渗漏行为。

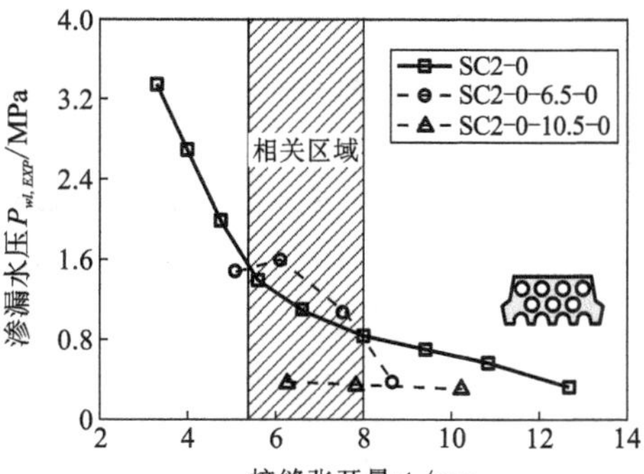

(a) 错位量=0 mm

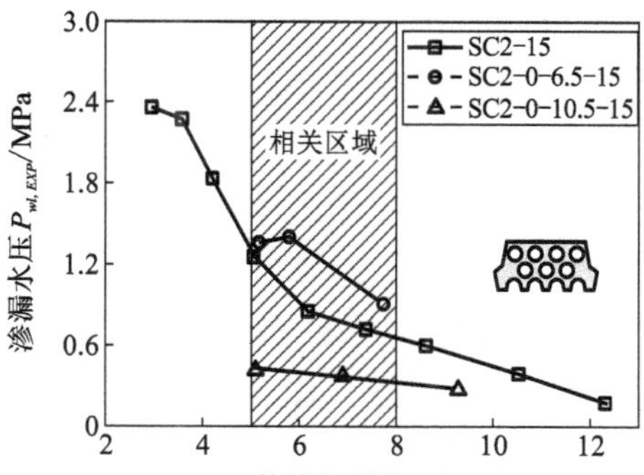

(b) 错位量=15 mm

图 3-14　一字缝和 T 字缝防水性能试验结果对比(SC2)

为了消除较大初始纵缝张开量对T字缝整体防水性能的影响，另行设置了两组6.5 mm初始纵缝张开量的T字缝工况：SC2-0-6.5-0和SC2-0-6.5-15。对于0 mm接缝错位量的SC2-0-6.5-0工况，接缝（T字缝中的环缝）张开量从8 mm减小到5.4 mm时，渗漏水压相应的从0.84 MPa上升到1.48 MPa，即接缝防水能力随着接缝张开量的减小而增加，这和一字缝试验工况的渗漏行为相一致。换言之，当T字缝的纵缝初始张开量较小时，T字缝和一字缝存在一个渗漏“相关区域”（接缝张开量8 mm到5.4 mm），渗漏水压相差不大，如图3-14(a)所示。该区域的出现是由T字缝构造中的纵缝和环缝的独立性导致的，即当某一接缝方向的张开量较小时，该方向的密封垫压缩较紧，相应的防水密封能力较强，T字缝整体的渗漏行为由压缩较为欠缺的另一接缝方向控制。值得指出的是，当环缝张开量减小到6.12 mm，和6.5 mm纵缝张开量接近时，试验达到最大的渗漏水压；之后，“相关区域”消失，尽管环缝张开量继续减小，但渗漏水压不再增加，甚至略微下降，因为此时的T字缝的渗漏行为转换为纵缝方向控制。15 mm接缝错位量[图3-14(b)]的一字缝工况（SC2-15）和T字缝工况（SC2-0-6.5-15）也表现出类似的渗漏行为。

3.5.2 接缝错位量对接缝防水能力的影响

图3-15对比了SC1~SC7断面的0 mm和15 mm接缝错位量工况的一字缝防水试验的渗漏水压（$P_{wl,EXP}$）和接缝张开量（Δ_g）的关系曲线，其中曲线上的空心圆圈代表了1.3 MPa设计水压对应的接缝张开量临界值。从图3-15中可以看出，在接缝张开量的试验测试范围内，SC1、SC2、SC5和SC7弹性密封垫断面的0 mm错位量工况的渗漏水压高于15 mm错位量工况的渗漏水压，对应的接缝张开量临界值更大，接缝防水密封能力更强。具体地：接缝张开量临界值从SC1-15工况的6.00 mm增大到SC1-0工况的6.78 mm，临界值从SC2-15工况的5.00 mm增大到SC2-0工况的5.96 mm，临界值从SC5-15工况的4.66 mm增大到SC3-0工况的5.36 mm，临界值从SC7-15工况的6.00 mm增大到SC7-0工况的6.81 mm。上述试验现象表明，控制接缝错位量能保证接缝相对较强的防水能力。试验也发现了其他有意思的试验现象，比如，SC3断面，0 mm错位量工况和15 mm错位量工况在接缝张开量大于8 mm范围内，渗漏水压几乎一致；SC4断面，当接缝张开量小于4 mm范围内，15 mm错位量工况的渗漏水压大于0 mm错位量工况的渗漏水压；SC6断面，0 mm错位量工况和15 mm错位量工况在试验接缝张开量范围内，渗漏水压相差不大。这些意料之外的现象表明，存在初始错位量的接缝渗漏行为更加复杂，需要综合考虑弹性密封垫参数（断面形式、硬度等）和接缝张开量等其他因素的贡献。

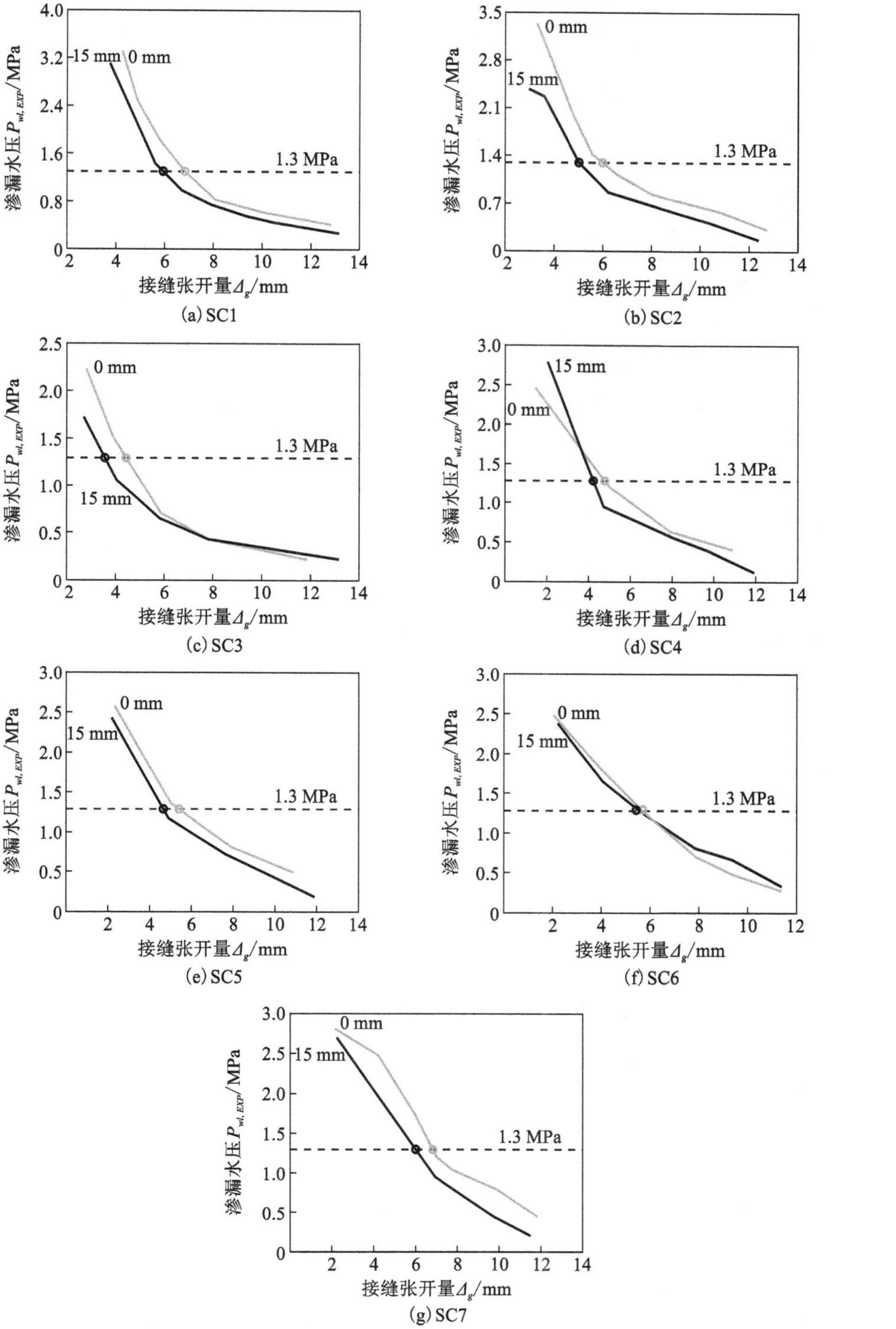

图 3-15　接缝错位量对接缝防水能力的影响

3.5.3 密封垫硬度对接缝防水能力的影响

如前所述，为研究弹性密封垫硬度对接缝防水性能的影响，试验研究设计了 SC1 和 SC3 两种断面，这两种断面构造完全相同，唯一的区别在于硬度。图 3-16 对比了 67 邵氏硬度的 SC1 断面和 57 邵氏硬度的 SC3 断面的试验渗漏水压($P_{wl,\ EXP}$)和接缝张开量(Δ_g)的关系曲线，其中曲线上的空心圆圈代表了 1.3 MPa 设计水压对应的接缝张开量临界值。从图 3-16 中可以看出，不论是 0 mm 还是 15 mm 的接缝错位量工况，接缝渗漏水压随着硬度的增大而上升，相应地：接缝张开量临界值从 SC3-0 工况的 4.50 mm 增大到 SC1-0 工况的 6.78 mm，临界值从 SC3-15 工况的 3.56 mm 增大到 SC1-15 工况的 6.00 mm。因此，在选定合适的弹性密封垫断面构造后，采用较高的硬度，可以进一步增强接缝的防水能力。需要指出的是，弹性密封垫的闭合压缩力和硬度呈现正相关性，即较高的硬度会使得压紧密封垫需要的最大闭合压缩力更大，而更大的最大闭合压缩力可能超过密封垫沟槽的抗剪承载力，使沟槽附近产生剪裂缝，形成新的渗漏通道，导致渗漏水的过早发生。综上所述，硬度的提升对接缝防水性能是一把“双刃剑”，需要选取适当的弹性密封垫硬度，既要保证接缝具备较强的防水密封性能，又要保证沟槽不会在闭合压缩力作用下产生剪裂缝影响接缝的正常防水状态。

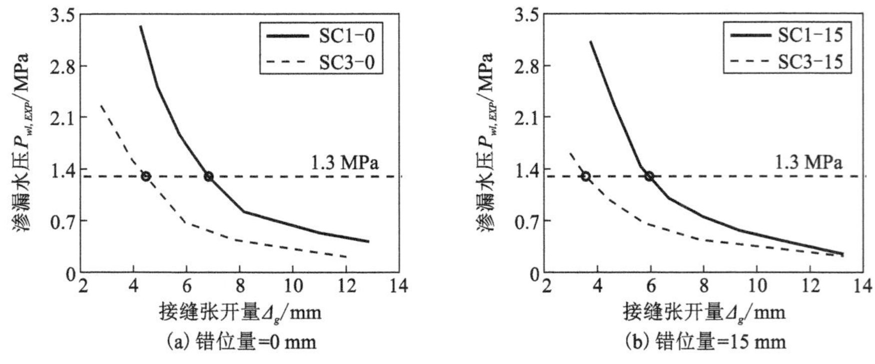

(a) 错位量=0 mm (b) 错位量=15 mm

图 3-16 弹性密封垫硬度对接缝防水能力的影响

3.5.4 接缝防水性能和密封垫力学特性的相关性

为探求接缝防水性能和弹性密封垫力学压缩性能的相互关系，从 3 个试验阶段各选取了一个试验断面，即阶段Ⅰ的 SC2，阶段Ⅱ的 SC4 和阶段Ⅲ的 SC7，对比接缝防水性能试验和弹性密封垫力学压缩试验的结果，如图 3-17 所示。图 3-17 中的密封垫-密封垫接触面的平均接触应力($P_{c,\ ave}$)可由闭合压缩力除以接触面长度得到。发现了一个有趣的试验现象，存在一个“相关区域”，在此区域内，密封垫的平均接触应力和渗漏水压相差不大，此区域内的渗漏水压略微大一点：SC2 断面的“相关区域”为 6 mm 到 9 mm，SC4 断面的“相关区域”为 5 mm 到 9 mm，SC7 断面的“相关区域”为 8 mm 到 12 mm。根据试验记录的渗漏水位置，此时水流从密封垫之间的接触面渗出，渗漏发生在密封垫接触面上。上述试验现象表明，当水压超过密封垫的接触应力时，水流的作用使得密封垫和密封垫的接触面逐渐张开直至完全脱离形成渗水通道。但是，当接缝张开量不在“相关区域”时，渗漏水的位置会发生变化，除了密封垫和密封垫的接触面外，水流也可能通过密封垫和沟槽的接触面渗出。以 SC2 为例，当接缝张开量小于 6 mm 时，部分渗漏水发生在密封垫-沟槽接触面。此种渗漏行为发生的原因是当接缝张开量较小时，密封垫压缩变形进一步加大，底部敞开孔洞水平向扩张，密封垫柱脚失稳，此时密封垫-沟槽的接触应力降低，相应的抵抗外水压的密封能力更弱。因此，接缝防水性能和弹性密封垫力学特性的“相关区域”从本质上说，是水流击穿密封垫-密封垫

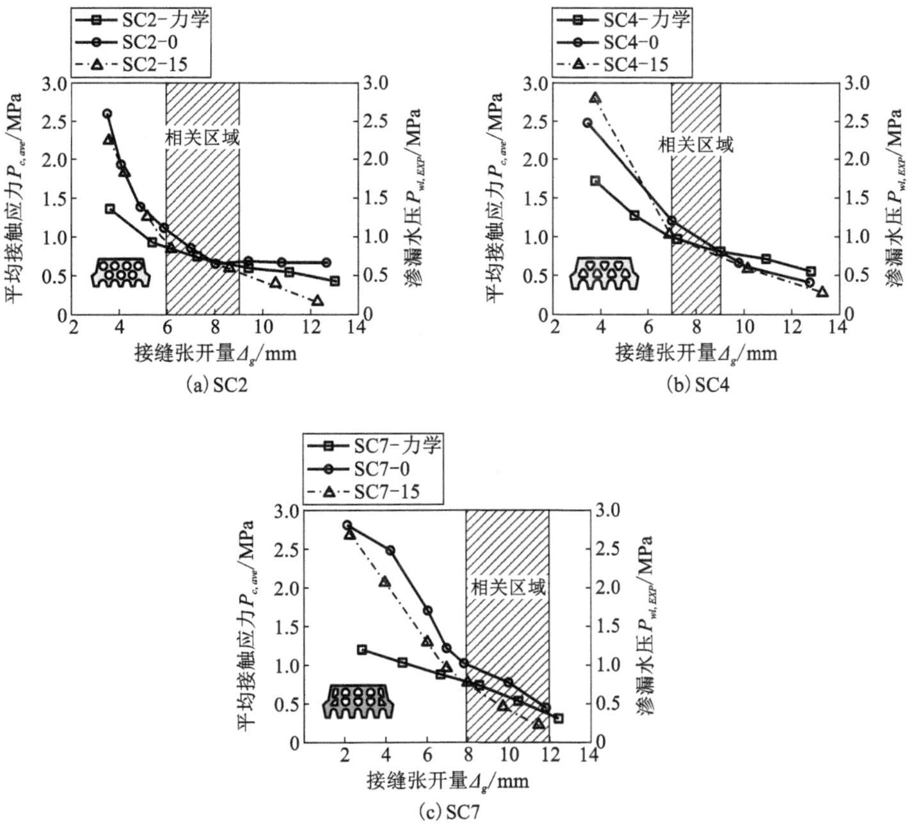

(a) SC2　(b) SC4　(c) SC7

图 3-17　弹性密封垫渗漏水压和平均接触应力的相关性

接触面的“水力劈裂”作用。当外水压力接近或超过密封垫与密封垫之间的接触应力时，密封垫接触面不足以抵抗水压而完全张开，进而形成渗漏通道。SC4 和 SC7 的试验结果也出现了类似的现象，即接缝张开量分别小于 7 mm(SC4)和 8 mm(SC7)时，“相关区域”消失。

3.5.5 密封垫内部孔洞结构对接缝防水能力的影响

图 3-18 对比了 SC4 断面和 SC7 断面的 0 mm 和 15 mm 接缝错位量的渗漏水压($P_{wl,\ EXP}$)和接缝张开量(Δ_g)的关系曲线，其中曲线上的空心圆圈代表了 1.3 MPa 设计水压对应的接缝张开量临界值。如前所述，SC4 和 SC7 的外轮廓尺寸一致，断面开孔率相近，硬度存在 3 度的细微差别，它们主要的差别在于内部闭合孔洞和底部敞开孔洞的排列方式。这两种断面均有两排内部闭合孔洞和一排底部孔洞，SC4 的闭合孔洞和底部孔洞错开排列，SC7 的内部孔洞和底部孔洞对齐排列。试验结果表明，0 mm 和 15 mm 接缝错位量工况，SC7 的渗漏水压均大于 SC4 的渗漏水压，且 0 mm 错位量工况下的 SC7 渗漏水压比 SC4 的渗漏水压增长幅度更大。上述试验现象说明两点规律：一是闭合孔洞和底部孔洞对齐排列，增加了密封垫断面高度内的有效高度，进而提高了密封垫刚度和抵御外水压的变形能力；二是采用对齐孔洞排列的密封垫断面，在一定的接缝错位状态下依旧具有较强的防水能力，表明内部孔洞的对齐排列构造可以部分抵消接缝错位量对防水能力的不利影响。因此，弹性密封垫的断面设计建议采用对齐排列的内部孔洞构造。

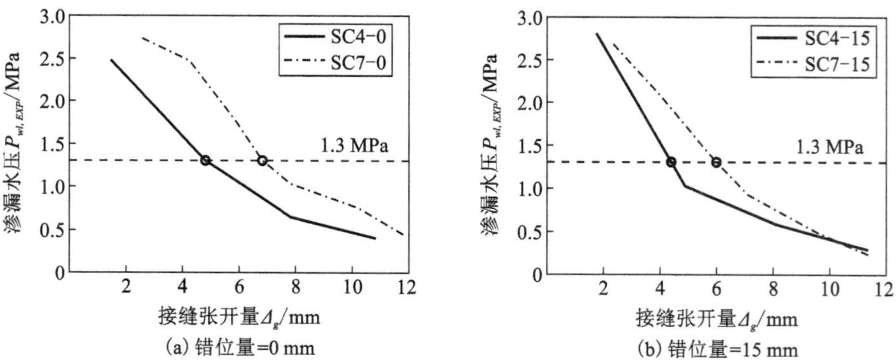

图 3-18 内部孔洞对防水性能的影响

3.5.6 渗漏水位置及管片沟槽局部破损的影响

根据试验记录，渗漏水位置可归纳为以下 6 部分：

(1)水流从密封垫-密封垫接触面渗出；

(2)水流从角部的密封垫-沟槽接触面渗出；

(3)水流从靠近 T 字缝的密封垫-密封垫接触面渗出；

(4)水流从 T 字缝渗出；

(5)水流从密封垫及沟槽附近的裂缝和破损区域渗出；

(6)水流从弹性密封垫实心转角渗出。

一字缝防水试验的渗漏主要发生在两个位置：当接缝张开量较大时(图 3-10 中的阶段I)，大多发生在密封垫-密封垫接触面[图 3-19(a)]处，此种类型的渗漏模式类似于“水力压裂”，即水压力超过接触面的接触应力，导致接触面完全张开形成渗水通道。随着接缝张开量的减小，当接缝张开量处于较小的量值时(图 3-10 中的阶段Ⅱ)，部分渗漏被观察到出现在密封垫框型条的转角处的密封垫-沟槽接触面[图 3-19(b)]处，此种类型的渗漏可归因于两个因素：一是密封垫角点三维空间效应导致的缺少沟槽的侧限约束，使得此处的密封垫压缩不够紧密，接触应力较小，相应的抵抗外水压的密封能力较弱；二是密封垫框型条加工过程中产生了角点处的实心截面，如图 3-20 所示。该实心截面的存在，使得转角密封垫区域的压缩刚度更大，相较于非转角密封垫区域更难被压紧，接触应力更小，水流更容易击穿密封垫-沟槽接触面，最终导致渗漏现象。

类似于一字缝，T 字缝防水试验的渗漏同样不拘泥于某一位置。对于纵缝初始张开量较大的试验工况(SC2-0-10.5-0 和 SC2-0-10.5-15)，水流往往从靠近 T 字缝的纵缝处的密封垫-密封垫接触面处渗出，如图 3-19(c)所示。然而，对于纵缝初始张开量较小的试验工况(SC2-0-6.5-0 和 SC2-0-6.5-15)，渗漏大多发生在 T 字缝处，如图 3-19(d)所示。

此外，在开展一字缝 SC7-15 试验工况前，在下侧混凝土试件的密封垫-沟槽侧翼观察到有细微裂缝。上述裂缝的形成，是由前面开展的一字缝 SC1-0～SC7-0 试验工况的往复加载-卸载导致的；在观察到沟槽裂缝后，使用环氧树脂固化胶涂抹于裂缝处进行封堵，避免水流从裂缝流出，导致渗漏现象的提前发生。然而，在开展 T 字缝的最后一组 SC2-0-10.5-15 试验工况后，前述细微裂缝进一步扩展延伸，形成贯通密封垫沟槽的宏观裂缝，宽度为 4～6 mm，长度约 10 cm。尝试把纵缝和环缝两个方向上的张开量压缩至 2 mm 左右的小值，但是水流持续不断地从沟槽宏观裂缝处涌出[图 3-19(e)]，渗漏水压仅为 0.2 MPa。此种类型的渗漏模式表明，混凝土沟槽裂缝可以作为渗水通道，使得水流绕开密封垫，过早地发生渗漏现象。

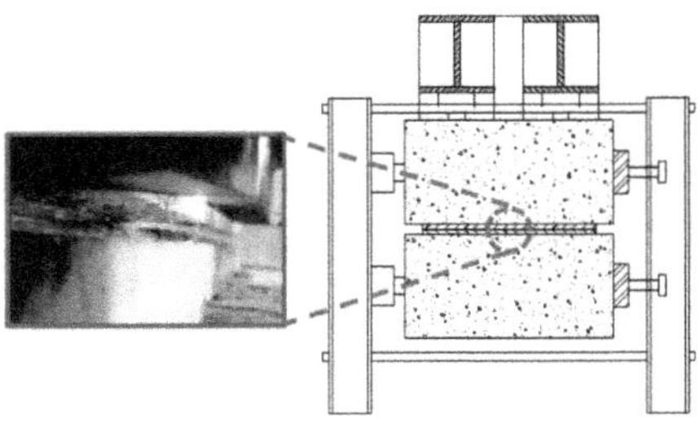

(a) 密封垫-密封垫接触面

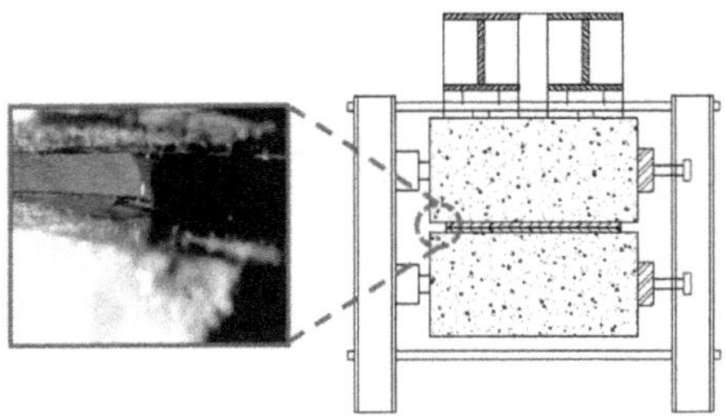

(b) 密封垫角部的密封垫-沟槽接触面

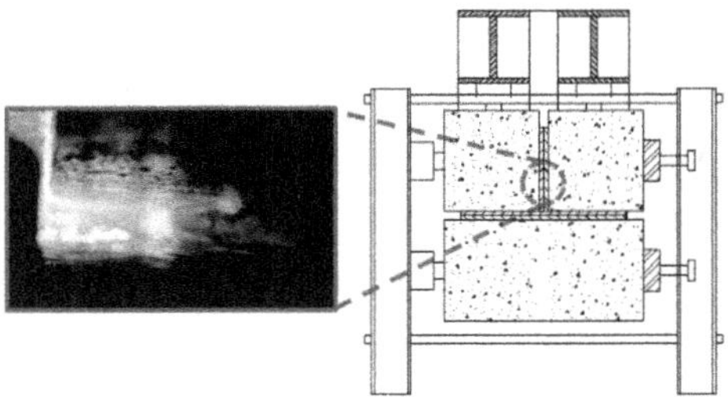

(c) T字缝附近的密封垫-密封垫接触面

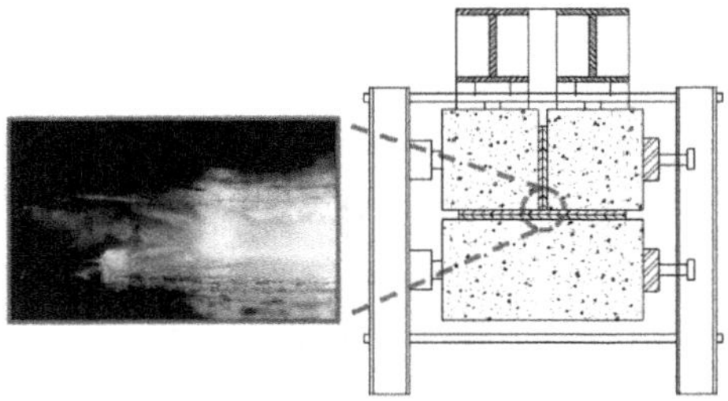

(d) T字缝

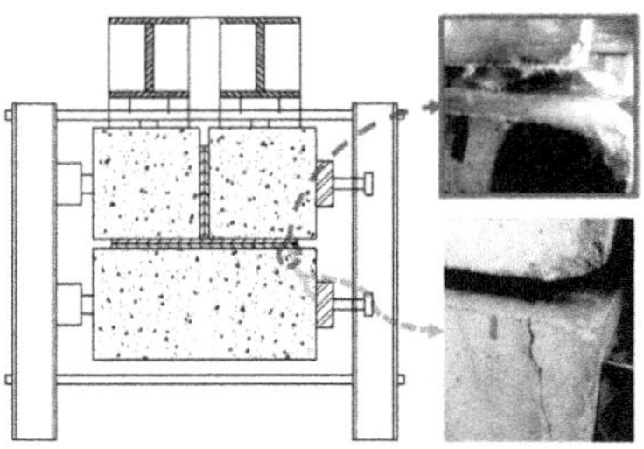

(e) 密封垫沟槽裂缝

图 3-19　试验渗漏水位置

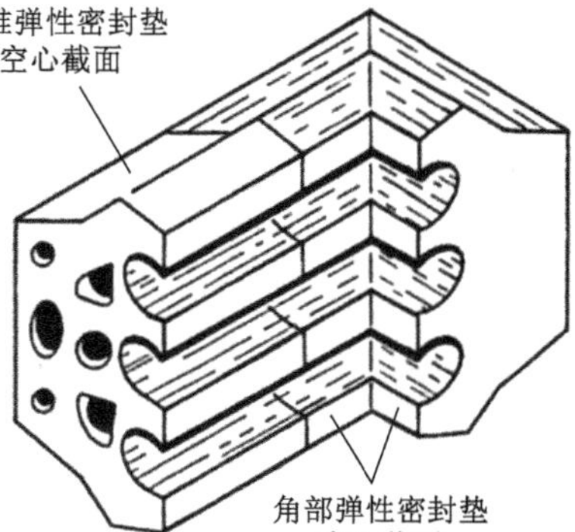

图 3-20　弹性密封垫框型条的实心转角[72]

3.6　本章小结

本章利用研发的可模拟钢筋混凝土管片密封垫沟槽和弹性密封垫真实接触性态的盾构隧道管片接缝防水性能试验装置，对某越江盾构隧道进行了接缝弹性密封垫防水性态试验研究，完成了 7 种密封垫断面的一字缝、T 字缝防水性能试验和力学压缩试验，分析不同接缝张开量和错位量工况下的防水密封能力，以及密封垫力学拼装性能等，并在此基础上，深入讨论了不同设计参数对防水能力的影响，相关结论如下：

(1) 一字缝构造的接缝渗漏水压随着接缝张开量的减小而增加，试验曲线存在线性增加(较大接缝张开量)和非线性增加(较小接缝张开量)两个区段。在线性增加区段，渗漏大多发生在密封垫-密封垫接触面上，在非线性增加区段，渗漏大多发生在密封垫框型条的转角处的密封垫-沟槽接触面上。

(2) T 字缝构造的接缝渗漏行为取决于纵缝和环缝两个接缝方向的防水能力的较小值。当纵缝有一个较大的初始张开量时，不论环缝方向的张开量如何，渗漏均发生在纵缝处；当纵缝有一个较小的初始张开量时，试验渗漏曲线存在一个“拐点”：环缝张开量较大时，渗漏水压随着环缝张开量的减小而增大；当环缝张开量和纵缝初始张开量接近时，渗漏水压达到最大值；之后，环缝张开量小于纵缝初始张开量，渗漏水压略微下降，渗漏位置转移到纵缝处。

(3) 一字缝构造和 T 字缝构造的渗漏曲线存在一个渗漏“相关区域”，该区域的出现是由 T 字缝构造的纵缝和环缝的独立性导致的，即当某一接缝方向的张开量较小时，该方向的密封垫压缩较为紧密，相应的防水密封能力较强，T 字缝整体的渗漏行为由压缩较为欠缺的另一接缝方向控制。

(4) 弹性密封垫的闭合压缩力-压缩量关系曲线可划分为平缓、线性和非线性阶段，对应的变形状态为初始压缩、内部孔洞闭合与柱脚失稳、完全压缩状态。

(5) 试验结果表明，接缝密封垫的防水性能和力学压缩性能存在一个“相关区域”，当水压接近或超过密封垫平均接触应力时，渗漏发生在密封垫与密封垫间的接触面上。

(6) 接缝错位量对接缝防水性能的影响较为复杂，需综合考虑密封垫的断面形式和接缝张开量等多种因素，弹性密封垫硬度的提高可增强接缝的防水密封能力，弹性密封垫内部孔洞的对齐排列可增强接缝的防水能力。

(7) 密封垫-密封垫接触面、密封垫-沟槽接触面、密封垫框型条实心转角、T 字缝角点和混凝土沟槽附近的开裂破损区域，均可作为接缝渗漏通道。

第 4 章　盾构隧道接缝密封垫渗漏失效机理

4.1　概述

装配式盾构隧道结构复杂，最为典型的结构特征为衬砌环内的纵缝和衬砌环间的环缝，该部位为隧道结构的受力薄弱点和防水渗漏点。现行的工程防水密封措施为在管片外弧面侧，预留梯形敞口密封垫沟槽，在管片拼装前将弹性密封垫框型条粘贴在沟槽内，通过拼装机完成衬砌环的安装，压紧纵缝处的密封垫，产生接触应力抵抗外水压的渗入。弹性密封垫多采用空心断面，材质以耐久性和耐候性优异的三元乙丙橡胶为主，其具有良好的压缩变形能力。因此，为剖析盾构隧道接缝的渗漏行为，需要明确压缩变形和水压组合作用下的弹性密封垫在沟槽中的受力变形行为，进而揭示接缝的防水失效机理。

本章首先基于弹性力学理论，提出可定性解释渗漏过程和渗漏路径的防水失效解析模型，为第 3 章观察到的不同渗漏位置的出现提供理论依据；并在第 3 章试验研究的基础上，建立考虑密封垫材料超弹性特征的非线性有限元模型，明确侧向水压对密封垫的变形模式和接触应力分布的影响，通过比较水压和接触应力的定量关系，揭示接缝防水渐进失效过程，研究接缝张开、错位、正负向转动等参数对防水密封性能的定量影响。

4.2　侧向水压作用下的密封垫密封防水失效解析模型

弹性密封垫在沟槽中受侧向水压作用的密封问题描述如图 4-1 所示，包含上/下侧弹性密封垫和上/下侧沟槽。图 4-1 中的 Δ_g 为接缝张开量，P_w 为侧向水压，ΔP_c 为水压引起的密封垫接触应力增量（附加接触应力）。

模型的基本假设如下：①平面应变状态，忽略纵向伸长的影响；②沟槽简化

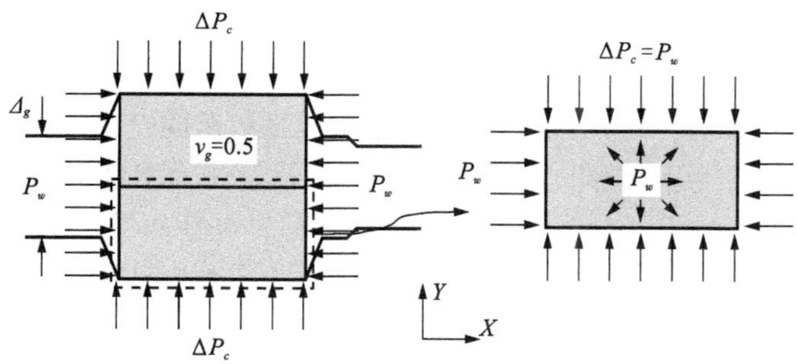

图 4-1　理想实心密封垫断面的解析模型示意图

为刚体，忽略沟槽在密封垫压缩过程和水压作用下的变形量，这是因为沟槽的材质为钢筋混凝土，刚度远大于橡胶材质的弹性密封垫；③弹性密封垫断面为理想实心，不考虑内部孔洞；④不考虑接缝错位的影响，即上/下侧弹性密封垫完全贴合。

根据弹性理论[73]，密封垫受到沟槽的竖向约束限位，Y 轴方向和 Z 轴方向的应变均为零，相应的表达式如下：

$$\Delta\varepsilon_y = \frac{1}{E_g}[\Delta\sigma_y - \nu_g(\Delta\sigma_x + \Delta\sigma_z)] = 0 \tag{4.1}$$

$$\Delta\varepsilon_z = \frac{1}{E_g}[\Delta\sigma_z - \nu_g(\Delta\sigma_y + \Delta\sigma_x)] = 0 \tag{4.2}$$

式中：$\Delta\sigma_x$、$\Delta\sigma_y$ 和 $\Delta\sigma_z$ 分别为密封垫在 X 轴、Y 轴和 Z 轴方向上的应力增量；$\Delta\varepsilon_y$ 和 $\Delta\varepsilon_z$ 分别为密封垫在 Y 轴和 Z 轴方向上的应变增量；E_g 为密封垫的弹性模量；ν_g 为密封垫的泊松比。

合并式(4.1)和式(4.2)，得到如下表达式：

$$\Delta\sigma_y = \frac{\nu_g}{1-\nu_g}\Delta\sigma_x \tag{4.3}$$

因此，侧向水压作用产生的密封垫接触应力增量可根据如下表达式计算：

$$\Delta P_c = \frac{\nu_g}{1-\nu_g}P_w \tag{4.4}$$

为简化表达式，定义密封垫自封系数(k)如下：

$$k = \frac{\nu_g}{1-\nu_g} \tag{4.5}$$

弹性密封垫大多由橡胶制成，橡胶可视为不可压缩材料，其泊松比近似取值为 0.5[74]。对于本问题考虑的实心密封垫，密封垫的泊松比取值为 0.5。代入式

(4.4)，可得：

$$\Delta P_c = P_w \tag{4.6}$$

因此，对于理想实心密封垫断面来说，侧向水压导致的密封垫接触应力增量等于侧向水压的量值；对于工程实际中的带有内部孔洞的密封垫来说，相应的密封垫的泊松比小于0.5，侧向水压导致的密封垫接触应力增量小于侧向水压的量值。此外，不同接缝张开量状态下，实际空心密封垫断面的压缩变形程度不一样，泊松比取值介于0到0.5(内部孔洞完全闭合)。本节定义密封垫有效泊松比($\tilde{\nu}_g$)来描述实际密封垫的上述变化。

基于上述分析，可以推论出水压作用下的实际空心密封垫的接触应力(P_c)由两部分组成：一是密封垫在沟槽中压缩变形后产生的初始接触应力(P_{ci})，二是水压产生的附加接触应力(ΔP_c)，即

$$P_c = P_{ci} + \Delta P_c \tag{4.7}$$

不同于实心密封垫断面的接触应力的均匀等值分布，由于内部闭合孔洞和底部敞开孔洞的存在，空心密封垫断面的接触应力呈现不均匀分布规律。

图4-2为实际空心密封垫断面的解析模型。在侧向水压施加前[图4-2(a)]，接缝处于某一特定的张开量(Δ_g)，上侧和下侧密封垫的顶部贴合在一起，上/下侧密封垫底部和上/下侧沟槽贴合在一起，在相应接触面上存在初始接触应力(P_{ci})。当水压(P_w)从管片外弧面位置施加后[图4-2(b)]，内部孔洞趋于闭合，密封垫朝沟槽靠近内弧面侧挤压变形，受到沟槽侧翼的进一步约束，密封垫的泊松比增大，在相应接触面上产生附加接触应力(ΔP_c)。

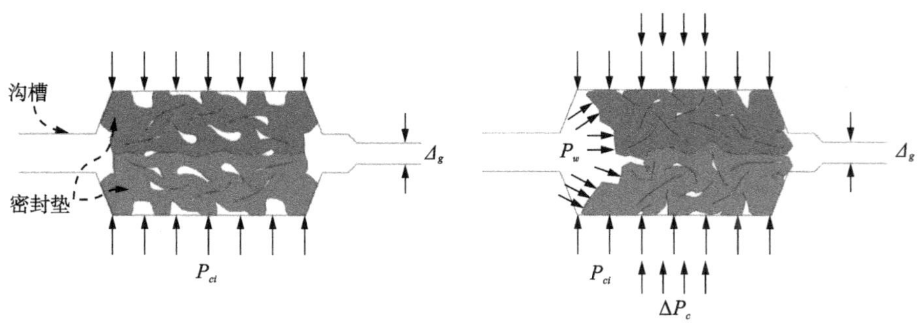

(a) 水压施加前　　(b) 水压施加后

图4-2　实际空心密封垫断面的解析模型示意图

作者基于试验结果，定义密封系数(λ)的这一参数来定量描述密封垫接触应力和渗漏水压(P_{wl})的关系：

$$P_{wl} = \lambda P_c \tag{4.8}$$

渗漏发生时的水压即为渗漏水压：

$$P_w = P_{wl} \tag{4.9}$$

合并式(4.4)~式(4.9)，可得到渗漏水压和初始接触应力的关系：

$$P_{wl} = \frac{\lambda}{1-\lambda k} P_{ci} \tag{4.10}$$

对于特定的弹性密封垫断面，密封系数可由试验或数值计算确定，剩下的唯一变量即为密封垫自封系数或泊松比。

根据第 3 章试验记录的渗漏位置，不考虑沟槽混凝土裂缝的影响时，接缝的渗漏发生在密封垫-密封垫接触面或密封垫-沟槽接触面，如图 4-3 所示。相应地，式(4.10)针对不同的渗漏路径，有着不同的渗漏过程。

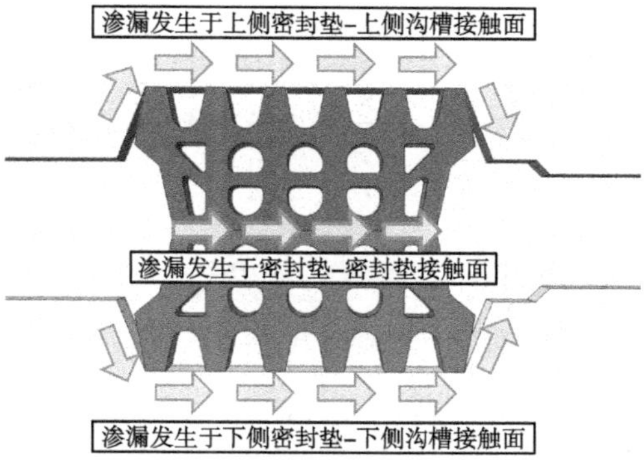

图 4-3　渗漏路径示意图

图 4-4(a)给出了发生在密封垫-密封垫接触面的渗漏过程示意图，渗漏过程可划分为如下两个阶段：

阶段Ⅰ(点 O 到点 A)的初始密封：水压尚未施加，密封垫处于初始压缩状态，密封垫-密封垫接触面上有着初始接触应力；

阶段Ⅱ(点 A 到点 B)的渗漏发生：水压开始施加，接触应力等于初始接触应力和水压导致的附加接触应力之和。当水压较小时，密封垫受到水压作用的变形较小，内部孔洞远未完全闭合，等效泊松的量值比较小，此时的附加接触应力小于水压增量。随着水压的增加，密封垫变形加剧，内部孔洞逐渐闭合，等效泊松比的量值变大并接近 0.5，此时的附加接触应力约等于水压增量。假定密封垫的密封系数为 1，当水压的量值等于接触应力的量值时，密封垫-密封垫接触面完全张开，发生渗漏现象。需要指出的是，该阶段的密封垫等效泊松比的量值随密封垫的变形而变化，它是一个变化值，故图 4-4 中的接触应力-渗漏水压曲线的斜率不是一个固定量值。

图 4-4(b)给出了发生在密封垫-沟槽接触面的渗漏过程示意图，渗漏过程也可划分为初始密封(点 O 到点 A)和渗漏发生(点 A 到点 B)两个阶段。不同于密封垫-密封垫接触面的渗漏过程，密封垫-沟槽接触面的渗漏会早于密封垫等效泊松比达到 0.5 的临界值而发生，这是因为密封垫底部存在柱脚，侧向水压作用可能导致柱脚失稳，密封垫和沟槽脱开，丧失相应的接触应力。

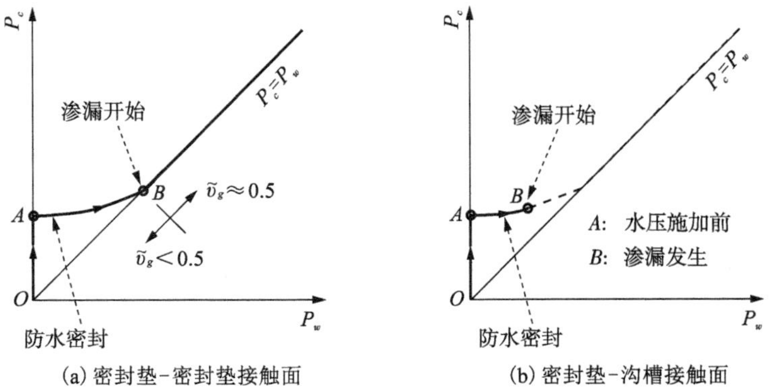

图 4-4　不同渗漏路径的渗漏过程

4.3　有限元模型及验证

通过 4.2 节的解析模型可知，接缝不同的渗漏路径存在不同的渗漏行为，本节基于通用有限元软件 ABAQUS[75] 建立弹性密封垫在沟槽中受侧向水压作用的有限元模型，深入分析密封垫的变形模式，以及水压和接触应力的定量关系。首先，通过 SC1～SC7 密封垫断面的闭合压缩力-压缩量试验数据验证模型参数的准确性；之后，选取 SC7 断面分析水压对弹性密封垫的影响。

4.3.1　有限元模型的建立

(1)模型组成和单元

本节建立的二维平面应变有限元模型基于 ABAQUS/Explicit 显式计算模块，包括上/下侧弹性密封垫和上/下侧管片，如图 4-5 所示。管片和弹性密封垫按照工程实际进行模拟，具体尺寸如图 3-6 和图 3-7 所示。由于混凝土管片具有极大的刚度，使用刚体来模拟管片，弹性密封垫使用 4 节点减缩单元(CPE4R)进行离散。

(2)材料本构和参数

弹性密封垫采用 Mooney-Rivlin 本构模型[76-77]进行模拟。该模型的二参数应变能函数为：

$$W=C_{10}(I_1-3)+C_{01}(I_2-3) \tag{4.11}$$

式中：W 为应变能；C_{10} 和 C_{01} 为材料参数；I_1 和 I_2 分别为第一不变量和第二不变量。对于绝大多数橡胶材料而言，二参数模型在±150%应变内可以得到合理的近似。

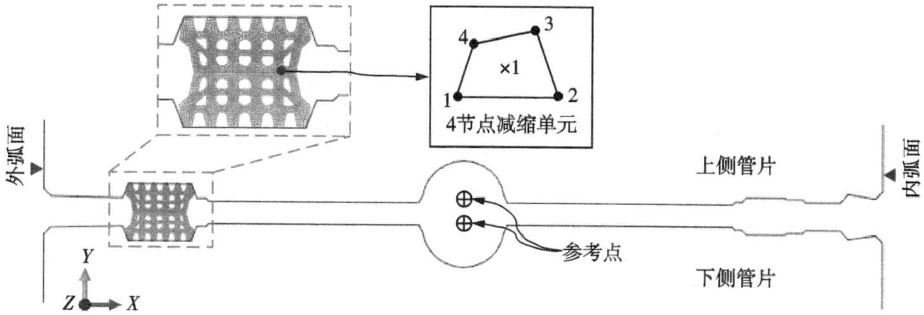

图 4-5　考虑接缝全部构造细节的有限元模型(以 SC7 为例)

GENT[74]基于大量试验数据拟合和回归分析，提出了确定模型参数 C_{10} 和 C_{01} 的经验简化方法。假定橡胶材料的初始剪切模量(G_g)等于模型参数之和的 2 倍，且橡胶材料的杨氏弹性模量(E_g)等于初始剪切模量的 3 倍，C_{01} 等于 C_{10} 的 0.25 倍，具体表达式如下：

$$G_g = 2(C_{10}+C_{01}) \tag{4.12}$$

$$E_g = 3G_g \tag{4.13}$$

$$C_{01} = 0.25C_{10} \tag{4.14}$$

对于橡胶材质的弹性密封垫，其硬度 H_A(邵氏 A)和杨氏弹性模量 E_g 有着如下关系：

$$E_g = (15.75+2.15H_A)/(100-H_A) \tag{4.15}$$

因此，当确定了弹性密封垫的硬度后，可通过上述公式计算确定模型参数 C_{10} 和 C_{01}。表 4-1 给出了 7 种弹性密封垫的材料参数。

表 4-1　弹性密封垫的材料参数

参数	单位	SC1	SC2	SC3	SC4	SC5	SC6	SC7
H_A	邵氏 A	67	67	57	67	67	70	70
C_{10}	MPa	0.646	0.646	0.428	0.646	0.646	0.739	0.739
C_{01}	MPa	0.161	0.161	0.107	0.161	0.161	0.185	0.185

(3)接触关系

模型定义密封垫-密封垫接触面及密封垫-沟槽接触面的两种接触关系，如图 4-6(a)~图 4-6(c)所示。在法线方向，采用“硬”接触模拟密封垫和密封垫、密封垫和沟槽之间的法向接触行为，即受压时，上侧密封垫单元和下侧密封垫单元不能相互穿透，接触面法向压力可以完全传递；受拉时，单元脱开，不传递拉应力。在切线方向，采用库仑摩擦模型模拟接触面切向的摩擦滑移行为。密封垫-密封垫接触面的摩擦系数取为 0.57，密封垫-沟槽接触面的摩擦系数取为 0.5。此外，在密封垫断面变形过程中，内部孔洞会发生闭合，在孔洞区域定义自接触，如图 4-6(d)所示。

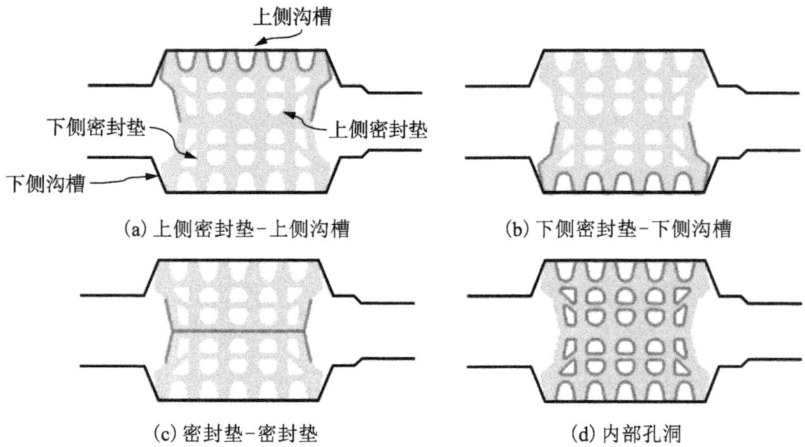

图 4-6　定义的接触关系示意图

(4)边界条件和计算步

在本章建立的有限元模型中，通过设置参考点来定义刚体管片的平动和转动位移。表 4-2 列出了模型模拟的不同计算步，用来模拟施工阶段的弹性密封垫初始压缩和运营阶段的水压施加，如图 4-7 所示。计算步 0 为接缝初始状态，上/下侧管片的 X 和 Y 方向的位移为零，绕 Z 方向的转动为零。计算步 1 为施工结束后的压缩变形状态，维持下侧管片的约束不变，改变上侧管片的 X 方向的位移至需要模拟的错位量，改变上侧管片的 Y 方向的位移至需要模拟的张开量处。计算步 2 为施加水压后的状态，维持计算步 1 结束后的上/下侧管片的约束不变，水压以均布荷载的形式垂直施加于弹性密封垫的自由面上。本章建立的模型涉及弹性密封垫的材料非线性、大变形引起的几何非线性和接触引起的边界条件非线性问题，采用 ABAQUS/Explicit 显式计算模块提供的中心差分法进行求解，避免使用隐式计算模块存在的收敛性问题。

表 4-2　有限元模型的计算步

计算步	描述
0	管片拼装前的接缝初始状态
1	施工阶段结束管片拼装后的接缝变形状态
2	运营阶段的水压施加

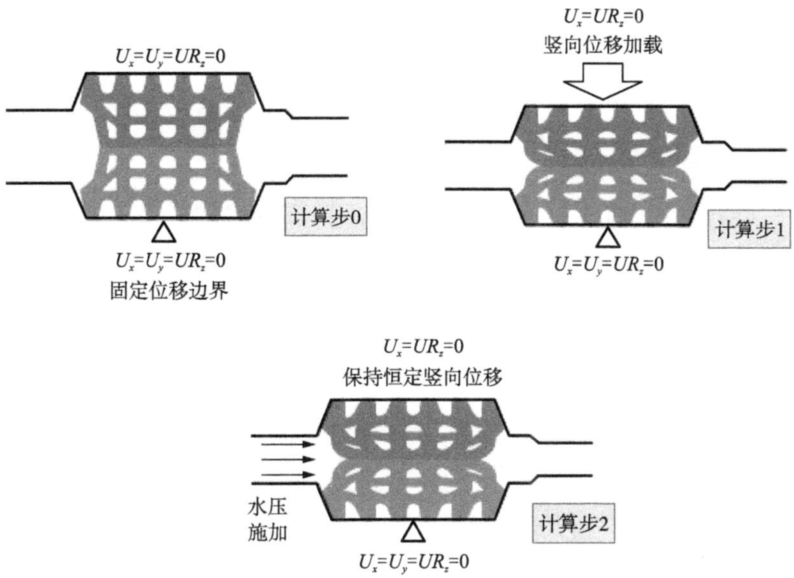

图 4-7　有限元模型的模拟计算步

4.3.2　模型验证

为验证本章提及的 Mooney-Rivlin 材料模型和接触关系等设置参数在分析弹性密封垫在沟槽中压缩变形行为时的合理性和准确性，本小节对 SC1～SC7 断面的力学压缩过程进行了计算模拟，并和试验结果进行对比，如图 4-8 所示。从图 4-8 中可见，计算的闭合压缩力-压缩量曲线和试验曲线总体有着较好的吻合：在压缩量较小区段，计算与实测得到的线性段基本吻合；随着压缩量的增加，除了 SC7 断面，其余断面计算得到的闭合压缩力略低于实测值。上述差异可能是由试验弹性密封垫的加工硬度误差(一般在±3 邵氏 A 以内)导致的。总体来看，有限元模型的参数取值较为合理，为弹性密封垫在水压作用下的后续分析奠定了基础。

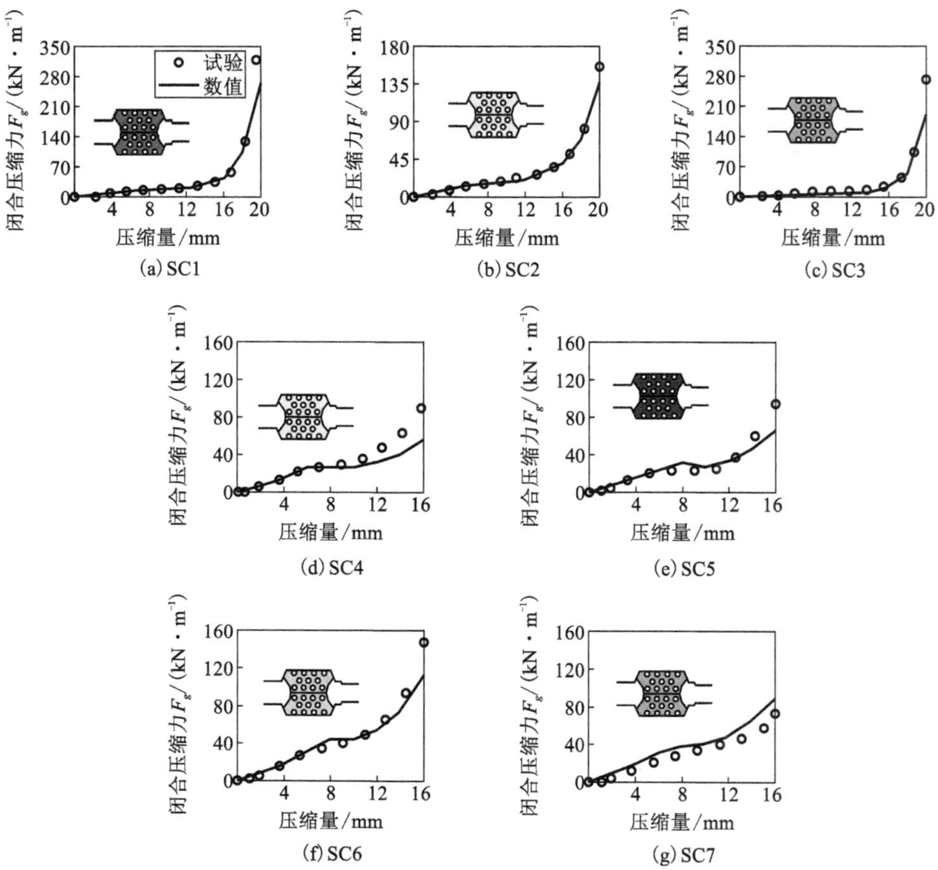

图 4-8　弹性密封垫在沟槽中的试验和计算闭合压缩力-压缩量曲线对比

4.4　侧向水压对密封垫的影响

本节选取 SC7 断面的一个代表性接缝变形工况(算例参数如下：接缝张开量 $\Delta_g=6$ mm，接缝错位量 $S=0$ mm，接缝张开角 $\theta=0$ rad)，施加 1.3 MPa 的设计水压，分析水压作用对弹性密封垫在沟槽中的密封变形特性的影响。计算考虑密封垫-密封垫接触面、上侧密封垫-上侧沟槽接触面和下侧密封垫-下侧沟槽接触面等 3 种渗漏路径。需要说明的是，本章的研究目标是水压作用下接缝密封垫变形模式和防水失效机理，尽管第 3 章试验观察到管片沟槽裂缝也可作为渗漏路径，但本章的重点是发生于密封垫接触面的渗漏行为，故不考虑局部混凝土开裂导致的渗漏，后续研究可围绕这一主题展开。密封垫-密封垫接触面由 CI-1、CI-2 和

CI-3 组成，密封垫-沟槽接触面由 CI-4、CI-5、CI-6、CI-7 和 CI-8 组成，CI 指的是密封垫外轮廓上的边，如图 4-9 所示。

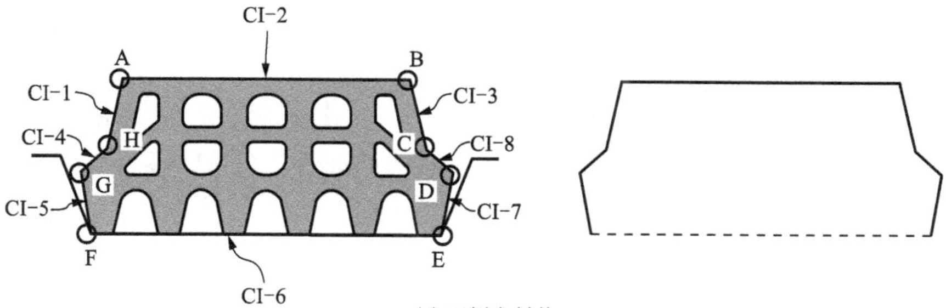

(a) 下侧密封垫

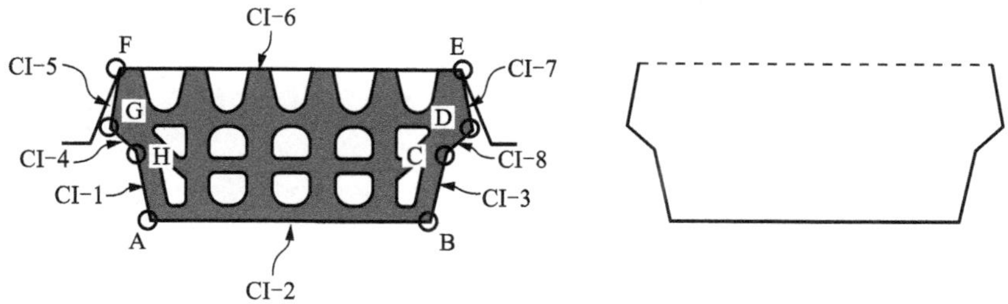

(b) 上侧密封垫

图 4-9　接触面示意图

4.4.1　变形模式

计算步 0 对应的初始状态下的弹性密封垫变形模式如图 4-10(a)所示，可以看出由于无任何接缝压缩变形，上/下侧弹性密封垫关于水平和垂直方向对称分布，密封垫-密封垫接触面长度为 CI-2，密封垫-沟槽接触面长度为 CI-6。

计算步 1 对应的压缩状态下的弹性密封垫变形模式如图 4-10(b)所示，上/下侧弹性密封垫依旧关于水平和垂直方向对称分布，这是因为上侧管片仅发生竖向位移，相应地，密封垫受压，内部孔洞呈现不同程度的闭合，上/下侧密封垫的 CI-1 和 CI-3 开始接触，上/下侧密封垫的 CI-5 和 CI-7 同对应的沟槽侧翼开始接触。此时的接触面长度变大，从左到右，密封垫-密封垫接触面长度为 CI-1、CI-2 和 CI-3 之和，密封垫-沟槽接触面长度为 CI-5、CI-6 和 CI-7 之和。

计算步 2 对应的 1.3 MPa 水压施加后的弹性密封垫缝变形模式如图 4-10(c)所示，由于侧向水压的作用，上/下侧弹性密封垫不再关于水平方向对称，密封垫朝沟槽内侧挤压变形，内部孔洞进一步闭合，柱脚扭曲且和沟槽出现一定程度的脱开，密封垫受到沟槽内侧翼的约束增强。图 4-10(d)为上/下侧密封垫各接触面长度的变形放大图，可以看出，水压的作用使得上/下侧密封垫的 CI-1 彼此脱开，CI-5 和对应的沟槽脱开，上/下侧密封垫的 CI-3 彼此接触更为紧密，CI-7 和对应的沟槽接触更为紧密，CI-6 部分和沟槽脱开，CI-4、CI-5 和 CI-8 未和沟槽存在接触。从左到右，密封垫-密封垫接触面长度为 CI-2 和 CI-3 之和，密封垫-沟槽接触面长度为 CI-6 和 CI-7 之和。综上所述，水压的作用使得密封垫-密封垫接触面和密封垫-沟槽接触面的长度有所减少，但接触面的贴合程度增加。

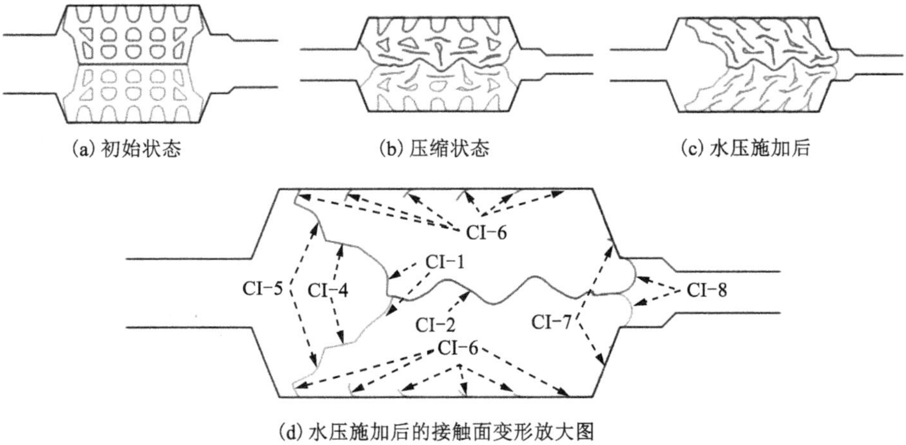

图 4-10　弹性密封垫在沟槽中的全过程变形模式

4.4.2　接触应力分布

图 4-11 为下侧密封垫 CI-1～CI-8 的接触应力在水压施加前后的分布对比图，其中：P_c 为接触应力，d 为接触面长度。

对于密封垫-密封垫接触面来说，由于水压作用使得上/下侧 CI-1 脱开，CI-1 的接触应力急剧减小，大部分接触应力为零。在水压作用前，CI-2 的接触应力关于密封垫中轴线左右对称，且由于内部孔洞的存在，接触应力沿着接触长度不均匀分布，又由于应力集中，最大接触应力在左右两个端点上；在水压作用后，由于密封垫发生朝沟槽内侧的挤压侧移，CI-2 的接触应力不再左右对称分布，靠近水压作用侧的接触应力减小，远离水压作用侧的接触应力增大，最大接触应力在右侧角点上。水压作用使得密封垫产生水平向侧移，相应地，CI-3 的接触应力增大。

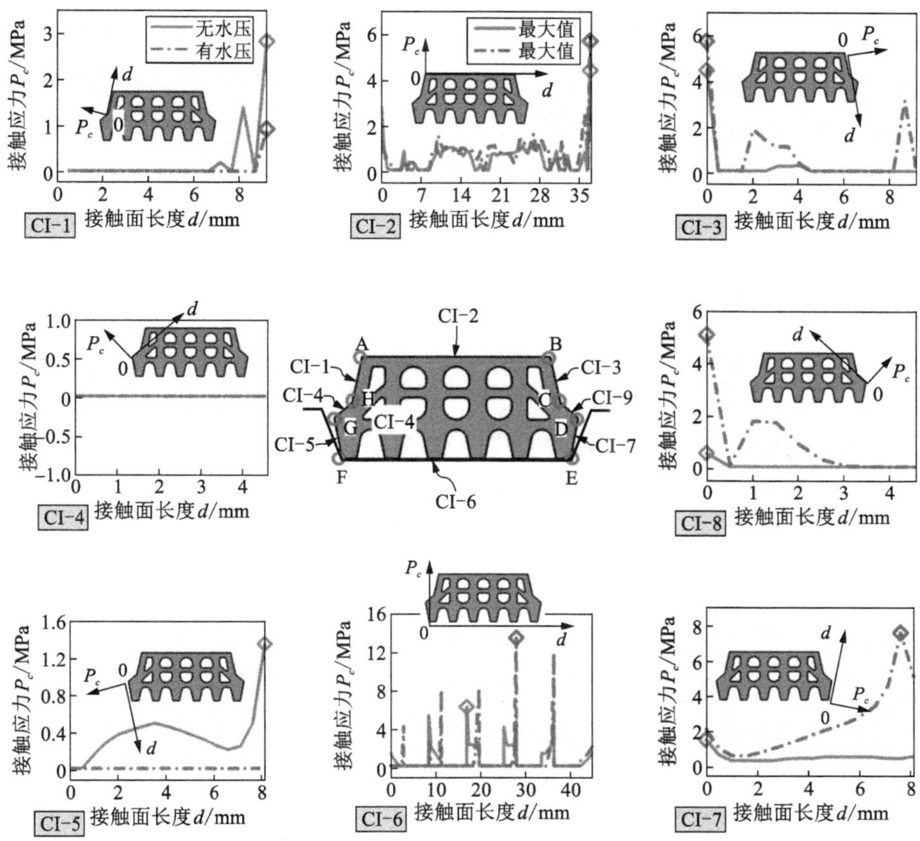

图 4-11　水压对下侧弹性密封垫接触应力分布的影响

对于下侧密封垫-下侧沟槽接触面来说，CI-4 没有接触应力，因为水压施加前和水压施加后上/下侧密封垫的 CI-4 边并未贴合。水压作用使得上/下侧密封垫的 CI-5 边完全脱开，相应地，接触应力丧失。在水压作用前，CI-6 的接触应力关于密封垫中轴线左右对称，由于底部敞开孔洞的存在，对应接触长度上的接触应力为零，接触应力沿着接触面长度不均匀分布；在水压作用后，由于密封垫发生朝沟槽内侧的挤压侧移，CI-6 的接触应力不再左右对称分布，且由于左侧柱脚失稳翘曲，呈现出“左低右高”的分布形态。CI-7 的接触应力在水压作用下大幅增加，这是由 CI-7 和沟槽右侧边贴合更加紧密导致的。类似于 CI-7，CI-8 的接触应力也有一定程度的增加。图 4-12 为上侧密封垫 CI-1～CI-8 的接触应力在水压施加前后的分布对比图，其分布规律与下侧密封垫相似。

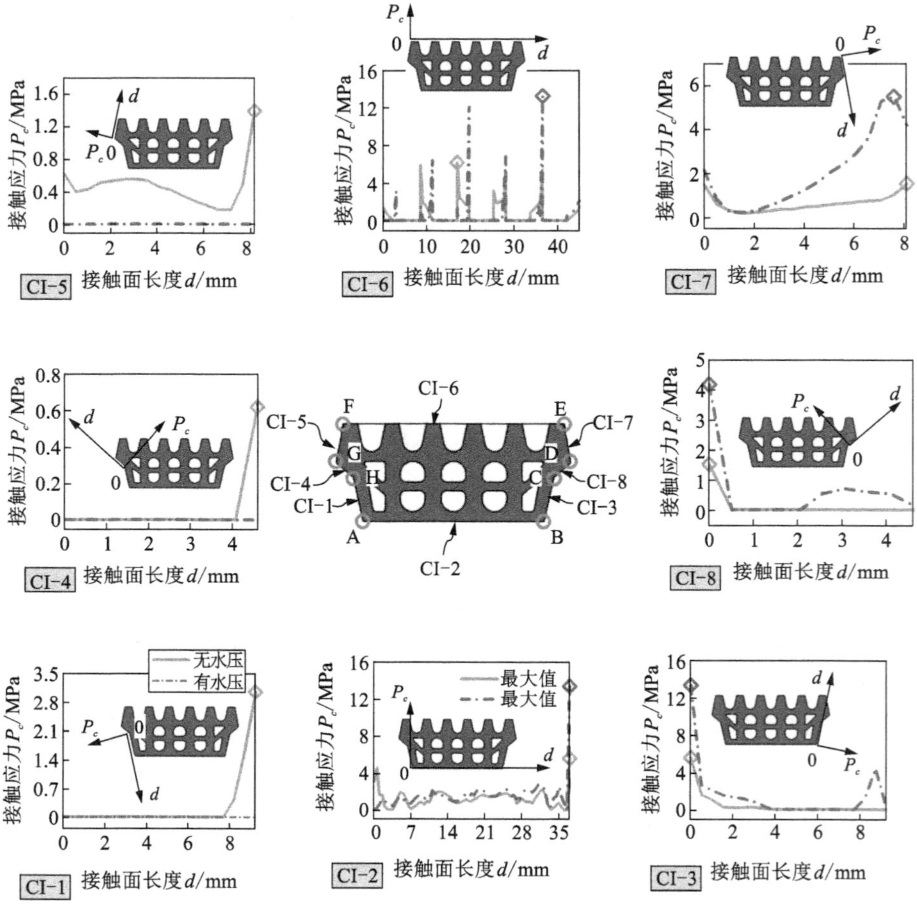

图 4-12　水压对上侧弹性密封垫接触应力分布的影响

图 4-13 对比了水压作用前后各接触边的最大接触应力($P_{c,\ \max}$)和平均接触应力($P_{c,\ ave}$)。水压作用下，CI-2、CI-3、CI-7 和 CI-8 的最大接触应力和平均接触应力均增大，CI-1 的最大接触应力和平均接触应力均减小；CI-6 的最大接触应力增大，但其平均接触应力减小，该现象可能是由柱脚翘曲，产生不均接触导致的。此外，CI-4 和 CI-5 的接触应力保持为零，因为水压作用前后均保持脱离状态。

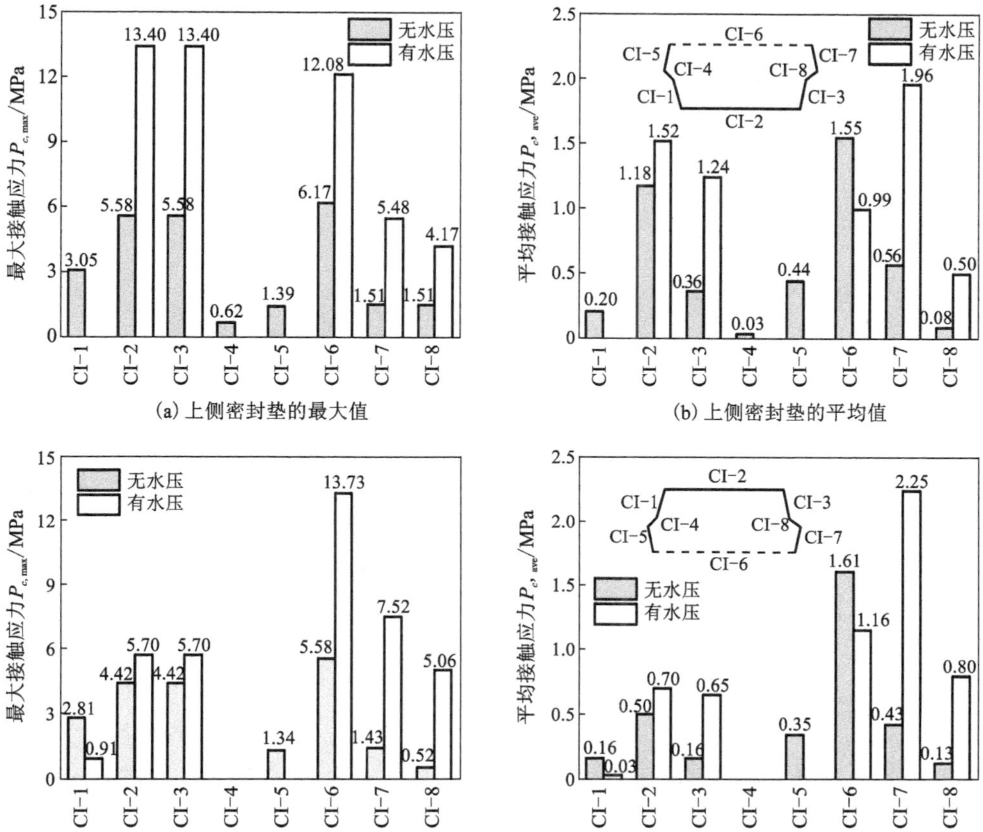

(a) 上侧密封垫的最大值　(b) 上侧密封垫的平均值

(c) 下侧密封垫的最大值　(d) 下侧密封垫的平均值

图 4-13　水压对弹性密封垫接触应力量值的影响

4.5　接缝密封垫的防水渐进失效过程

4.5.1　基本假设

(1) 失效准则

本研究假定弹性密封垫密封系数 λ 等于 1，渗漏路径为密封垫-密封垫接触面或密封垫-沟槽接触面，即当水压 P_w 超过渗漏路径对应的平均接触应力 $P_{c,\ ave}$ 时，渗漏发生。需要说明的是，密封系数是一个涵盖密封垫断面(外形尺寸、硬度)和密封垫变形状态等多重因素的综合参数，这里将其取值设定为 1 是为方便研究水压作用下接触应力的变化规律和防水渐进失效过程，后续研究可进一步量化密封系数的取值区间。

(2)渗漏路径

如图 4-3 所示，渗漏路径有以下 3 种：密封垫-密封垫接触面、上侧密封垫-上侧沟槽接触面和下侧密封垫-下侧沟槽接触面。上述各接触面的有效接触长度非固定值，取决于水压作用前的接缝变形状态和水压幅值。根据 4.4.1 小节的研究成果，密封垫-密封垫接触面长度取为 CI-1、CI-2 和 CI-3 之和，密封垫-沟槽接触面长度取为 CI-5、CI-6 和 CI-7 之和。

4.5.2 防水失效机理

本节选取 SC7 断面的一个代表性接缝防水性能试验工况(算例参数如下：接缝张开量 $\Delta_g=5.79$ mm，接缝错位量 $S=0$ mm，接缝张开角 $\theta=0$ rad)，施加试验记录的 1.71 MPa 的渗漏水压 P_{wl}，试验观察到的渗漏位置为密封垫-密封垫接触面。提取水压施加过程中的 5 个性能点(点 A 到点 E)，对比不同时刻平均接触应力和加载水压的量值，分析接缝弹性密封垫的渐进防水失效过程。其中，性能点 A 的水压值为 0 MPa(水压施加前)，性能点 E 的水压值为 1.71 MPa(渗漏发生)，其余性能点的水压值根据计算时长等分。

图 4-14(a)给出了密封垫-密封垫接触面的接触应力在渗漏水压施加过程中的分布曲线。水压施加后的点 B 到点 E 的接触应力分布不再关于密封垫中轴线对称，呈现“左低右高”的分布形态。具体地，靠近水压施加的左侧接触应力明显下降(从点 A 的 3.94 MPa 减少到点 E 的 0.76 MPa)，远离水压施加的右侧接触应力显著上升(从点 A 的 4.85 MPa 增加到点 E 的 6.60 MPa)。

图 4-14(b)给出了密封垫-密封垫接触面的接触应力在各性能点的分布曲线。图 4-14(b)中的绿色、红色和灰色实线分别代表接触边 CI-1、CI-2 和 CI-3 的接触应力，平均接触应力 $P_{c,ave}$ 由接触应力积分面积除以有效接触长度得到。从图 4-14(b)中可以看出，平均接触应力随着水压的增加而变大，呈现正相关关系，该数值计算结果验证了 4.2 节提出的密封解析模型的正确性和合理性。CI-1 在水压作用后完全失去了接触应力，而 CI-3 则进一步增强了接触应力。

图 4-15(a)给出了下侧密封垫-下侧沟槽接触面的接触应力在渗漏水压施加过程中的分布曲线。水压施加后的点 B 到点 E 的接触应力分布不再关于密封垫中轴线对称，呈现“左低右高”的分布形态。图 4-15(b)给出了接触应力在各性能点的分布曲线。图 4-15(b)中的绿色、红色和灰色实线分别代表接触边 CI-5、CI-6 和 CI-7 的接触应力，平均接触应力 $P_{c,ave}$ 由接触应力积分面积除以有效接触长度得到。从图 4-15(b)中可以看出，平均接触应力随着水压的增加而变大，呈现正相关关系，该数值计算结果验证了 4.2 节提出的密封解析模型的正确性和合理性。CI-5 在水压作用后完全失去了接触应力，而 CI-7 则进一步增强了接触应力。

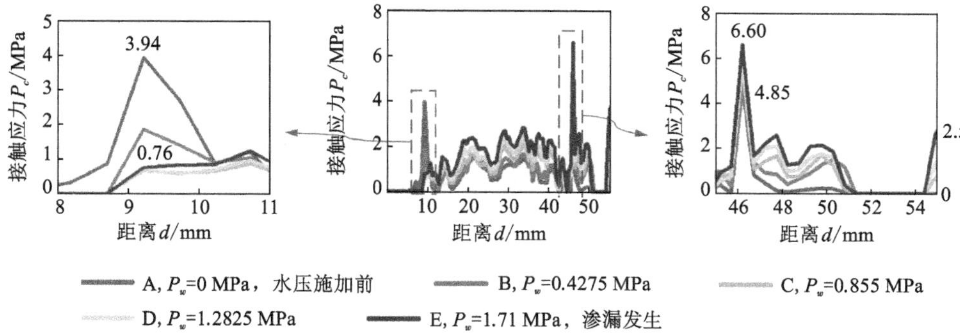

(a) 水压作用下的密封垫-密封垫接触面的接触应力的分布（点A到点E）

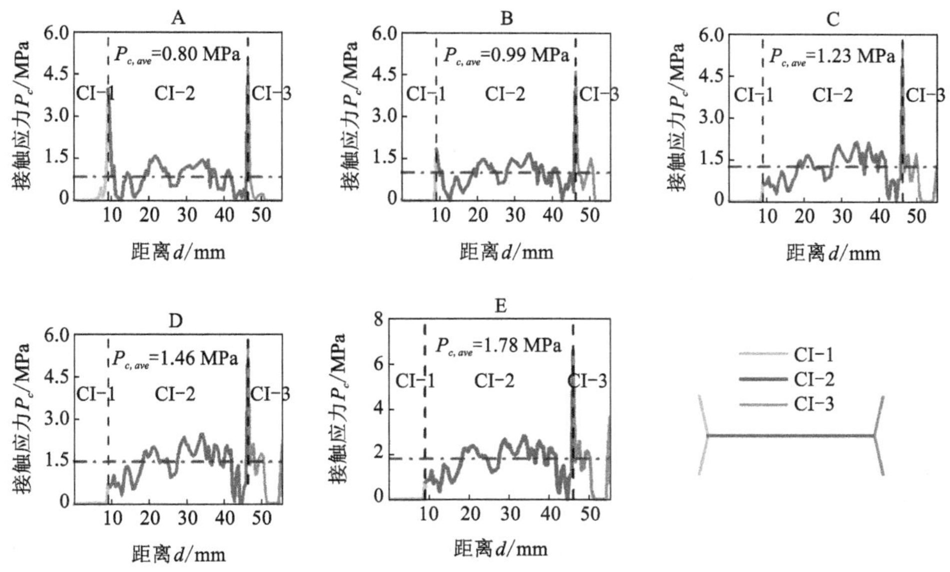

(b) 各性能点的接触应力分布

图 4-14　SC7 断面水压施加过程中密封垫-密封垫接触面的接触应力分布与变化

扫一扫，看彩图

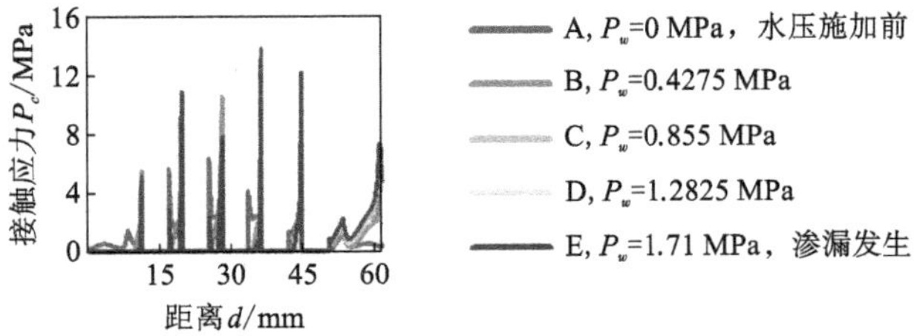

(a) 水压作用下的下侧密封垫-下侧沟槽接触面的接触应力的分布(点A到点E)

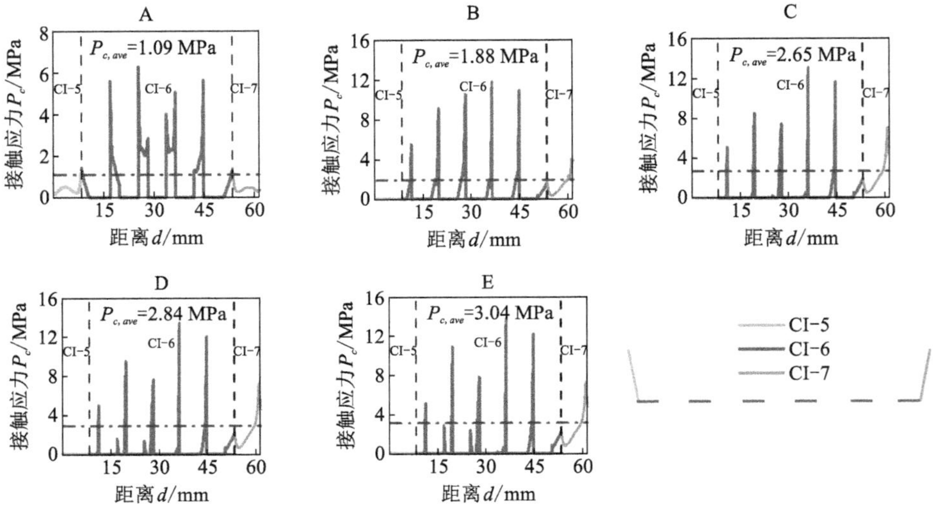

(b) 各性能点的接触应力分布

图 4-15　SC7 断面水压施加过程中下侧密封垫-下侧沟槽接触面的接触应力分布与变化

图 4-16(a)和图 4-16(b)分别给出了上侧密封垫-上侧沟槽接触面的接触应力在渗漏水压施加过程中的分布曲线和在各性能点的分布曲线。其类似于下侧密封垫-下侧沟槽接触面的接触应力的渐进变化规律，平均接触应力随着水压的增加而变大，CI-5 在水压作用后完全失去了接触应力，而 CI-7 则进一步增强了接触应力。

为进一步揭示接缝弹性密封垫的防水失效机理，绘制了点 A 到点 E 时各渗漏路径的平均接触应力和对应水压的关系曲线，如图 4-17(a)所示。从图 4-17(a)中可以看出，未施加水压时，密封垫-密封垫和密封垫-沟槽接触面的初始接触应力差别很小[图 4-17(b)点 A]；在水压的施加初期，密封垫-沟槽接触面和密封垫-密封垫接触面的接触应力线性增长，密封垫-沟槽接触面的曲线斜率更大，增速更快，且上侧密封垫-上侧沟槽接触面和下侧密封垫-下侧沟槽接触面的平均接触

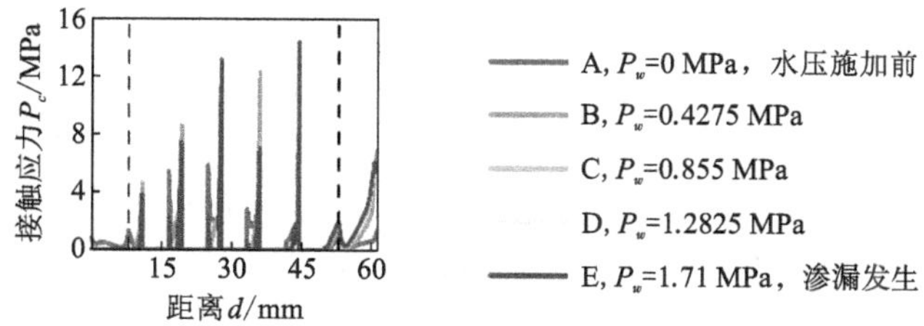

扫一扫，看彩图

(a) 水压作用下的上侧密封垫-上侧沟槽接触面的接触应力的分布(点A到点E)

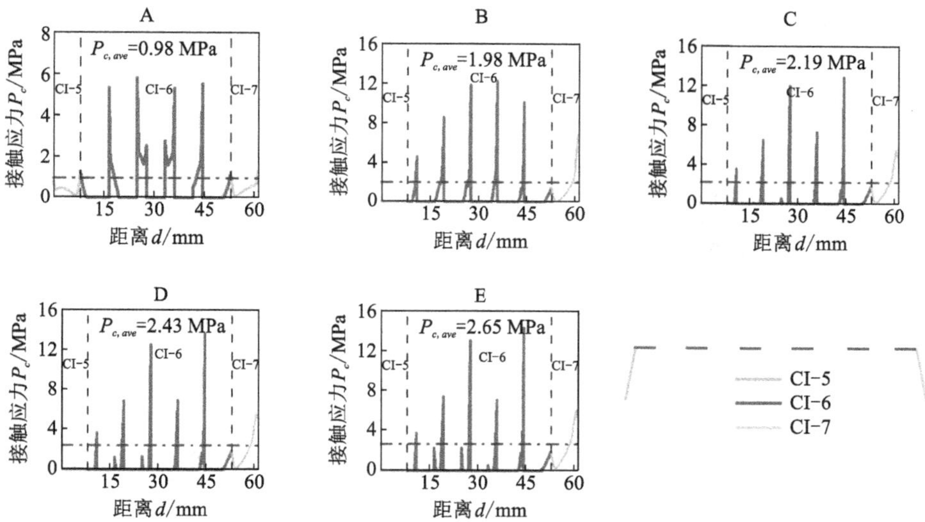

(b) 各性能点的接触应力分布

图 4-16　SC7 断面水压施加过程中上侧密封垫-上侧沟槽接触面的接触应力分布与变化

应力几乎一致[图 4-17(b)点 B 和点 C]；在水压的施加后期，密封垫-沟槽接触面的接触应力仍近似线性增长，密封垫-沟槽接触面的接触应力的增长速率降低，下侧密封垫-下侧沟槽接触面的接触应力大于上侧密封垫-上侧沟槽接触面的接触应力[图 4-17(b)点 D]。计算模拟的密封垫-密封垫接触面的接触应力(1.78 MPa)非常接近 1.71 MPa 的试验渗漏水压[图 4-17(b)点 E]，可认为渗漏发生在此渗漏路径上，同试验观察到的渗漏位置相一致。总体来看，在水压施加的全过程中，密封垫-密封垫接触面的接触应力始终最小，曲线发展逼近于接触应力和水压的 1∶1 曲线，故渗漏发生在密封垫-密封垫接触面上。

如图 4-17 所示，计算的密封垫-沟槽接触面的接触应力始终大于密封垫-密封垫沟槽接触面的接触应力，且随着水压施加的过程，两者的量值差距越来越大。而根据 4.2 节提出的密封解析模型，由于 CI-6 接触边上的柱脚失稳，CI-6 和沟槽发生脱落，失去接触应力，渗漏在密封垫-沟槽接触面这一路径上提前发生。上述数值计算模型和解析模型的差异，主要是由于解析模型仅考虑 CI-6 作为密封垫-沟槽接触面的渗漏路径，忽略了侧向接触边 CI-7 的贡献。根据图 4-15 和图 4-16 的计算结果，由于水压使得密封垫侧向变形，CI-7 和沟槽右侧边接触更为紧密，相应的接触应力大幅增加，使得该接触面的抵抗外水压力的密封能力增强。因此，数值计算模型能够更为全面准确地预测接缝弹性密封垫的渗漏行为。

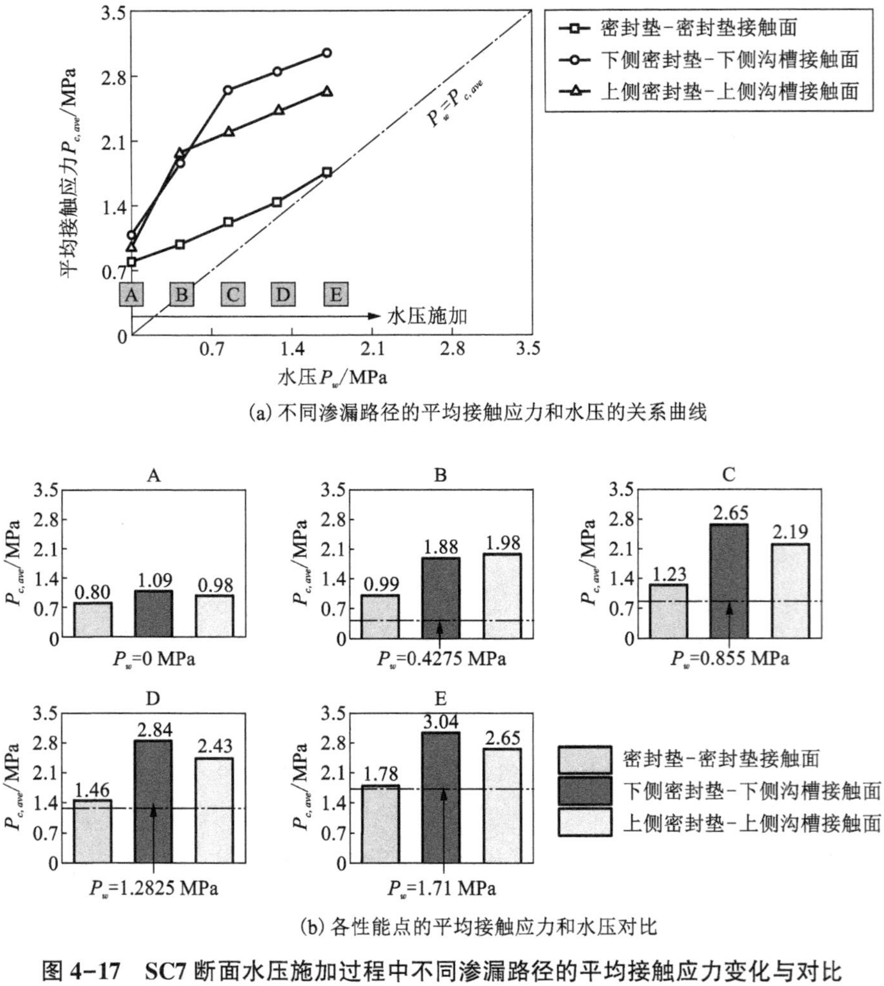

(a) 不同渗漏路径的平均接触应力和水压的关系曲线

(b) 各性能点的平均接触应力和水压对比

图 4-17　SC7 断面水压施加过程中不同渗漏路径的平均接触应力变化与对比

4.6　接缝不连续变形状态对密封垫接触应力的影响规律

本节基于 4.3 节建立的有限元模型，分析不同接缝变形模式(接缝张开、接缝错位和接缝转动)对工程应用密封垫断面(SC7)的接触应力的影响。防水失效准则和渗漏路径等基本假设参见 4.5 节，施加 1.3 MPa 的设计水压，以定量计算相应的接缝变形临界值。

4.6.1　参数取值范围

图 4-18 为本节考虑的 4 种典型接缝防水失效模式示意图。图 4-18(a)为接缝张开失效模式，接缝张开量 Δ_g 的定义为上侧管片和下侧管片混凝土接触面的距离。根据接缝构造(图 3-2)和 SC7 断面尺寸(图 3-6)，计算得到 Δ_g 的取值区间为 0 mm(完全闭合)到 16 mm(完全张开)。图 4-18(b)为接缝错位失效模式，S 的定义为上侧密封垫左端点和下侧密封垫左端点的距离。S 的取值区间为 0 mm(无错开)到 37 mm(完全错开)。图 4-18(c)和图 4-18(d)分别为正弯矩和负弯矩作用下的接缝转动失效模式，遵循研究惯例[78-80]，接缝正弯矩转动指的是接缝转动使得管片外弧面闭合，管片内弧面张开；接缝负弯矩转动指的是接缝转动使得管片外弧面张开，管片内弧面闭合。参考 HUANG 等[81]提出的防水失效状态接缝张开角的计算方法，确定接缝正张开角 θ_+ 的取值区间为 0 rad(无转动)到 0.194 rad(0.194 = 16/82.5)，接缝负张开角的取值区间为 0 rad(无转动)到 0.031 rad(0.031 = 16/517.5)。其中，16 mm 为弹性密封垫完全失去接触应力对应的接缝张开量，82.5 mm 为弹性密封垫形心轴到管片外弧面的距离，517.5 mm 为弹性密封垫形心轴到管片内弧面的距离。表 4-3 总结了用于参数分析的参数符号定义和研究范围。

表 4-3　用于参数分析的参数符号定义和研究范围

参数	符号	单位	本书研究范围
接缝张开	Δ_g	mm	0~16
接缝错位	S	mm	0~37
接缝正张开	θ_+	rad	0~0.194
接缝负张开	θ_-	rad	-0.031~0

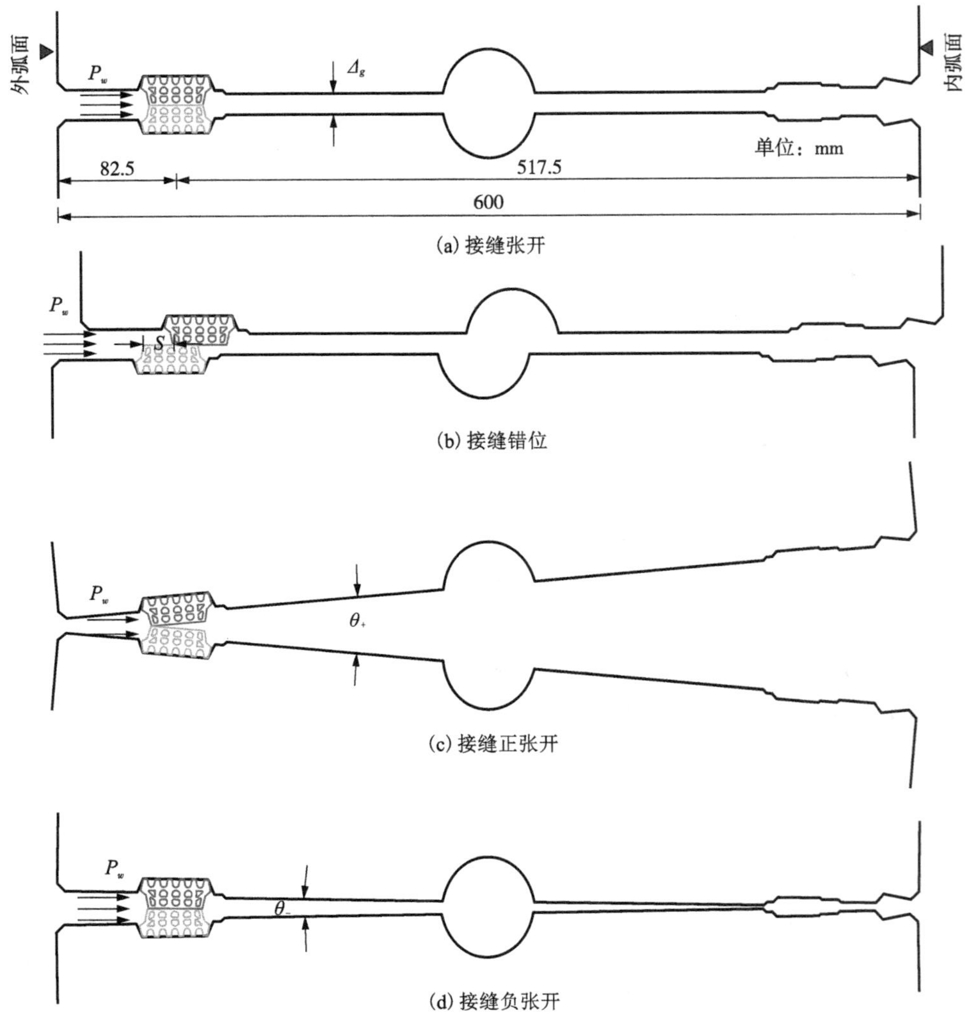

图 4-18 典型的接缝防水失效模式

4.6.2 接缝张开的影响

图 4-19 为计算的各接触面的平均接触应力($P_{c,\ ave}$)和接缝张开量(Δ_g)的关系曲线，曲线由研究区间内的 9 个代表性接缝张开量(0/2/4/6/8/10/12/14/16 mm)绘制而成，且不考虑接缝错位和接缝转动的影响，相应取值设置为零。从图 4-19 中可以看出，所有接触面的平均接触应力均随着接缝张开量的增大而减小，近似呈负线性相关，这和第 3 章中的 SC7 断面的接缝防水试验结果吻合。密

封垫-密封垫接触面的接触应力始终要小于密封垫-沟槽接触面的接触应力，因此，渗漏会率先发生在弹性密封垫之间。如前所述，密封垫-沟槽接触面的较大接触应力，是因为水压作用使得密封垫右侧接触边和沟槽贴合更加紧密。此外，由于密封垫断面构造和受力变形的对称性，上、下侧密封垫和对应沟槽的接触应力近似相等。根据计算结果，当接缝张开量达到 6.42 mm 时，密封垫间的接触应力达到设计水压 1.3 MPa。第 3 章中的试验测得的接缝张开量临界值为 6.81 mm，和计算预测值接近，验证了有限元模型的合理性和准确性。因此，为保证接缝的防水密封能力，接缝张开量建议控制在 6.42 mm 以内。

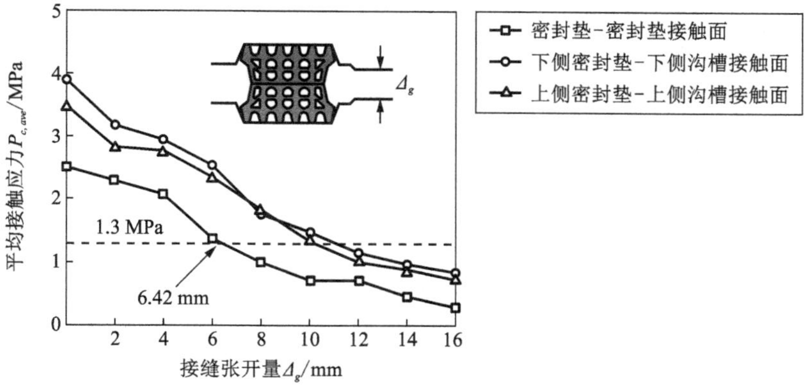

图 4-19　接缝张开量对防水密封能力的影响

4.6.3　接缝错位的影响

图 4-20 为计算的各接触面的平均接触应力($P_{c,ave}$)和接缝错位量(S)的关系曲线，曲线由研究区间内的 10 个代表性接缝错位量(0/4/8/12/16/20/24/28/32/37 mm)绘制而成，且不考虑接缝张开和接缝转动的影响，相应取值设置为零。从图 4-20 中可以看出，接缝错位量对密封垫-密封垫接触面的接触应力影响不大，错动范围为 0~37 mm，接触应力始终维持在 1.8~2.5 MPa 的较高区间；密封垫-沟槽接触面的接触应力随着错位量的增加呈现上下波动，区间范围为 1.78~3.88 MPa(下侧密封垫-下侧沟槽接触面)和 2.20~3.46 MPa(上侧密封垫-上侧接触面)。总体来看，密封垫-沟槽接触面上的接触应力总体较密封垫-密封垫的接触应力更大，表明渗漏主要发生在密封垫-密封垫接触面上。此外，不论是密封垫-密封垫接触面还是密封垫-沟槽接触面，较大的错位量不一定对应较小的接触应力，表明接缝错位量的存在不一定会降低接缝的防水能力，这和 SHALABI[82] 的研究结果一致。另外，发现一个有意思的现象，试验曲线存在一个“拐点”，当错位

量为 8 mm 时，接触应力达到 1.78 MPa（下侧密封垫-下侧沟槽接触面）和 2.20 MPa（上侧密封垫-上侧接触面）的最小值。上述现象的发生是可能是由于此时的错位使得柱脚部分翘曲，减小了接触长度。综上所述，接缝错位对于防水能力的影响较为复杂，不同错位量时可能导致不同的渗漏位置。根据计算结果，在考虑的接缝错位区间内，所有接触面上的接触应力均大于 1.3 MPa，表明渗漏不会发生。需要说明的是，本结论是基于 0 mm 的接缝张开量得到的，此极限状态下接缝完全压紧，即使有着 37 mm 的极限错位量，各接触面已贴合紧密（图 4-21），接触应力也很大，防水密封能力强，这表明接缝张开量为接缝防水能力的控制参数。换言之，即使接缝错位量很大，只要控制接缝张开量在一个较小值，也可以确保较强的防水性能。

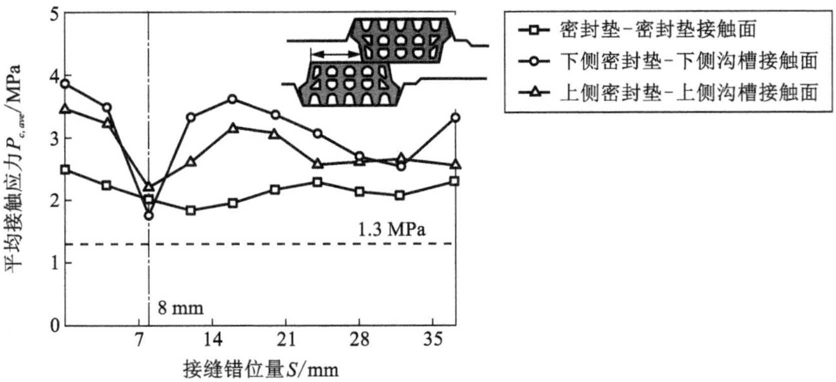

图 4-20　接缝错位量对防水密封能力的影响

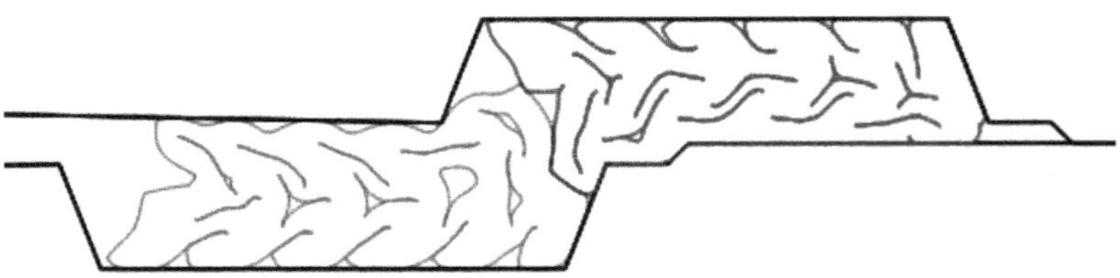

图 4-21　接缝错位量=37 mm 计算工况下的密封垫的初始变形示意图

4.6.4　接缝正张开角的影响

图 4-22 为计算的各接触面的平均接触应力（$P_{c,\ ave}$）和接缝正张开角（θ_+）的关系曲线，该系列曲线由研究区间内的 7 个代表性接缝正张开角（$0\times10^{-3}/30\times10^{-3}/60\times10^{-3}/90\times10^{-3}/120\times10^{-3}/150\times10^{-3}/194\times10^{-3}$ rad）绘制而成，且不考虑接

缝张开和接缝错位的影响，相应取值设置为零。从图 4-22 中可以看出，所有接触面的平均接触应力均随着接缝正张开角的增大而减小，近似呈负线性相关。密封垫-密封垫接触面的接触应力始终要小于密封垫-沟槽接触面的接触应力，因此，渗漏会率先发生在弹性密封垫之间。如前所述，密封垫-沟槽接触面的较大接触应力，是因为水压作用使得密封垫右侧接触边和沟槽贴合更加紧密。另外，由于密封垫断面构造和受力变形的对称性，上、下侧密封垫和对应沟槽的接触应力近似相等。根据计算结果，当接缝正张开角达到 0.0505 rad 时，密封垫间的接触应力达到设计水压 1.3 MPa。因此，为保证接缝的防水密封能力，在接缝无初始张开量和错位量的情况下，接缝正张开角建议控制在 0.0505 rad 以内。需要说明的是，不同于接缝错位和接缝张开为相互独立变量，接缝的正向转动伴随着接缝的张开，若初始张开量较大，接缝转动一方面会使得各接触面的接触长度减小、贴合程度下降，另一方面会使得接缝张开量变得更大，上述不利效应叠加使得接触应力和相应的防水能力急剧减小。因此，控制接缝张开量在一个较小的初始值，并约束接缝的正张开角，可保证接缝具有较强的防水密封能力。

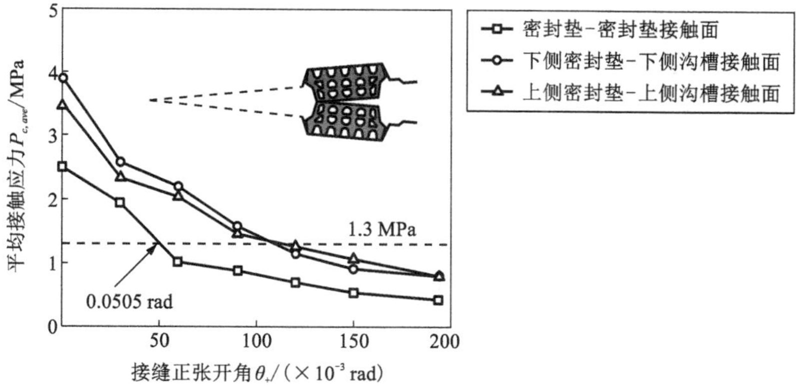

图 4-22　接缝正张开角对防水密封能力的影响

4.6.5　接缝负张开角的影响

图 4-23 为计算的各接触面的平均接触应力($P_{c,\ ave}$)和接缝负张开角(θ_-)的关系曲线，曲线由研究区间内的 7 个代表性接缝负张开角($-0\times10^{-3}/-5\times10^{-3}/-10\times10^{-3}/-15\times10^{-3}/-20\times10^{-3}/-25\times10^{-3}/-30\times10^{-3}$ rad)绘制而成，且不考虑接缝张开和接缝错位的影响，相应取值设置为零。从图 4-23 中可以看出，所有接触面的平均接触应力均随着接缝负张开角的增大而减小，近似呈负线性相关性。密封垫-密封垫接触面的接触应力始终要小于密封垫-沟槽接触面的接触应力，因

此，渗漏会率先发生在弹性密封垫之间。如前所述，密封垫-沟槽接触面的较大接触应力，是因为水压作用使得密封垫右侧接触边和沟槽贴合更加紧密。另外，由于密封垫断面构造和受力变形的对称性，上、下侧密封垫和对应沟槽的接触应力近似相等。根据计算结果，当接缝负张开角达到-0.0141 rad 时，密封垫间的接触应力达到设计水压 1.3 MPa。因此，为保证接缝的防水密封能力，在接缝无初始张开量和错位量的情况下，接缝负张开角的绝对值建议控制在 0.0141 rad 以内。

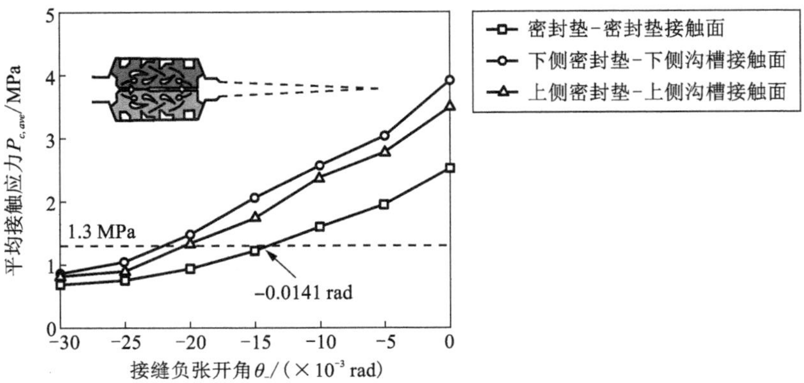

图 4-23　接缝负张开角对防水密封能力的影响

4.7　本章小结

本章首先提出了一种可定性解释接缝弹性密封垫防水失效过程的解析模型，明确了不同渗漏路径上的渗漏行为。建立弹性密封垫力学压缩过程的有限元模型，再现密封垫在沟槽中的压缩变形全过程，并用试验结果验证模型参数的准确性。在此基础上，建立接缝弹性密封垫受水压作用的有限元模型，对侧向水压作用下的密封垫的变形模式和接触应力分布进行剖析，探讨不同渗漏路径上的平均接触应力和水压力的定量关系，揭示了接缝密封垫的防水渐进失效机理。最后，对接缝不同变形参数对接缝防水密封能力进行参数分析，并基于计算结果给出了接缝变形量的建议控制指标。相关结论如下：

（1）弹性密封垫密封解析模型可较为合理地解释发生于密封垫-密封垫接触面的渗漏行为，水压的施加使得弹性密封垫产生附加接触应力，弹性密封垫总接触应力等于初始接触应力与附加接触应力之和，当水压达到或超过总接触应力后，渗漏发生。但是，该模型忽略了水压作用下密封垫侧边和沟槽进一步贴合的贡献，从而低估密封垫-沟槽接触面的接触应力，以及相应的渗漏水压，使得分析结果偏于不安全。

(2)水压显著影响弹性密封垫的接触应力的分布形态和量值。施加水压作用后，在靠近水压的一侧，密封垫间发生接触面分离脱开，接触应力减小；在远离水压的一侧，密封垫-密封垫接触面及密封垫-沟槽接触面贴合更为紧密，接触应力上升，接触应力呈“左低右高”的分布形态。

(3)对于潜在的渗漏路径(密封垫-密封垫接触面、密封垫-沟槽接触面)，其平均接触应力均随着水压的增加而增加，当水压值接近或超过某一接触面的平均接触应力时，渗漏会率先发生在该位置上。

(4)在研究的参数范围内，接缝防水密封能力随着接缝张开量的增加，近似呈负线性相关下降；接缝防水密封能力受接缝错位量影响较为复杂，需综合考虑接缝张开量和密封垫断面结构等多种因素的综合作用；接缝防水密封能力随着接缝张开角的增加，近似呈负线性相关下降。在上述参数中，控制接缝张开量在较小的量值，对于确保接缝防水密封能力最为有效。接缝张开角和接缝张开量为非独立参数，接缝张开角的存在使得接缝张开量变大。

(5)接缝张开防水失效和接缝防水转动失效的渗漏位置为密封垫-密封垫接触面。接缝错位防水失效的渗漏位置以密封垫-密封垫接触面为主，对于特定的接缝错位量，渗漏发生在密封垫-沟槽接触面上。

(6)计算参数范围内，为保证接缝防水密封性能的接缝变形量临界值为：当接缝张开量超过 6.42 mm 或接缝正张开角超过 0.0505 rad，或接缝负张开角的绝对值超过 0.0141 rad，密封垫-密封垫接触面的接触应力开始小于 1.3 MPa 的设计水压，渗漏发生。

第 5 章　盾构隧道接缝密封垫渗漏特性数值模拟方法

5.1　概述

在静态密封领域，国内外已有部分学者使用 ABAQUS/Standard 的“流体压力渗透荷载”(Fluid Pressure Penetration)模块，对航空作动器的密封圈在往复油压作用下的渗漏压力进行了模拟。针对大变形隐式有限元分析中网格畸变带来的收敛性问题，ABAQUS/Standard 提供了一种“网格间的求解变换”(Mesh-to-Mesh Solution Mapping)技术，通过在不同分析步之间变换单元网格，使原来由网格变形严重而导致收敛困难的分析能够继续进行下去。该网格重划技术已成功用于海洋岩土工程中的土体大变形分析[82-83]。本章考虑将这两种技术相结合，来开发可预测盾构隧道管片接缝单道密封垫防水能力的精细有限元计算模型，并用第 3 章中接缝防水试验数据进行验证。之后，研究接缝不连续变形模式(接缝张开、接缝错位和接缝转动)、沟槽尺寸(侧边角度和底部宽度)、密封垫硬度和接触面摩擦系数(密封垫-沟槽接触面和密封垫-密封垫接触面)等主要设计参数对接缝防水能力的影响。在此基础上，给出各影响参数的定性评价表，供接缝沟槽和弹性密封垫选型设计参考。最后，基于提出的管片接缝单道密封垫防水能力计算模型，将其拓展应用至双道密封垫防水结构，提出一套完整的计算框架，并将采用该计算框架得到的模拟结果与相关防水试验数据进行对比验证，准确还原了双道密封垫防水失效的全过程，可以得出不同变形工况下管片接缝的整体防水能力值。至此，基于“网格重划分技术+流体压力渗透荷载技术”的盾构隧道接缝密封垫渗漏特性数值模拟方法已经比较完善，覆盖了基本的单/双道密封垫防水结构防水性能的模拟和预测。

5.2　管片接缝单道密封垫防水能力计算模型框架

5.2.1　求解器

本模型的求解器选用 ABAQUS/Standard 隐式有限元计算模块，该模块支持“网格间的求解变换”的调用，以及“流体压力渗透荷载”的添加。此外，使用 ABAQUS/Explicit 显式有限元计算模块建立参照数值模型，验证本章建立精细模型的数值精度和稳定性。隐式模块主要采用 Newton-Raphson 方法，将分析过程划分成一定数量的增量步，在每个增量步上迭代求解。每个增量步中的每个迭代步都要计算总体刚度矩阵，求解总体平衡方程，求解复杂非线性问题的计算代价大。显式模块采用中心差分法，对时间域上的动力特征进行积分，无须多次求解大型方程，模型的状态显式地向前推进，求解复杂非线性问题的计算代价小。

5.2.2　密封垫超弹性材料特性本构模型

本模型采用 Mooney-Rivlin 模型来模拟三元乙丙橡胶材料的弹性密封垫的超弹性材料特性，模型的具体介绍见 4.3.1 小节。

5.2.3　适用于分析材料大变形的网格重划算法

ABAQUS/Standard 隐式模块提供了一种基于拉格朗日运动描述的 Mesh-to-Mesh Solution Mapping 技术，用来解决材料大变形带来的网格畸变问题。此技术分析接缝密封垫的压缩或水压渗透时，将整个分析过程划分成若干个有限元分析步(FEA)，对每个分析步，首先进行基于拉格朗日运动描述的隐式计算，然后按变形后的材料边界重新划分网格，再利用 ABAQUS 内嵌的 * map solution 命令将当前分析步的相关变量信息映射到新网格上，在后续分析步中建立新的初始平衡。使用 Mesh-to-Mesh Solution Mapping 技术的关键，在于找到一个合适的“时间点”，即网格变形已经过大，不宜再进行后续模拟，需要终止当前分析步，并建立后续分析步。

本节建立了一种网格重划算法，通过网格变形判定准则来确定终止当前分析步的“时间点”，调用 Mesh-to-Mesh Solution Mapping 技术完成每一分析步结束后的网格重新划分与变量映射工作，从而完成“计算-网格重划-映射-计算”的循环分析全过程，直至求解结束。图 5-1 为该算法的计算流程图，包含以下 5 个步骤。

(1)利用 ABAQUS/CAE 前处理器建立未压缩的接缝弹性密封垫平面应变有

限元模型，设置边界条件，施加一个较小的位移荷载增量，提交计算，输出相应结果。本节的网格变形判定准则设置如下：若位移荷载增量超过网格边长的25%，终止当前分析步。

(2)开启重启动(restart request)功能，导出前述分析步计算终止时的管片刚性体(rigid body)和密封垫网格部件(part)。

(3)利用CAE前处理器建立后续有限元模型，导入变形密封垫网格部件和管片刚性体，设置匹配的边界条件。使用内嵌的Python语言编写脚本文件，生成变形密封垫部件。脚本文件的核心代码如下。

```
fromabaqus import *
fromabaqusConstants import *
import part

# NOTE:   USER MUST DEFINE THESE VARIABLES.
odbName = '* * * '
modelName = '* * * '
newInstance = '* * * '
deformedShape = DEFORMED
angle = *
importStep = *

# Import orphan mesh part.
orphannew=mdb.models['* * * '].PartFromOdb(fileName=odbName, name='* * * ', instance
=newInstance, shape=deformedShape, step=importStep)

# Extract 2D profile and create a solid part.
new= mdb. models ['* * * ']. Part2DGeomFrom2DMesh (name ='* * * ', part = orphannew,
featureAngle=angle)

print 'Deformed part is now ready for rezoning.'
```

(4)生成后续有限元模型的INP文件，添加关键词 * Map Solution，调用Mesh-to-Mesh Solution Mapping 将前一分析步的结果映射到提取的变形体网格中，提交计算。

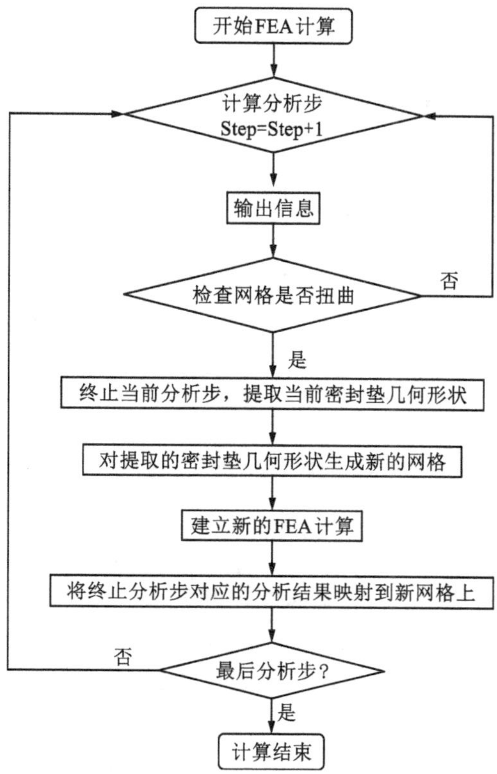

图 5-1　基于网格间的求解变换的网格重划算法的计算流程图

5.2.4　模拟接缝渗漏过程的流体压力渗透荷载技术

模型使用“流体压力渗透荷载”(fluid pressure penetration，简称 FPP)技术模拟水压作用下密封垫之间接触面的渐进张开分离直至完全脱离发生渗漏的全过程(图 5-2)。接缝渗漏过程分为如下三个阶段：首先，地下水作用在一定变形量的密封垫一侧，当外水压力超过密封垫的接触应力时，水压侵入接触面使得接触面初始张开分离；然后，水压沿着接触面不断侵入使得接触面进一步分离；最后，当密封垫接触面完全分离时，密封垫丧失抵抗外水压力的接触应力，地下水进入隧道内部，渗漏发生。

需要说明的是，由于钢筋混凝土管片和弹性密封垫本身具有不透水性，地下水只能通过密封垫-密封垫接触面或密封垫-沟槽接触面渗入隧道。根据第 4 章的数值计算结果，在绝大多数接缝不连续变形工况下，密封垫和沟槽之间的接触应力大于密封垫之间的接触应力，因此，本章研究的渗漏路径位于密封垫之间的接触面上。

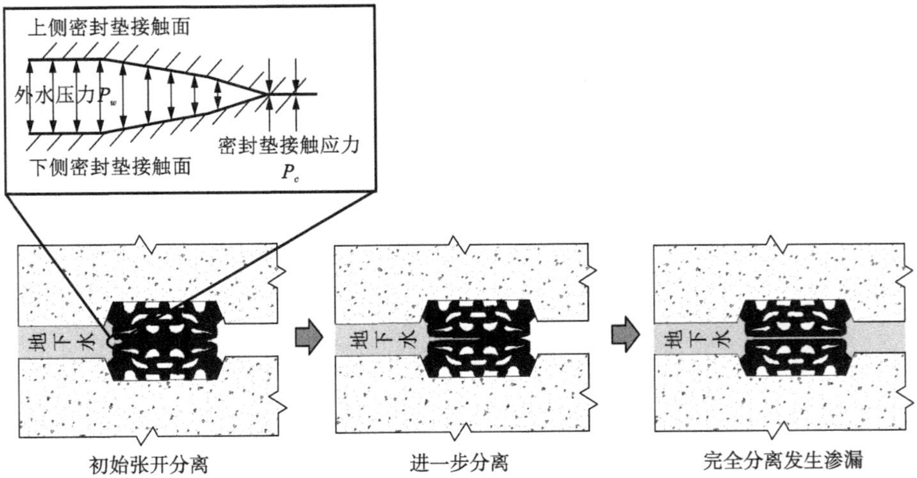

图 5-2　接缝密封垫接触面张开脱离导致的渗漏过程示意图

“流体压力渗透荷载”技术可以模拟流体穿过两个相互接触的物体表面，通过定义“主面”和“从面”，指定一个流体作用起始点，该起始点须完全暴露于流体中。流体压力将沿着起始点向接触面加载，并且压力加载的方向垂直于单元面。当流体压力到达某个单元的节点，此节点的接触压力大于流体压力时，停止加载。如图 5-3 所示，如果节点 102 的接触压力值小于流体压力值，流体将继续向前加载；反之，如果节点 102 的接触压力值大于流体压力值，流体到达该节点后停止向前加载。总之，该技术可以动态寻找临界点，得到更为准确的计算结果。本节中的密封垫接触面的脱离条件为密封垫接触面应力等于零。

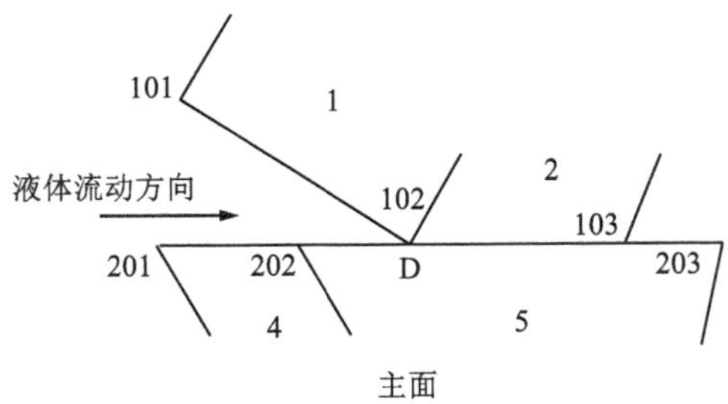

图 5-3　作用于接触面的流体压力渗透荷载示意图[75]

5.2.5　模型分析步骤

一个完整的有限元分析包含前处理、求解和后处理三个步骤，本节使用的大型通用有限元软件 ABAQUS 提供了这三个步骤的基本功能，但要实现完整的盾构隧道接缝防水能力的预测计算，还需要编制连接不同步骤之间的连接脚本。图 5-4 给出了开发的计算模型的程序架构。在进行问题的分析求解前，需要明确一些基本参数，如密封垫硬度、接缝变形量、材料本构模型和接触特性等。前处理的这个步骤在 ABAQUS/CAE 中完成，建立平面应变有限元模型，参照基本参数完成材料特性、边界条件、接触等设置。求解器使用 ABAQUS/Standard，求解步骤包含接缝变形量设置和施加“流体压力渗透荷载”这两个荷载步，分析过程中，使用网格重划算法避免网格大变形，保证计算的正常进行。后处理输出应力云图、接触应力分布、流体压力侵入长度等计算结果。

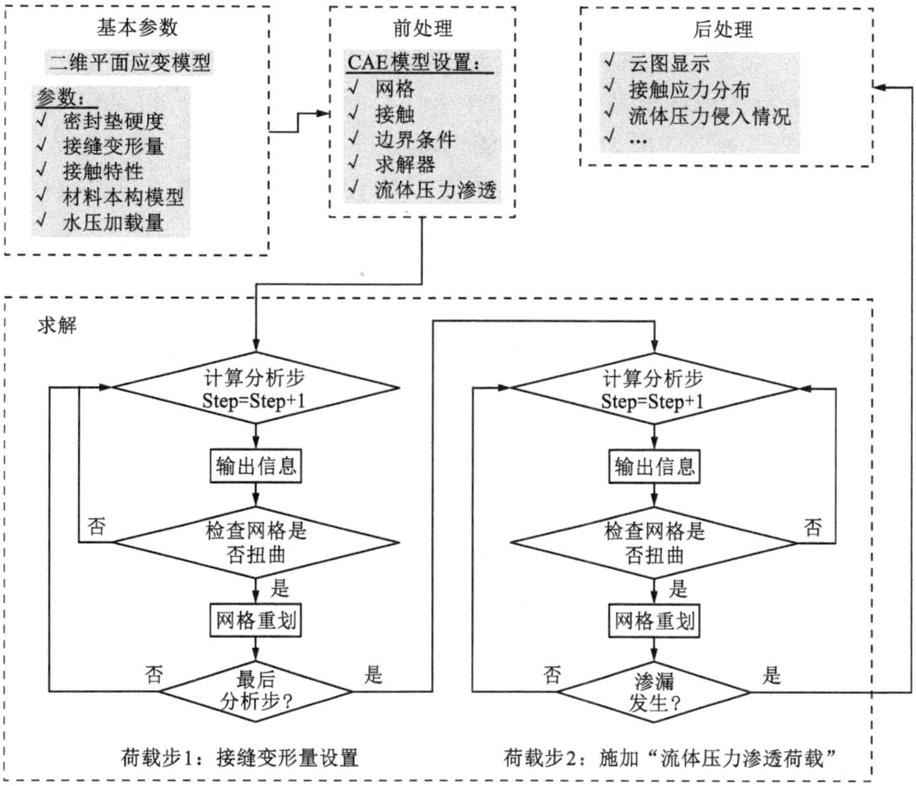

图 5-4　盾构隧道接缝防水能力计算模型的程序架构

5.3　接缝防水能力精细计算模型的验证

本节使用提出的计算模型分析 SC7 弹性密封垫断面的两个数值算例——算例 1 的弹性密封垫在沟槽中的力学压缩过程模拟和算例 2 的接缝防水能力预测分

析，并和第 4 章中的弹性密封垫力学压缩试验结果和接缝防水性能试验结果进行对比验证；同时，使用 ABAQUS/Explicit 显式模块和不考虑网格重划算法的 ABAQUS/Standard 隐式模块建立算例 1 的对照有限元模型，与提出的计算模型进行对比讨论。后述章节中的“本节提出方法”指的是考虑网格重划的“显式”及“隐式”方法，“显式”指的是显式有限元方法，“隐式”指的是默认的隐式有限元方法。

5.3.1 算例 1——密封垫力学压缩模拟

(1)有限元模型

算例 1 模拟 SC7 断面在沟槽中的闭合压缩过程，分别使用“本节提出方法”及“隐式”方法、“显式”方法建立了有限元模型，如图 5-5 所示。将沟槽简化成刚性体，设置参考点约束沟槽的位移。弹性密封垫的超弹性材料特性采用 Mooney-Rivlin 模型进行模拟，使用 4 节点平面应变单元进行离散。其余的模型参数设置，可参见 4.3.1 节。为保证 3 种不同建模方法建立的有限元模型的可比较性，对“显式”方法的模型开展了网格敏感性分析，4 节点平面应变单元的网格尺寸统一设置为 0.5 mm×0.5 mm。

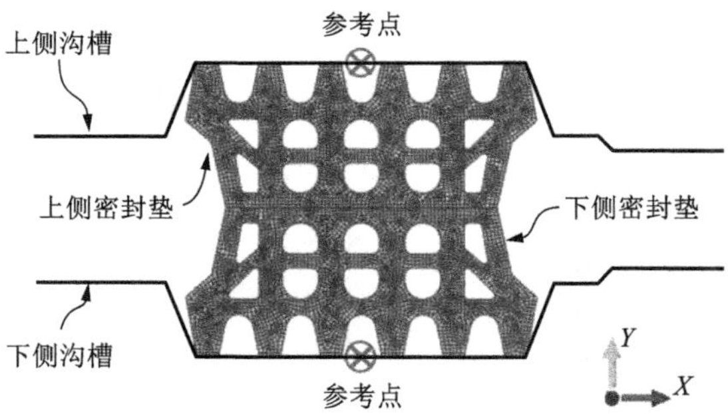

图 5-5 算例 1 的有限元模型示意图

(2)网格敏感性分析

对 4 种不同的网格尺寸(网格 A～D)建立显式有限元模型，分析不同网格尺寸参数对弹性密封垫的闭合压缩力-压缩量关系曲线的影响，如图 5-6 所示。总的来看，4 种网格尺寸得到的计算曲线和试验曲线在线弹性区段几乎一致，在非线性区段低估了密封垫的闭合压缩力，总体吻合程度良好。网格尺寸的变化对计算曲线在线弹性区段的影响可以忽略不计，在非线性区段，较为稀疏的网格可能会略微低估密封垫的闭合压缩力，同时还会影响曲线的平滑性及数值稳定性。综合考虑计算精度和计算效率，本节的有限元模型采用单元网格 D(0.5 mm×0.5 mm)的密度。

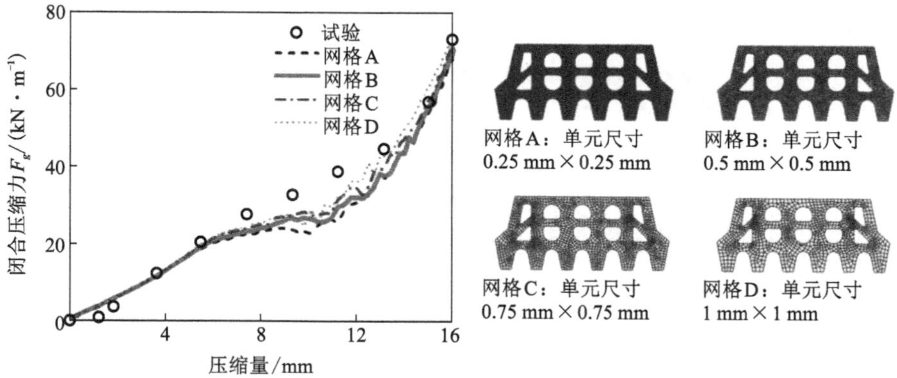

图 5-6　有限元模型的网格敏感性分析

(3)密封垫断面压缩变形过程

使用“本节提出方法”建立的有限元模型模拟 SC7 断面在沟槽中的压缩变形全过程，在不同压缩量下的密封垫变形形态与试验记录对比如图 5-7 所示。从图 5-7 中可以看出，当压缩量介于 0~12 mm 时，计算模型可以很好地再现密封垫内部孔洞的渐进闭合、柱脚的扭曲失稳、左右侧边和沟槽接触贴合，以及密封

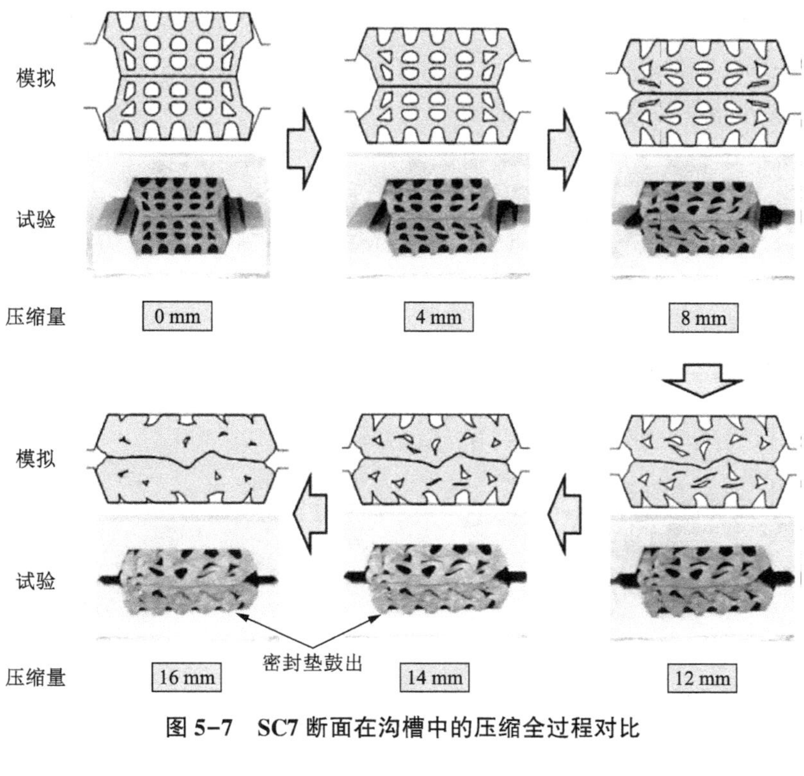

图 5-7　SC7 断面在沟槽中的压缩全过程对比

垫断面外轮廓的改变，模拟结果和试验结果吻合良好；当压缩量介于 12～16 mm 时，计算模型可以较好地重现内部孔洞的彻底闭合和密封垫受到沟槽的完全约束，模拟结果和试验结果吻合较好。不过，模拟得到上侧密封垫的内部孔洞均完全闭合，而试验记录照片显示有两个孔洞张开。产生上述差异的原因是计算模型采用平面应变假设，约束了垂直于密封垫断面方向的变形；而试验中缺少该方向的约束，在大变形状态时，密封垫发生了垂直于断面方向的变形，密封垫纵向鼓出(图 5-7 中的 14 mm 和 16 mm 压缩量)，产生了“卸荷”效应，导致密封垫断面压缩程度减弱。

(4)闭合压缩力-压缩量关系

图 5-8(a)为 3 种有限元模型的计算闭合压缩力-压缩量曲线和试验记录曲线的对比图：当压缩量介于 0～8 mm 时，3 种有限元模型的计算曲线和试验曲线吻合良好；当压缩量介于 8～12 mm 时，“显式”模型和“本节提出方法”模型的计算闭合压缩力较试验值偏小，但计算偏差位于±15%的工程允许范围内。此项计算误差可能是由于模型采用了恒定的 C_{10} 和 C_{01} 值，但实际上超弹性橡胶材料在大变形状态下会发生应变强化，上述参数值随着应变的增加而增大[74]；当压缩量介于 12～16 mm 时，“显式”模型和“本节提出方法”模型的计算结果和试验结果相一致，但当压缩量接近 16 mm 的最大压缩量时，“本节提出方法”模型的模拟结果高估了密封垫的最大闭合压缩力(94.7 kN/m)，“显式”模型的计算最大闭合压缩力(73.7 kN/m)和试验测得的最大闭合压缩力(73 kN/m)非常接近。“本节提出方法”模型的计算偏差是由于模拟的密封垫断面已经完全闭合(图 5-7 中 16 mm 压缩量)，而试验对应的上侧密封垫有几个内部孔洞部分张开，相应地，完全闭合时密封垫的刚度更大，略微的压缩变形量会产生更大的闭合压缩力。总体来说，“本节提出方法”可以较为理想地模拟弹性密封垫在沟槽中的压缩变形全过程。

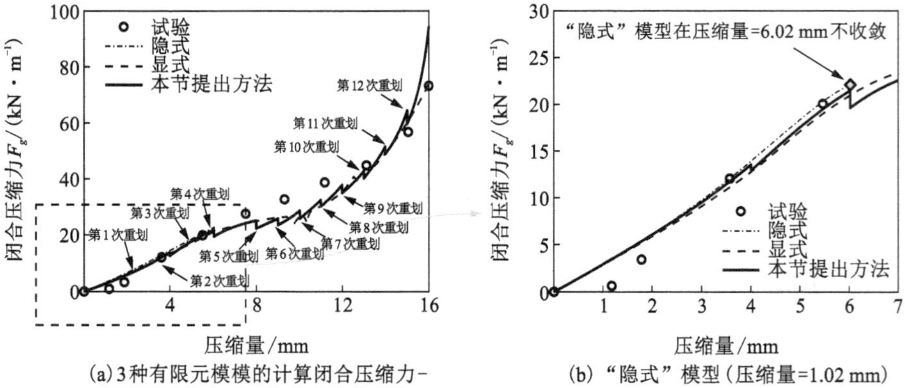

(a)3种有限元模模的计算闭合压缩力-压缩量曲线和试验记录曲线的对比

(b) “隐式” 模型(压缩量=1.02 mm)

图 5-8　SC7 断面的闭合压缩力-压缩量关系曲线对比

对于“隐式”模型来说，当压缩量达到 6.02 mm 时，模型因为网格变形过大，计算不再收敛，如图 5-8(b)所示。反之，“本节提出方法”模型表现出来良好的数值稳定性，可顺利完成 0~16 mm 压缩量的模拟全过程，证明了网格重划算法的优越性，“本节提出方法”能够很好地克服传统隐式有限元方法的固有局限性。在模拟过程中，调用了 12 次的网格重划算法，相应地，计算曲线有 12 个刚度偏移，这是因为每次网格重划后不能百分之百保证单元节点匹配，变量的映射存在略微不一致。

综上所述，“本节提出方法”建立的有限元模型，在高频调用网格重划算法的情况下，依旧可较为理想地模拟密封垫在沟槽中压缩的变形全过程，和试验结果总体吻合良好，具有和“显示”模型相当的数值稳定性。

(5) 接触应力分布

为进一步验证“本节提出方法”的准确性和数值精度，“本节提出方法”模型和“显式”模型计算得到的密封垫-密封垫接触面的接触应力分布和量值进行对比，如图 5-9 所示。选取了 3 个代表性的压缩量(2/4/8 mm)进行比较，当压缩量较大时，上、下侧密封垫的左、右两侧边(图 4-9 中 CI-1 和 CI-3)彼此接触，增大了密封垫间的接触长度，使得难以准确判断接触面的起始点和终止点。

如图 5-9 所示，两种模型的计算接触应力在 3 种模拟的压缩量工况下的接触应力分布曲线吻合程度很好，计算误差控制在±10%以内，表明“本节提出方法”模型具有良好的计算精度。

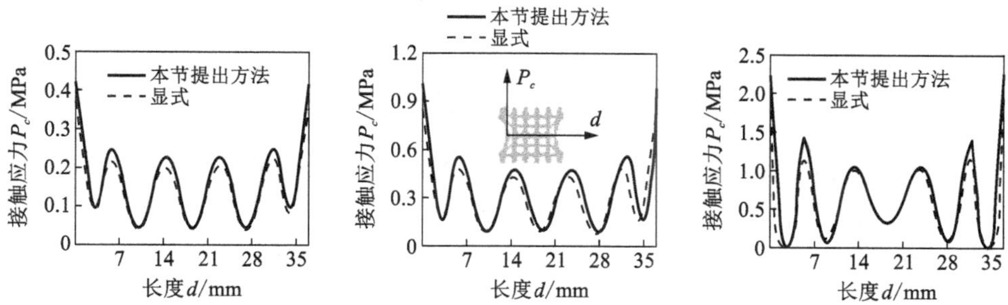

(a) 压缩量=2 mm　(b) 压缩量=4 mm　(c) 压缩量=8 mm

图 5-9　“本节提出方法”模型和“显式”模型的计算接触应力分布对比

综上所述，本节通过算例 1 的一系列计算对比，表明基于“本节提出方法”建立的有限元模型可以克服传统隐式有限元模型对大变形模拟的收敛性缺陷，且具备良好的计算精度和数值稳定性，为之后进一步建立可预测接缝渗漏行为的精细有限元模型奠定了坚实的基础。

5.3.2 算例 2——接缝渗漏水压预测

(1)有限元模型

算例 2 模拟使用 SC7 断面的接缝渗漏行为。图 5-10 为“本节使用方法”建立的有限元模型示意图。模型的材料参数、接触特性、边界条件和网格离散等模型设置细节，可参见 4.3.1 节。有限元模型包含两个荷载步：荷载步 1 模拟的是水压加载前接缝的变形状态[图 5-10(a)]，荷载步 2 施加“流体压力渗透荷载”来模拟接触面的张开渗漏过程[图 5-10(b)]。

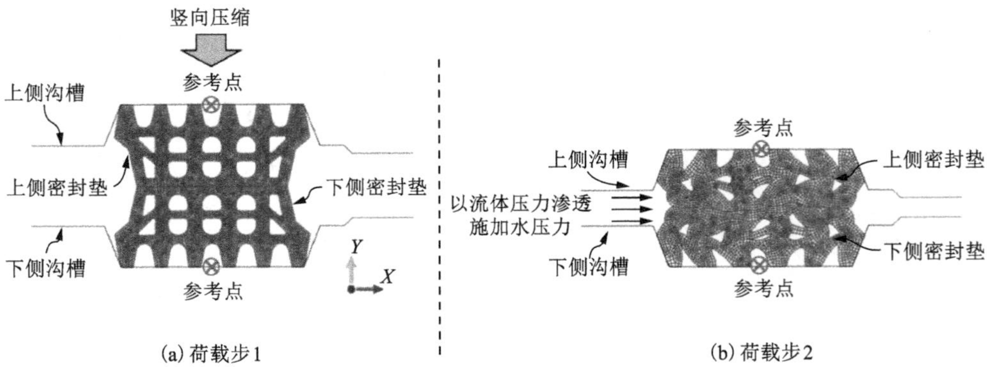

图 5-10　算例 2 的有限元模型示意图

(2)预测渗漏水压和试验渗漏水压的对比验证

为验证模型的准确性，对 SC7 断面的 7 个 0 mm 错位量和 6 个 15 mm 错位量的接缝防水性能试验工况进行了模拟。表 5-1 给出了模拟工况的参数细节。图 5-11 给出了各工况渗漏发生时的密封垫变形形态图，此时密封垫间的接触面从左到右完全张开，对应的流体压力值(press)为计算渗漏水压($P_{wl,\ FEA}$)。从图 5-11 中可以看出，“流体压力渗透荷载”的作用使得密封垫发生朝向沟槽内侧的挤压变形，这和第 4 章的简化有限元模型的模拟结果完全一致。对于 15 mm 错位量的部分模拟工况(No. 9～No. 13)，以 No. 12 为例，荷载步 1 之后的接缝张开量较小，从左至右，下侧密封垫和上侧沟槽，以及上侧密封垫和下侧沟槽已经相互接触(图 5-12)，相应地，密封垫-密封垫之间的接触面长度增大，流体压力需要先后击穿下侧密封垫-上侧沟槽接触面，密封垫-密封垫接触面和上侧密封垫-下侧沟槽接触面，最终发生渗漏。因此，接缝错位量工况下的渗漏行为更加复杂，和第 3 章中的错位状态下接缝防水性能试验现象及第 4 章中的接缝错位防水失效模式相吻合。

表 5-1　基于 SC7 断面的接缝防水能力验证工况参数表

工况	编号	S/mm	Δ_g/mm	$P_{wl,\ FEA}$/MPa			
				试验	数值	试验/数值	误差/%
0 mm 接缝错位量	No. 1	0	11. 61	0. 46	0. 49	0. 939	6. 52
	No. 2	0	9. 81	0. 78	0. 75	1. 040	3. 85
	No. 3	0	7. 62	1. 03	0. 96	1. 073	6. 80
	No. 4	0	6. 75	1. 22	1. 09	1. 119	10. 66
	No. 5	0	5. 79	1. 71	1. 58	1. 082	7. 60
	No. 6	0	3. 96	2. 48	2. 05	1. 209	17. 34
	No. 7	0	1. 91	2. 81	2. 29	1. 227	18. 51
15 mm 接缝错位量	No. 8	15	11. 35	0. 22	0. 20	1. 100	9. 09
	No. 9	15	9. 65	0. 47	0. 45	1. 044	4. 26
	No. 10	15	7. 87	0. 77	0. 70	1. 100	9. 09
	No. 11	15	6. 89	0. 95	0. 98	0. 969	3. 16
	No. 12	15	5. 95	1. 28	1. 14	1. 123	10. 94
	No. 13	15	3. 88	2. 08	1. 74	1. 195	16. 35

图 5-13 对比了模拟预测和试验记录的渗漏水压-接缝张开量关系曲线，可以看出：当接缝张开量大于 6 mm 时，模拟曲线和实测曲线的吻合度较好；当接缝张开量小于 6 mm 时，计算预测渗漏水压小于试验实测值。模型低估了接缝的渗漏水压，可归因于两个因素：一是模型采用了恒定参数的 Mooney-Rivlin 材料模型，但实际上超弹性橡胶材料在大变形状态下为应变强化，相应的接触应力值更大，需要让接触面张开的水压值更大；二是在接缝张开量较小的计算工况模拟过程中，需要更为频繁地调用网格重划算法，产生了累积误差。利用式(5.1)可以计算误差，总体来看，模拟工况的误差(Error)控制在±20%的范围内，见表 5-1。

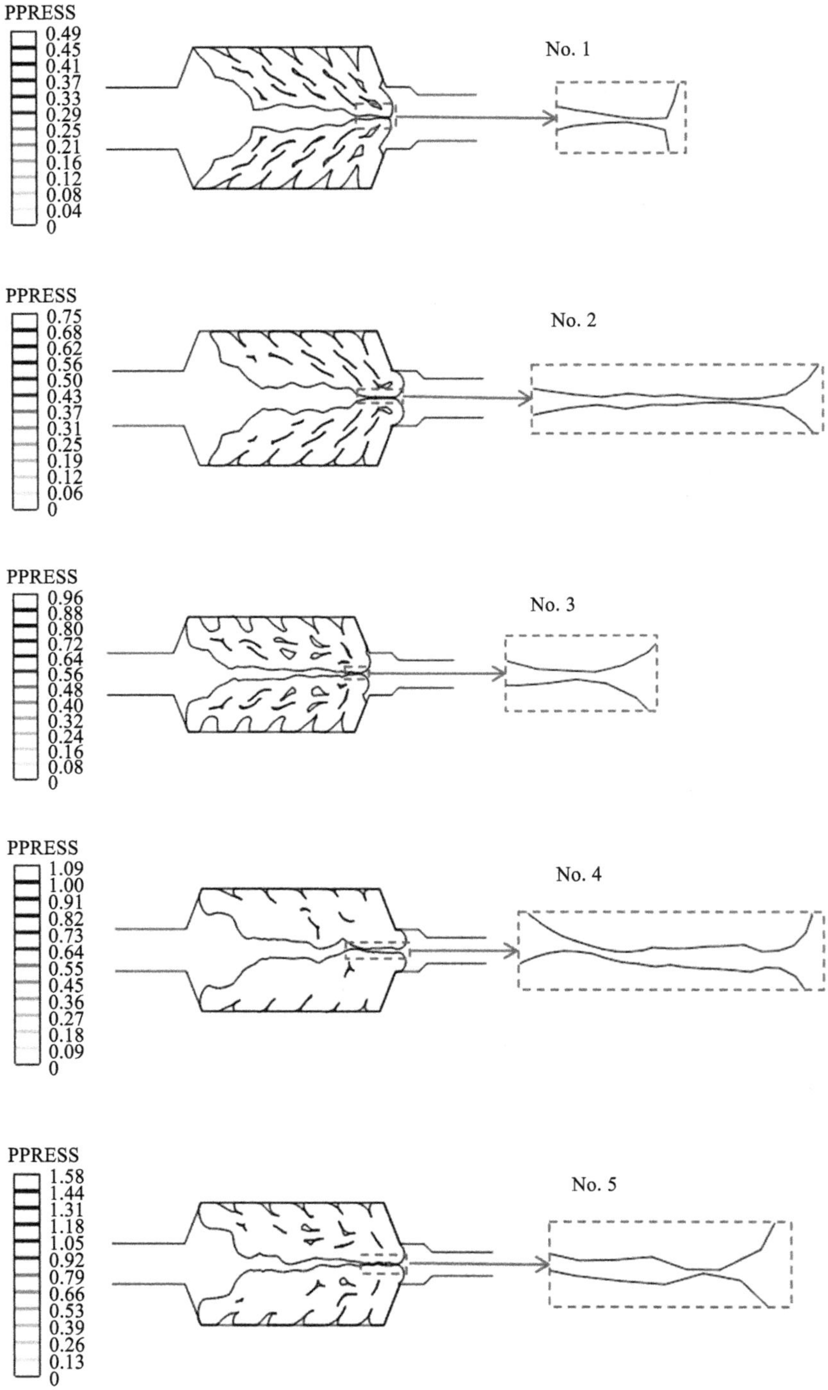
PPRESS
0.49
0.45
0.41
0.37
0.33
0.29
0.25
0.21
0.16
0.12
0.08
0.04
0
No. 1
PPRESS
0.75
0.68
0.62
0.56
0.50
0.43
0.37
0.31
0.25
0.19
0.12
0.06
0
No. 2
PPRESS
0.96
0.88
0.80
0.72
0.64
0.56
0.48
0.40
0.32
0.24
0.16
0.08
0
No. 3
PPRESS
1.09
1.00
0.91
0.82
0.73
0.64
0.55
0.45
0.36
0.27
0.18
0.09
0
No. 4
PPRESS
1.58
1.44
1.31
1.18
1.05
0.92
0.79
0.66
0.53
0.39
0.26
0.13
0
No. 5

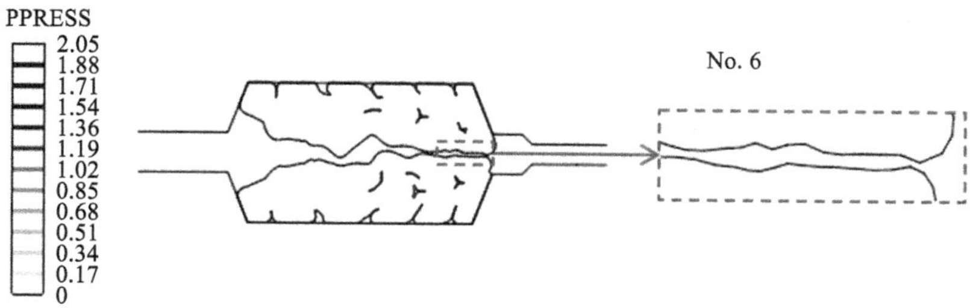
PPRESS
2.05
1.88
1.71
1.54
1.36
1.19
1.02
0.85
0.68
0.51
0.34
0.17
0
No. 6

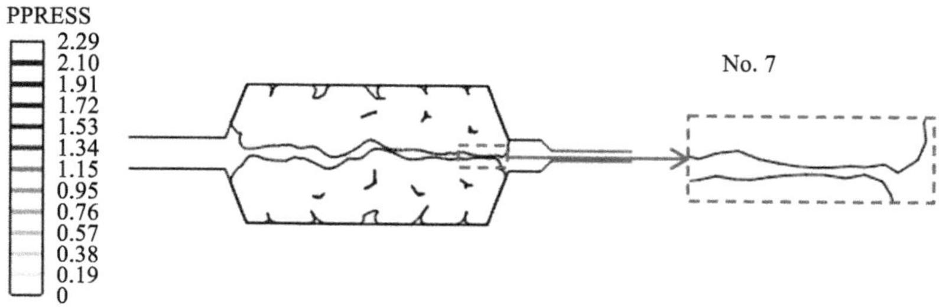
PPRESS
2.29
2.10
1.91
1.72
1.53
1.34
1.15
0.95
0.76
0.57
0.38
0.19
0
No. 7

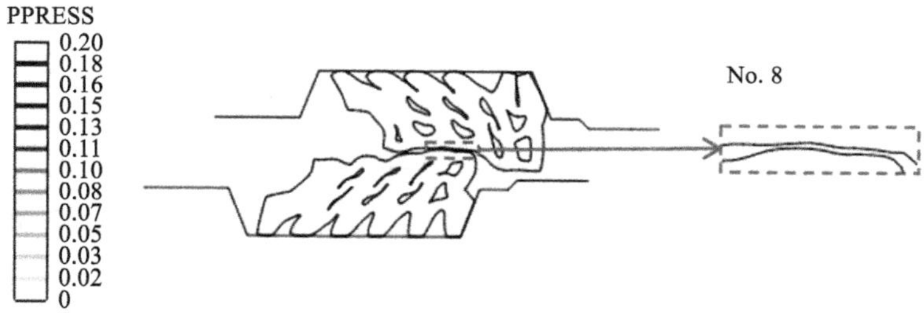
PPRESS
0.20
0.18
0.16
0.15
0.13
0.11
0.10
0.08
0.07
0.05
0.03
0.02
0
No. 8

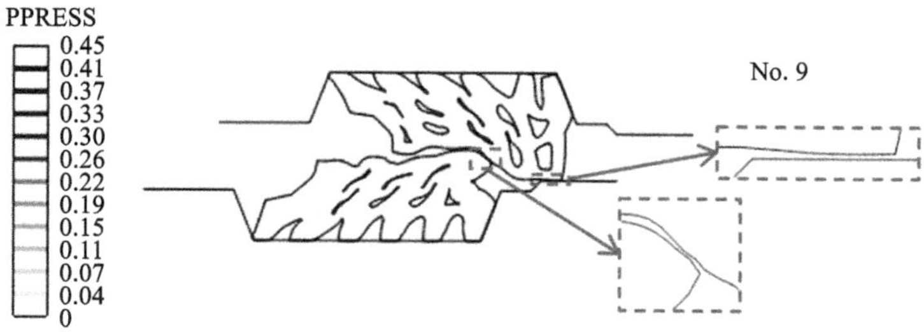
PPRESS
0.45
0.41
0.37
0.33
0.30
0.26
0.22
0.19
0.15
0.11
0.07
0.04
0
No. 9

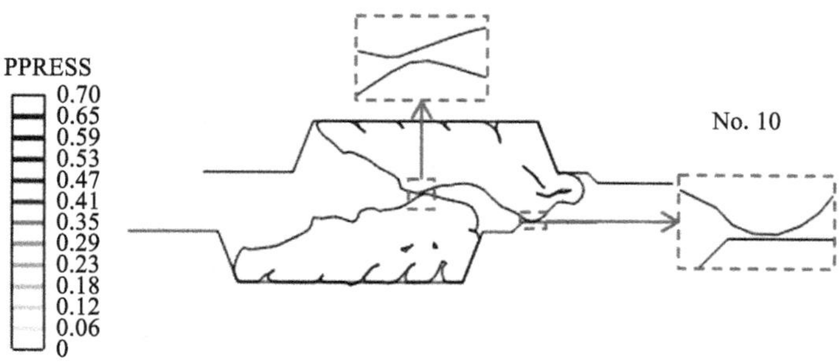
PPRESS
0.70
0.65
0.59
0.53
0.47
0.41
0.35
0.29
0.23
0.18
0.12
0.06
0
No. 10

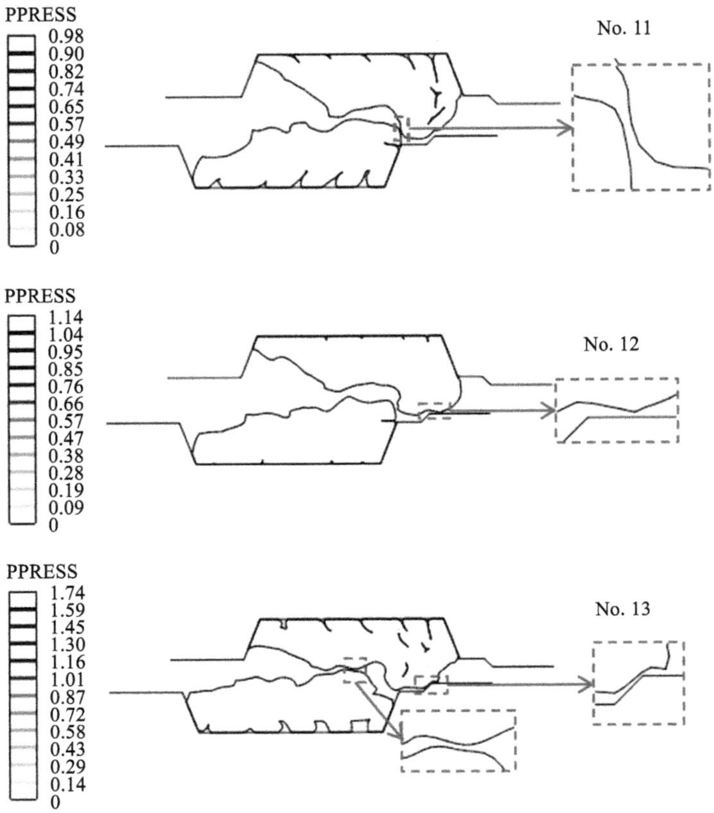

扫一扫，看彩图

图 5-11　模拟的各工况渗漏发生时的密封垫变形状态和渗漏水压(单位：MPa)

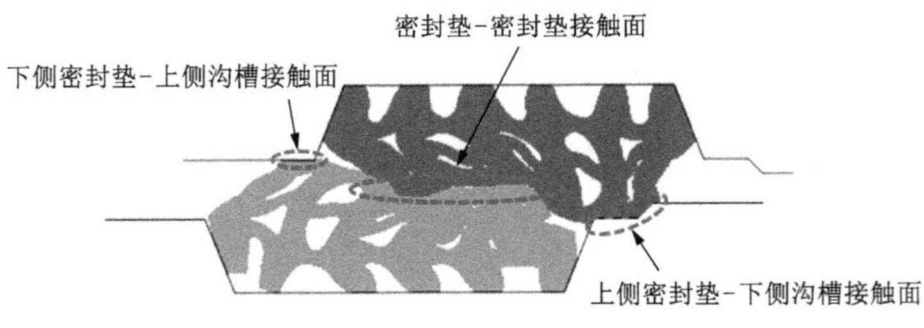

图 5-12　No. 12 工况下水压加载前的密封垫-密封垫接触面示意图

$$\text{Error}=\left|\frac{P_{wl,\ EXP}-P_{wl,\ FEA}}{P_{wl,\ EXP}}\right| \tag{5.1}$$

将模型计算得到的渗漏水压($P_{wl,\ FEA}$)和试验实测的渗漏水压($P_{wl,\ EXP}$)进行对比，如图 5-14 所示。从图 5-14 中可以看出，对于 0 mm 错位量工况，$P_{wl,\ EXP}$/

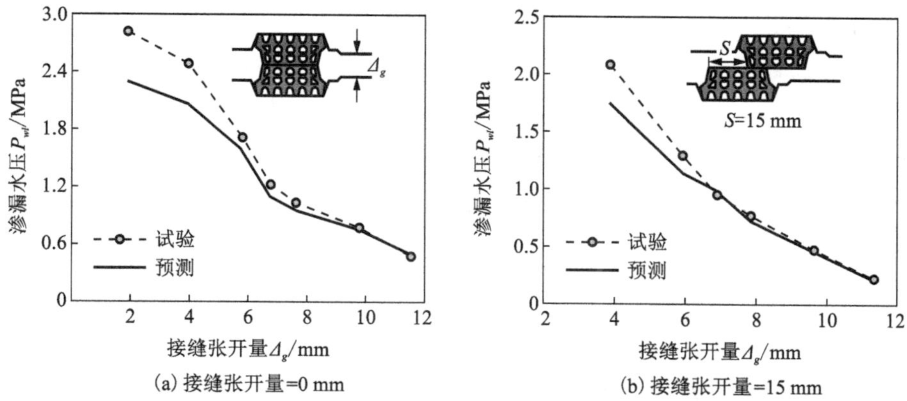

图 5-13　渗漏水压-接缝张开量关系曲线对比

$P_{wl,\ FEA}$ 的平均值为 1.098，标准差为 0.099；对于 15 mm 错位量工况，$P_{wl,\ EXP}/P_{wl,\ FEA}$ 的平均值为 1.089，标准差为 0.076。因此，有限元模型计算得到的接缝防水能力偏于安全。

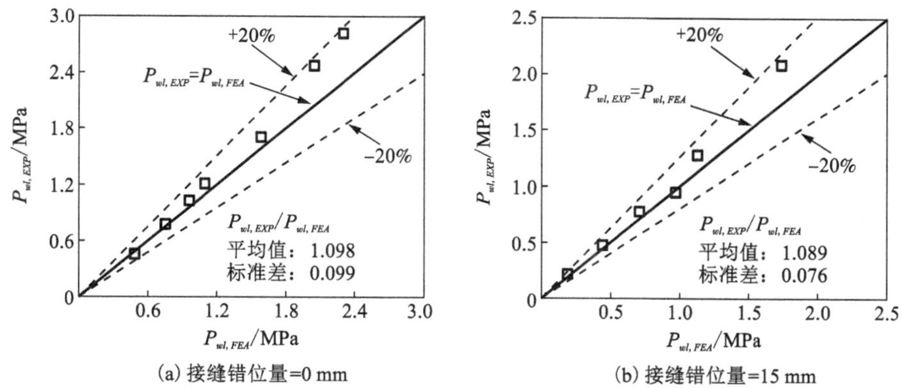

图 5-14　数值预测的渗漏水压和试验记录的渗漏水压对比

综上所述，本节通过算例 2 的有无接缝错位量工况的计算对比，表明本节提出的接缝防水能力精细有限元模型可以较为准确地再现接缝张开量全过程范围内的渗漏行为和预测渗漏水压，为进一步进行参数分析提供了有力的数值工具。

5.4　参数敏感性分析的参数确定和取值区间

本节利用提出的精细有限元模型，对接缝变形量、沟槽尺寸、弹性密封垫物理力学特性和接触特性等主要影响参数对接缝防水能力（渗漏水压）的影响规律进行了系统研究，并在此基础上，提出了接缝防水能力影响参数的定性影响评价表，以期为接缝防水密封设计提供参考依据。

盾构隧道管片接缝的防水性能的主要影响参数包括接缝张开量(Δ_g)、接缝错位量(S)、接缝正张开角(θ_+)、接缝负张开角(θ_-)、沟槽侧边角度(φ)、沟槽底部宽度(b)、弹性密封垫硬度(H_A)、密封垫-沟槽接触面摩擦系数(μ_1)和密封垫-密封垫接触面摩擦系数(μ_2)等 9 种参数。图 5-15 给出了上述主要研究参数的示意图。

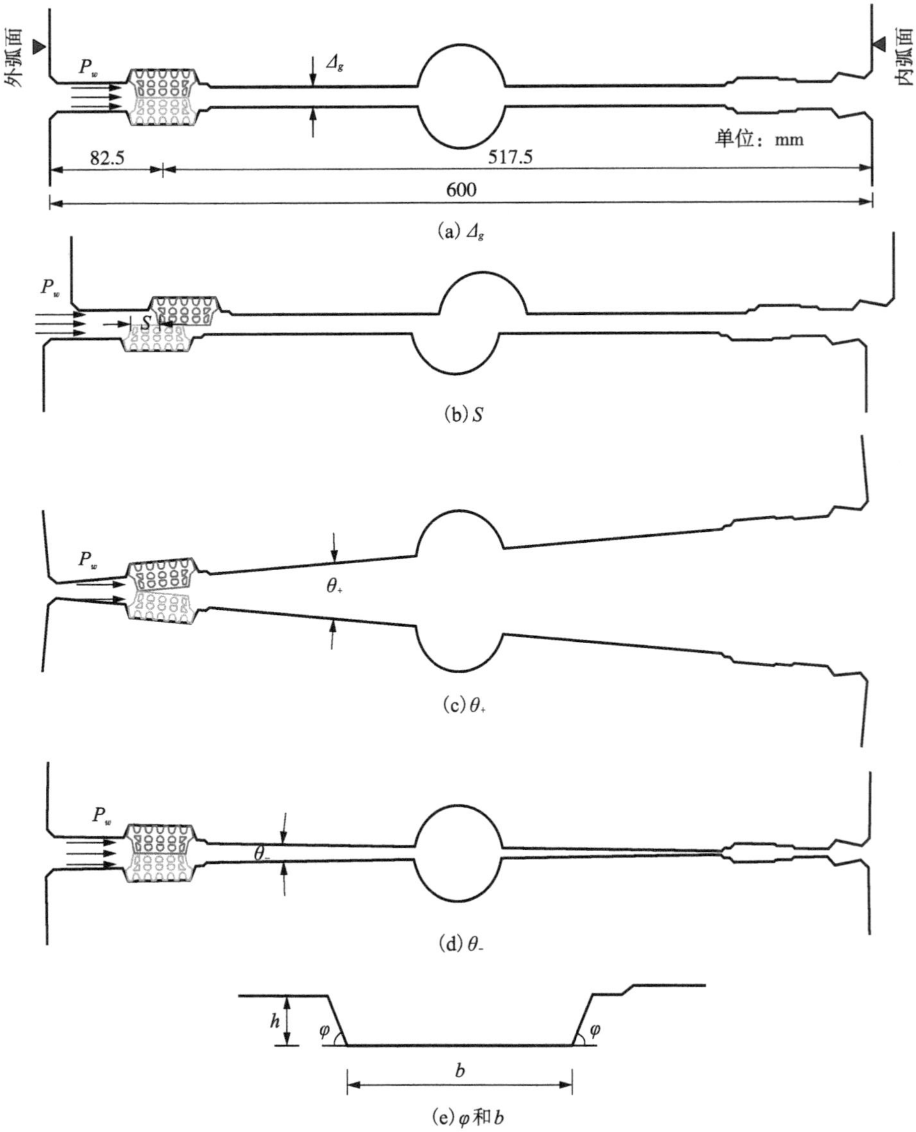

图 5-15　研究参数的示意图

参数敏感性分析基于 SC7 断面开展，围绕 9 种主要影响参数及相应的取值范围，设计了 9 组 33 个数值计算工况，见表 5-2。

(1)分组 1 为参照有限元分析工况，该工况研究接缝张开量的影响，Δ_g 的取值区间为 0~16 mm，其余参数的设置可参见 4.3.1 节。

(2)分组 2~4 研究接缝错位量、接缝正张开角和接缝负张开角的影响，S 的取值区间为 0 ~ 37 mm，θ_+ 的取值区间为 0 ~ 194×10^{-3} rad，θ_- 的取值区间为 0~30×10^{-3} rad，其余参数的设置同参照有限元分析工况。

(3)分组 5~6 研究沟槽侧边角度和沟槽底部宽度的影响，φ 的取值区间为 40°~70°，b 的取值区间为 48~52 mm，其余参数的设置同参照有限元分析工况。

(4)分组 7 研究弹性密封垫硬度的影响，H_A 的取值区间为 40~80 邵氏 A，其余参数的设置同参照有限元分析工况。

(5)分组 8~9 研究密封垫-沟槽接触面摩擦系数和密封垫-密封垫接触面摩擦系数的影响，μ_1 的取值区间为 0.2~0.8，μ_2 的取值区间为 0.2~0.8，其余参数的设置同参照有限元分析工况。

表 5-2　用于参数敏感性分析的计算工况表

分组	H_A 邵氏 A	μ_1	μ_2	Δ_g /mm	S /mm	θ_+ /(×10^{-3} rad)	θ_- /(×10^{-3} rad)	φ /(°)	b /mm
1	70	0.5	0.57	0~16	0	0	0	67	45
2	70	0.5	0.57	0~16	5	0	0	67	45
	70	0.5	0.57	0~16	15	0	0	67	45
	70	0.5	0.57	0~16	37	0	0	67	45
3	70	0.5	0.57	0~16	0	30	0	67	45
	70	0.5	0.57	0~16	0	60	0	67	45
	70	0.5	0.57	0~16	0	90	0	67	45
	70	0.5	0.57	0~16	0	120	0	67	45
	70	0.5	0.57	0~16	0	194*	0	67	45
4	70	0.5	0.57	0~16	0	0	6	67	45
	70	0.5	0.57	0~16	0	0	12	67	45
	70	0.5	0.57	0~16	0	0	18	67	45
	70	0.5	0.57	0~16	0	0	24	67	45
	70	0.5	0.57	0~16	0	0	30*	67	45

续表 5-2

分组	H_A 邵氏 A	μ_1	μ_2	Δ_g /mm	S /mm	θ_+ /(×10⁻³ rad)	θ_- /(×10⁻³ rad)	φ /(°)	b /mm
5	70	0.5	0.57	0~16	0	0	0	40	45
	70	0.5	0.57	0~16	0	0	0	50	45
	70	0.5	0.57	0~16	0	0	0	60	45
	70	0.5	0.57	0~16	0	0	0	70	45
6	70	0.5	0.57	0~16	0	0	0	67	48
	70	0.5	0.57	0~16	0	0	0	67	50
	70	0.5	0.57	0~16	0	0	0	67	52
7	20	0.5	0.57	0~16	0	0	0	67	10
	40	0.5	0.57	0~16	0	0	0	67	10
	60	0.5	0.57	0~16	0	0	0	67	10
	80	0.5	0.57	0~16	0	0	0	67	10
8	70	0.2	0.57	0~16	0	0	0	67	10
	70	0.4	0.57	0~16	0	0	0	67	10
	70	0.6	0.57	0~16	0	0	0	67	10
	70	0.8	0.57	0~16	0	0	0	67	10
9	70	0.5	0.2	0~16	0	0	0	67	10
	70	0.5	0.4	0~16	0	0	0	67	10
	70	0.5	0.6	0~16	0	0	0	67	10
	70	0.5	0.8	0~16	0	0	0	67	10

注：$\theta_+=194\times10^{-3}$ rad 和 $\theta_-=30\times10^{-3}$ rad 的上限值根据 HUANG 等[81]提出的防水极限接缝张开角计算公式确定。

5.5 主要参数对接缝防水能力的影响规律

5.5.1 接缝张开量

盾构隧道衬砌结构横断面的变形主要集中于管片接缝，典型的变形模式为“横鸭蛋”，即衬砌拱顶发生朝内的竖向变形，衬砌左右拱腰发生朝外的水平变形，管片接缝张开和转动，进而影响衬砌结构的力学性能和接缝的防水密封性能。因此，本小节研究不同接缝张开量对接缝防水能力的影响，5.5.3 节和 5.5.4 节研究接缝转动的影响。

由表 5-2 可知，分组 1 计算工况以接缝张开量(Δ_g)为变化参数，图 5-16 为有限元计算得到的该分组工况的渗漏水压($P_{wl,\ FEA}$)和接缝张开量(Δ_g)的关系曲线。从图 5-16 中可以看出，渗漏水压随着接缝张开量的减小而增加，这是因为接缝张开量减小，密封垫压紧，接触应力增大，从而需要更大的水压让接触面张开形成渗漏通道。该曲线有 4 个特征点，可划分成 3 个阶段。

初始变形阶段(AB)：渗漏水压随着接缝张开量的减小呈线性增加，曲线斜率近似为一个恒定值。在水压施加前，密封垫内部孔洞均未完全闭合，接触面的接触应力较小，较小的水压值可使接触面张开形成渗漏。

内部孔洞闭合阶段(BC)：渗漏水压随着接缝张开量的减小而增加，曲线斜率略有增长。在水压施加前，密封垫内部孔洞大多闭合，柱脚失稳，上、下侧密封垫接触更为严密，密封垫受到沟槽的进一步约束，接触面的接触应力较大，渗漏通道的形成需要更大的水压值。

极限压缩阶段(CD)：渗漏水压随着接缝张开量的减小而继续增加，曲线斜率增长较为显著。在水压施加前，密封垫内部孔洞完全闭合，密封垫近似于一个实心断面，接触面的接触应力极大，略微的侧向水压作用将产生等值的附加接触应力，从而需要更大的水压形成渗漏。

综上所述，接缝张开量对渗漏水压的影响为负相关，且在接缝张开量较小时影响更为显著。因此，为确保相对较强的接缝防水能力，建议严格限制接缝的张开量。本节依托某越江盾构隧道工程，为保证接缝在 1.3 MPa 的设计渗漏水压($P_{wl,\ d}$)下防水密封，接缝张开量的临界值为 6.60 mm(图 5-16 中的空心黑色圆圈)。

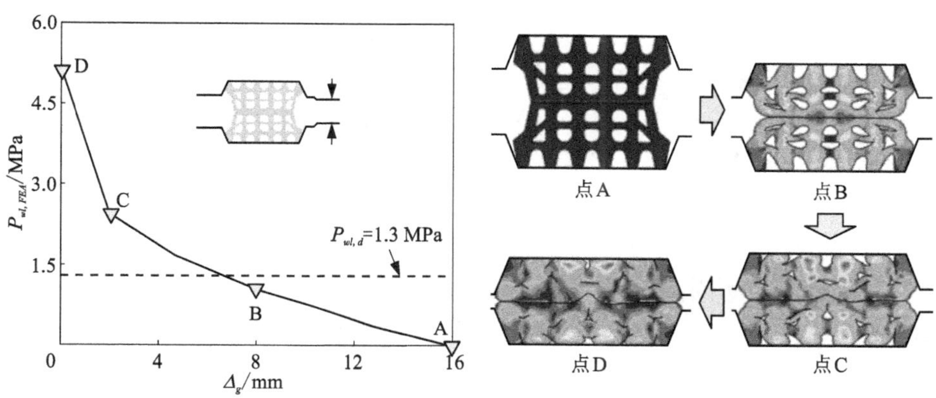

图 5-16　接缝张开量(Δ_g)对接缝防水能力的影响

5.5.2 接缝错位量

对修筑于软土地层的盾构隧道来说，在隧道的设计使用周期内，不可避免地会遭受纵向差异沉降的作用。对隧道的装配式衬砌结构来说，环缝抗剪刚度较小，在差异沉降的作用下会发生较大的错位，进而导致接缝渗漏水现象的发生[84]。本小节选取不同程度的接缝错位量来研究该参数对接缝防水能力的影响。

由表 5-2 可知，分组 2 计算系列工况以接缝错位量(S)为变化参数，并和参照有限元分析工况对比，图 5-17 为有限元计算得到的该分组工况的渗漏水压($P_{wl,\ FEA}$)与接缝张开量(Δ_g)关系曲线。从图 5-17 中可以看出，当接缝张开量相同时，较小的接缝错位量工况有着更大的渗漏水压，换言之，相同的渗漏水压对应的接缝张开量更大，这和 3.5.2 节中 SC7 断面的试验结果相一致。例如，37 mm 错位量工况的设计渗漏水压的张开量临界值为 3.90 mm，0 mm、5 mm 和 15 mm 错位量工况的张开量临界值增加到 6~7 mm。上述现象可解释为更大的接缝错位量导致了更小的接触面长度，且水压在密封垫上的施加范围增加，这两种效应的叠加，使得水压更容易撑开密封垫间的接触面，最终发生渗漏。

此外，5 mm 错位量工况和 0 mm 错位量工况的曲线发展规律近乎一致，具体地：当接缝张开量介于 4~16 mm 时，5 mm 错位量工况的渗漏水压和 0 mm 错位量工况的渗漏水压差别很小；当接缝张开量介于 0~4 mm 时，5 mm 错位量工况的渗漏水压稍微小一些。这表明较小的错位量对接缝防水性能的影响不大，可以忽略。然而，对于 15 mm 错位量工况来说，当接缝张开量小于 6 mm 时，渗漏水压显著下降，这表明中等量值的错位量对接缝防水性能在较大的张开量区间内影响不大，但在较小的张开量区间内，使得防水性能明显降低。对于 37 mm 错位量工况来说，整个接缝张开量区间内的渗漏水压，相比于无错位量参照工况，都大幅下降。但有趣的是，当接缝张开量介于 8~16 mm 时，该工况渗漏水压几乎为零，水压作用前的接触应力极小，很小的水压作用即可击穿接触面导致渗漏。该现象可由水压作用前的密封垫变形形态和接触应力分布来进行更为细致的解释，如图 5-18 所示。可以看出，当接缝张开量为 8 mm 时，对于 5 mm 错位量工况来说，上、下侧密封垫彼此贴合，密封垫间的接触长度约为 32 mm，最大接触应力约为 1.283 MPa[图 5-18(a)]；反之，对于 37 mm 错位量工况来说，上、下侧密封垫已经完全错开，仅有侧边存在约 6.42 mm 的接触长度，最大接触应力仅为 0.104 MPa。综上所述，接缝错位量对渗漏水压的影响较为复杂，且和接缝张开量相关联。

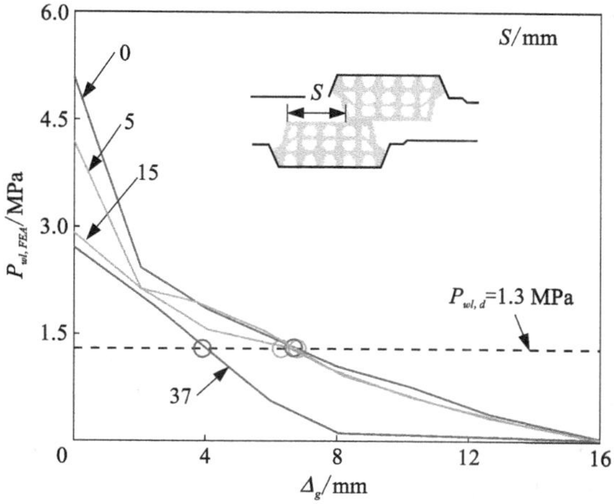

图 5-17　接缝错位量(*S*)对接缝防水能力的影响

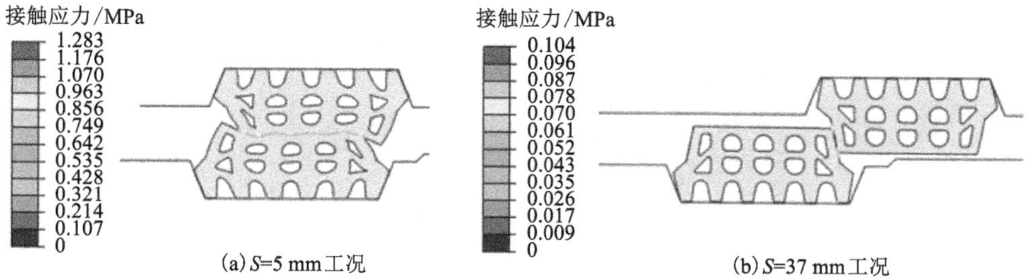

图 5-18　Δ_g=8 mm 时的接触应力分布

5.5.3　接缝正张开角

由表 5-2 可知，分组 3 计算系列工况以接缝正张开角(θ_+)为变化参数，并和参照有限元分析工况对比，图 5-19 为有限元计算得到的该分组工况的渗漏水压($P_{wl,\ FEA}$)-接缝张开量(Δ_g)关系曲线。从图 5-19 中可以看出，随着接缝正张开角的增加，渗漏水压下降，两者呈负相关性，且该效应在较大的张开角工况下更为显著。例如，0.09 rad、0.12 rad 和 0.194 rad 张开角工况在接缝张开量为 0~16 mm 时均未达到设计渗漏水压，0.06 rad 张开角工况的张开量临界值为 0.91 mm，0.03 rad 张开角工况的张开量临界值增加到 4.00 mm，而 0 rad 张开角参照工况的张开量临界值为 6.60 mm。上述现象产生的原因是接缝张开角使得密封垫的压缩程度减弱，以及密封垫间的接触面部分脱开。以接缝张开量 = 2 mm 为例，图 5-20 对比了 0 rad、0.06 rad 和 0.194 rad 工况的密封垫变形形态和接触应力分布，可以看出，

0.06 rad 的接缝正张开角的有一定影响，此时上、下侧密封垫依旧贴合紧密，密封垫间的接触长度约为 38.18 mm，最大接触应力约为 1.443 MPa[图 5-20(b)]，但相较于 0 rad 参照工况的 45.08 mm 的接触长度和 3.086 MPa 的最大接触应力[图 5-20(a)]，明显下降不少；反之，0.194 rad 的张开角使得上、下侧密封垫完全脱离，密封垫间的接触长度为零，没有接触应力存在[图 5-20(c)]。

此外，当接缝正张开角较小时(0.03～0.09 rad)，计算曲线的发展趋势和 0 rad 参照工况的计算曲线相一致；然而，当接缝正张开角继续增加到较大值时(大于 0.12 rad)，计算曲线的斜率很小，几乎为零。上述曲线斜率的突变，主要是由于较大的张开角使得密封垫间的接触面分离，接触应力很小。另外，0.194 rad 工况的渗漏水压在接缝张开量为 0～16 mm 时均为零，即表明没有防水密封能力，证明了 HUANG 等[81]提出的防水失效状态接缝张开角的计算方法的正确性。综上所述，接缝正张开角对渗漏水压的影响为负相关，且在张开角较小时的影响更为显著。因此，为确保相对较强的接缝防水能力，建议严格限制接缝的正向转动。

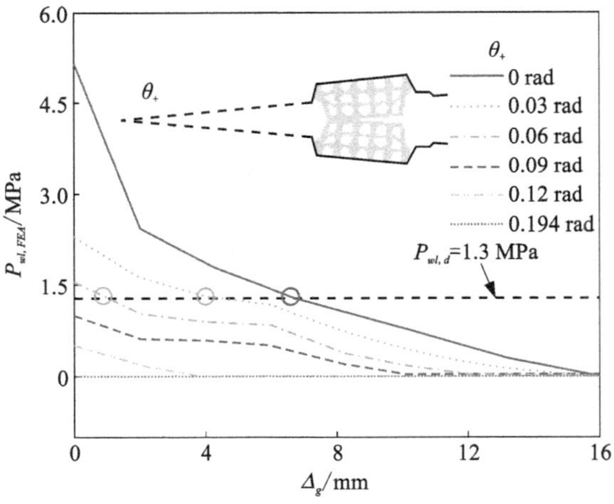

图 5-19 接缝正张开角(θ_+)对接缝防水能力的影响

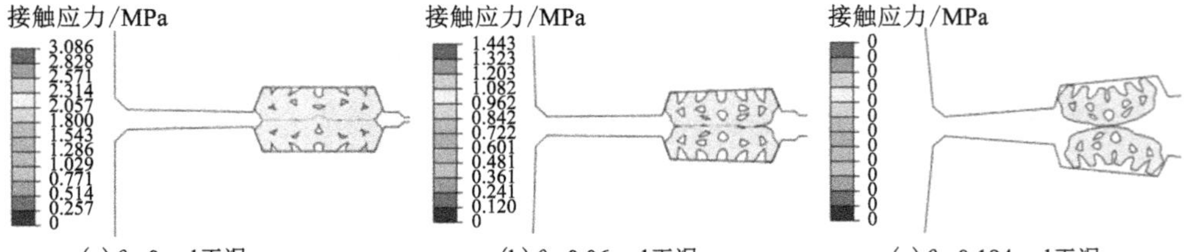

(a) θ_+=0 rad工况　(b) θ_+=0.06 rad工况　(c) θ_+=0.194 rad工况

图 5-20 Δ_g=2 mm 时的接触应力分布

5.5.4　接缝负张开角

由表 5-2 可知，分组 4 计算系列工况以接缝负张开角(θ_-)为变化参数，并和参照有限元分析工况对比，图 5-21 为有限元计算得到的该分组工况的渗漏水压($P_{wl,\ FEA}$)-接缝张开量(Δ_g)关系曲线。从图 5-21 中可以看出，随着接缝负张开角的增大，渗漏水压下降，两者呈负相关性，且该效应在较大的张开角工况下更为显著。例如，0.018 rad、0.024 rad 和 0.030 rad 张开角工况在接缝张开量为 0~16 mm 时均未达到设计渗漏水压，0.012 rad 张开角工况仅在 0 mm 的极限张开量情况下满足 1.3 MPa 的设计渗漏水压，0.006 rad 张开角工况的张开量临界值为 1.45 mm，而 0 rad 张开角参照工况的张开量临界值增加到 6.60 mm。上述现象产生的原因是接缝张开角使得密封垫的压缩程度减弱，以及密封垫间的接触面部分脱开。类似于正张开角的影响，接缝负张开角对渗漏水压的影响为负相关，且在张开角较小时影响更为显著。因此，为确保相对较高的接缝防水能力，建议严格限制接缝的负向转动。

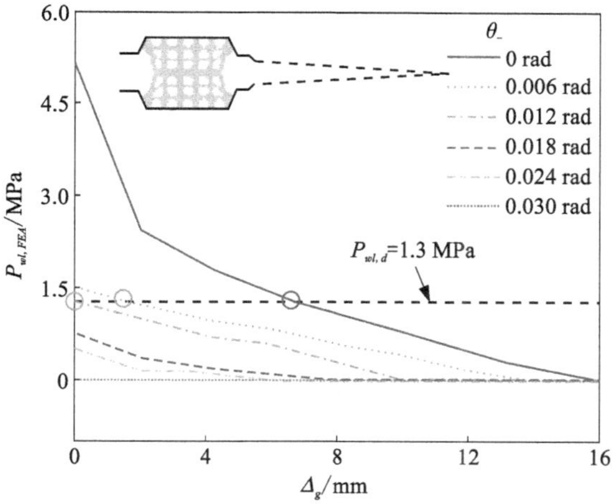

图 5-21　接缝负张开角(θ_-)对接缝防水能力的影响

5.5.5　沟槽侧边角度

国内外隧道设计规范并没有对弹性密封垫沟槽的几何尺寸作出具体的条文规定。如图 5-15(e)所示，沟槽为“上宽下窄”的梯形构造，主要参数包含侧边角度(φ)、沟槽底部宽度(b)和沟槽高度(h)。在初步设计阶段，沟槽高度的量值根据弹性密封垫的力-位移曲线确定，即沟槽高度需和密封垫断面高度相匹配。换言之，对于一个确定的密封垫断面，沟槽高度是固定的。因此，沟槽的设计参数变量为侧边角度和底部宽度。本小节对侧边角度对接缝防水性能的影响进行分析，5.5.6 小节讨论底部宽度的影响。

由表 5.2 可知，分组 5 计算系列工况以沟槽侧边角度(φ)为变化参数，并和参照有限元分析工况对比，图 5-22 为有限元计算得到的该分组工况的渗漏水压($P_{wl,\ FEA}$)-接缝张开量(Δ_g)关系曲线。从图 5-22 中可以看出，当接缝张开量介于 8~16 mm 时，40°、50°、60°和 70°的沟槽侧边角度对渗漏水压的影响很小，可以忽略不计。例如，上述工况的设计渗漏水压的张开量临界值均处于 6~7 mm。这是因为此时密封垫的压缩量不大，处于线性压缩阶段(图 3-13)，密封垫和沟槽侧边还未贴合，相应地，沟槽侧边未对接缝的防水密封作出贡献。不过，当接缝张开量小于 6 mm 时，不同沟槽侧边角度的计算曲线呈现出不同的发展规律。具体地，沟槽侧边的角度越大，曲线斜率更大，相同接缝张开量对应的渗漏水压越高，接缝防水能力越强，且此种效应随接缝张开量的减小愈加明显。综上所述，沟槽侧边角度对渗漏水压的影响为正相关，且和接缝张开量相关联，在较小的接缝张开量区间时影响显著。

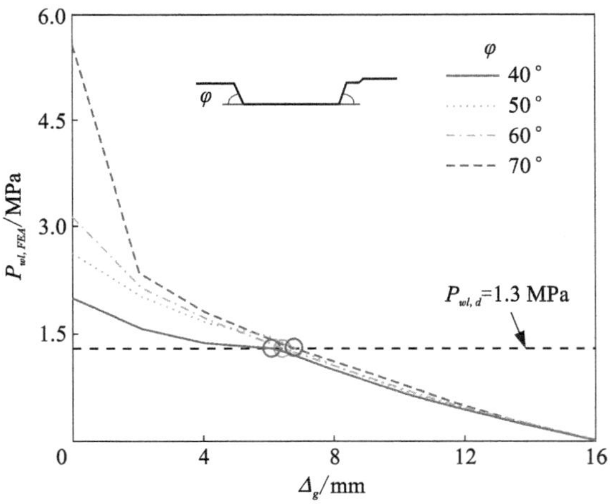

图 5-22　沟槽侧边角度(φ)对接缝防水能力的影响

5.5.6　沟槽底部宽度

由表 5-2 可知，分组 6 计算系列工况以沟槽底部宽度(b)为变化参数，并和参照有限元分析工况对比，图 5-23 为有限元计算得到的该分组工况的渗漏水压

($P_{wl,\ FEA}$)–接缝张开量(Δ_g)关系曲线。需要指出的是，SC7 断面的底部宽度是 45 mm，为保证密封垫在沟槽中的可拼装性，本节考虑的沟槽底部宽度的变化参数为 48 mm、50 mm 和 52 mm，而不考虑底部宽度小于 45 mm 时密封垫难以压缩进入沟槽的情形。从图 5–23 中可以看出，当接缝张开量介于 8~16 mm 时，40°、50°、60°和 70°的沟槽侧边角度对渗漏水压的影响很小，可以忽略不计。例如，上述工况的设计渗漏水压的张开量临界值均处于 5~7 mm。上述现象产生的原因是此时密封垫未受到沟槽侧边的约束，约束仅来自沟槽底部。不过，当接缝张开量小于 6 mm 时，不同沟槽底部宽度的计算曲线呈现出不同的发展规律。具体地，底部宽度越小，曲线斜率更大，相同接缝张开量对应的渗漏水压越高，接缝防水能力越强，且此种效应随接缝张开量的减小愈加明显。综上所述，沟槽底部宽度对渗漏水压的影响为负相关，且和接缝张开量相关联，在较小的接缝张开量区间时影响显著。

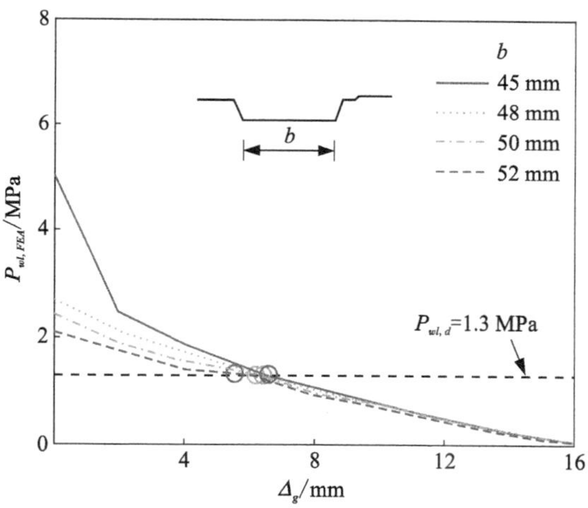

图 5–23　沟槽底部宽度(*b*)对接缝防水能力的影响

5.5.7　密封垫硬度

由表 5–2 可知，分组 7 计算系列工况以弹性密封垫硬度(H_A)为变化参数，考虑 20 邵氏 A、40 邵氏 A、60 邵氏 A 和 80 邵氏 A 的四种工况，图 5–24 为有限元计算得到的该分组工况的渗漏水压($P_{wl,\ FEA}$)–接缝张开量(Δ_g)关系曲线。通过改变 Mooney-Rivlin 模型的 C_{10} 和 C_{01} 参数来改变密封垫的硬度。从图 5–24 中可以看出，20 邵氏 A 和 40 邵氏 A 的计算曲线发展规律类似，表明在此硬度区间内的硬度调整并不会明显改变接缝的防水能力。例如，20 邵氏 A 工况在接缝张开量全范围内达不到设计渗漏水压，40 邵氏 A 工况的接缝张开量临界值也仅有

0. 48 mm。此外，当硬度小于 40 邵氏 A 时，渗漏水压在张开量为 0~16 mm 时都很小，故在设计中，尽量避免使用较小的密封垫硬度。当硬度区间位于 60~80 邵氏 A 时，渗漏水压随着硬度的增加而大幅上升，例如，60 邵氏 A 工况的设计渗漏水压的张开量临界值为 2. 75 mm，而 80 邵氏 A 工况的临界值到达了到 10. 56 mm。综上所述，密封垫硬度对渗漏水压的影响为正相关，该种效应随着硬度的增加而愈发明显。

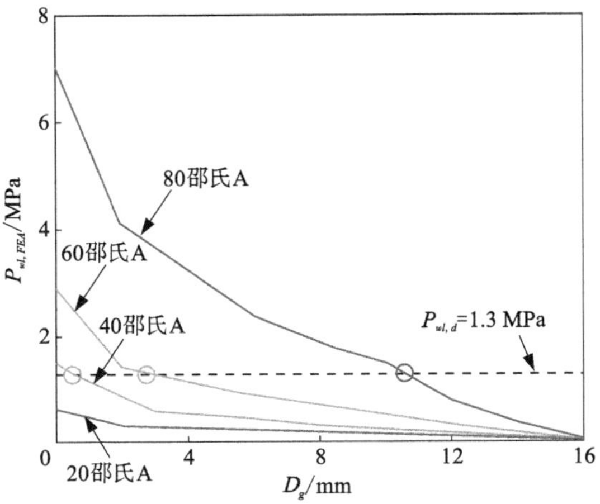

图 5-24 密封垫硬度(H_A)对接缝防水能力的影响

5.5.8 密封垫–沟槽接触面摩擦系数

利用试验研究的方法，准确量测接触面摩擦系数的量值较为困难。本小节采用数值模拟的方法，对上述参数的影响进行定量评价。

由表 5–2 可知，分组 8 计算系列工况以密封垫–沟槽接触面摩擦系数(μ_1)为变化参数，考虑 0. 2、0. 4、0. 6 和 0. 8 四种工况，图 5–25 为有限元计算得到的该分组工况的渗漏水压($P_{wl,\ FEA}$)–接缝张开量(Δ_g)关系曲线。从图 5–25 中可以看出，当接缝张开量较大时，密封垫–沟槽接触面摩擦系数对渗漏水压的影响微乎其微。例如：上述四种工况的设计渗漏水压的接缝张开量临界值介于 6. 5 ~ 6. 8 mm。随着接缝张开量继续减小，密封垫–沟槽接触面摩擦系数对计算曲线的影响依旧不明显。综上所述，密封垫–沟槽接触面摩擦系数对接缝防水能力的影响很小，可以忽略。

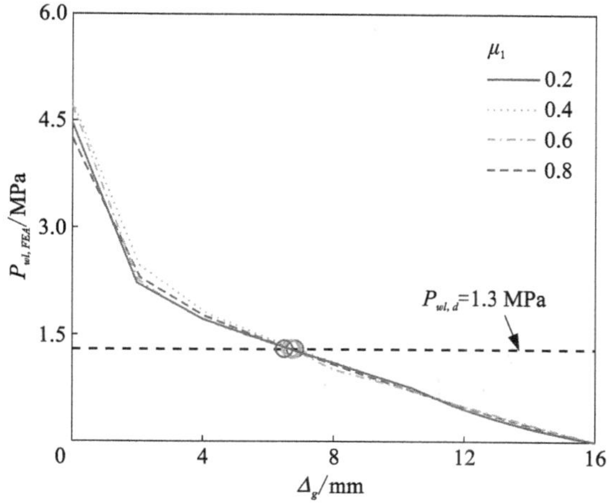

图 5-25　密封垫-沟槽接触面摩擦系数(μ_1)对接缝防水能力的影响

5.5.9　密封垫-密封垫接触面摩擦系数

由表 5-2 可知，分组 9 计算系列工况以密封垫-密封垫接触面摩擦系数(μ_2)为变化参数，考虑 0.2、0.4、0.6 和 0.8 四种工况，图 5-26 为有限元计算得到的该分组工况的渗漏水压($P_{wl,\ FEA}$)-接缝张开量(Δ_g)关系曲线。其类似于密封垫-沟槽接触面摩擦系数，当接缝张开量较大时，密封垫-密封垫接触面摩擦系数对渗漏水压的影响微乎其微。例如：上述四种工况的设计渗漏水压的接缝张开量

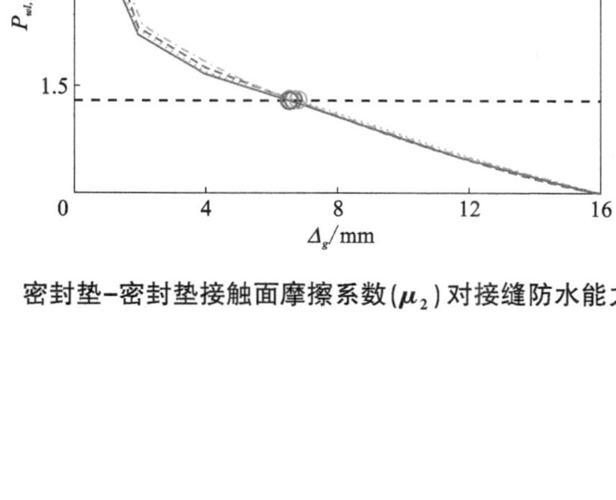

图 5-26　密封垫-密封垫接触面摩擦系数(μ_2)对接缝防水能力的影响

临界值均介于 6.5~6.6 mm。随着接缝张开量继续减小，密封垫-密封垫接触面摩擦系数对计算曲线的影响依旧不明显。综上所述，密封垫-密封垫接触面摩擦系数对接缝防水能力的影响很小，可以忽略。

5.5.10 参数分析总结

综上所述，在本节各研究参数对接缝防水能力的影响见表 5-3，具体如下。

(1) 接缝张开量的减小可增强接缝防水能力，且接缝张开量越小该效应越明显。

(2) 较大的接缝错位量对接缝防水能力的影响明显，接缝错位量的增大使得防水能力迅速降低；但较小的接缝错位量对接缝防水能力的影响不明显。

(3) 接缝张开角的增加使得接缝防水能力大幅下降，当张开角较小时，下降幅度近似于线性；当张开角较大时，密封垫彼此脱开失去接触，接缝防水能力近乎为零。

(4) 当接缝张开量较大时，沟槽侧边角度和沟槽底部宽度对接缝防水能力的影响不明显；当接缝张开量较小时，沟槽侧边角度的增大可增强接缝防水能力，沟槽底部宽度的增加使得接缝防水能力有所降低。

(5) 弹性密封垫硬度的增加可增强接缝的防水能力，且此种效应在硬度较大区间更为显著。

(6) 密封垫-沟槽接触面摩擦系数和密封垫-密封垫接触面摩擦系数，对接缝防水能力的影响可以忽略。

表 5-3 研究参数对接缝防水能力的影响程度定性评价表

	区间	影响程度		
		大接缝张开量(10~16 mm)	中等接缝张开量(4~10 mm)	小接缝张开量(0~4 mm)
Δ_g/mm	0~16	★	★★	★★★
S/mm	0~15	×	×	★
	15~37	★★★	★★	★
θ_+($\times10^{-3}$ rad)	0~90	★★	★★	★★★
	120~194	×	×	★
θ_-($\times10^{-3}$ rad)	0~12	★★	★★	★★★
	18~30	×	×	★

续表 5-3

	区间	影响程度		
		大接缝张开量 (10~16 mm)	中等接缝张开量 (4~10 mm)	小接缝张开量 (0~4 mm)
φ/(°) b/mm	40~70	×	★	★★
	45~52	×	★	★★
H_A (邵氏 A)	20~40	×	★	★
	60~80	★★	★★	★★★
μ_1	0.2~0.8	×	×	×
μ_2	0.2~0.8	×	×	×

注：★★★为明显；★★为一般；★为有限；×为不明显。

5.6　管片接缝双道密封垫防水能力计算模型框架

在前述章节中，已经基于用来解决材料大变形带来的网格畸变问题的“网格重划分”(mesh-to-mesh solution mapping，简称 MSM)技术和“流体压力渗透荷载”(fluid pressure penetration，简称 FPP)技术，对管片接缝处单道密封垫的防水能力计算模型及框架进行了一个较为系统的阐述，并进行了相应的算例验证和参数分析总结。

但随着城市化的不断发展，作为区域互联互通关键纽带的越江跨海盾构隧道工程已经逐渐成为社会研究和建设的重点。这类隧道往往有着大直径(>10 m)、高水压(>0.5 MPa)、超埋深等特点，这对盾构隧道的防水性能有着更高的要求，带来了不小的冲击和挑战。采用单道密封垫防水结构可能不足以抵御较高外水压的作用，往往需要采用比较稳妥的双道密封垫防水结构，但现有与双道密封垫防水结构相关的数值模拟研究较少，多为仅考虑单道密封垫防水结构的渗漏模拟，且模拟方法较为复杂困难、计算成本高昂。

为此，本节将基于前述章节提出的管片接缝单道密封垫防水能力计算模型，提出一套可应用至双道密封垫防水结构的计算框架，并与相关防水试验数据进行对比验证，确保能够较为准确地模拟双道密封垫防水失效的全过程，得出不同变形工况下管片接缝的整体防水能力值。

5.6.1 计算框架

一般来说，对于普通的小型交通盾构隧道，如城市地铁等，因其埋深较浅，所需抵挡的水压较小，采用单道密封垫防水即可。但对于越江跨海盾构隧道而言，其一般需承受超高水压的作用，若采用单道密封垫，当管片在外部荷载作用下出现张开(包括纯张开和转角)和错位等接缝变形时，外道密封垫的防水能力将被削弱，水流击穿外道密封垫后便出现防水失效。因此，越来越多的大型越江跨海盾构隧道开始采用双道密封垫的接缝防水形式，采用双道密封垫防水结构不仅多一道防线，能够在接缝发生转角变形时保证至少有一侧密封垫是受到有利挤压的，相较于单侧密封垫防水能够较大提高接缝总体防水能力，还能在外道密封垫发生渗水后改善外道密封垫的受力状态，由单侧水压作用转为双侧水压同时作用，能够提高外道密封垫的防水性能，如图 5-27 所示。

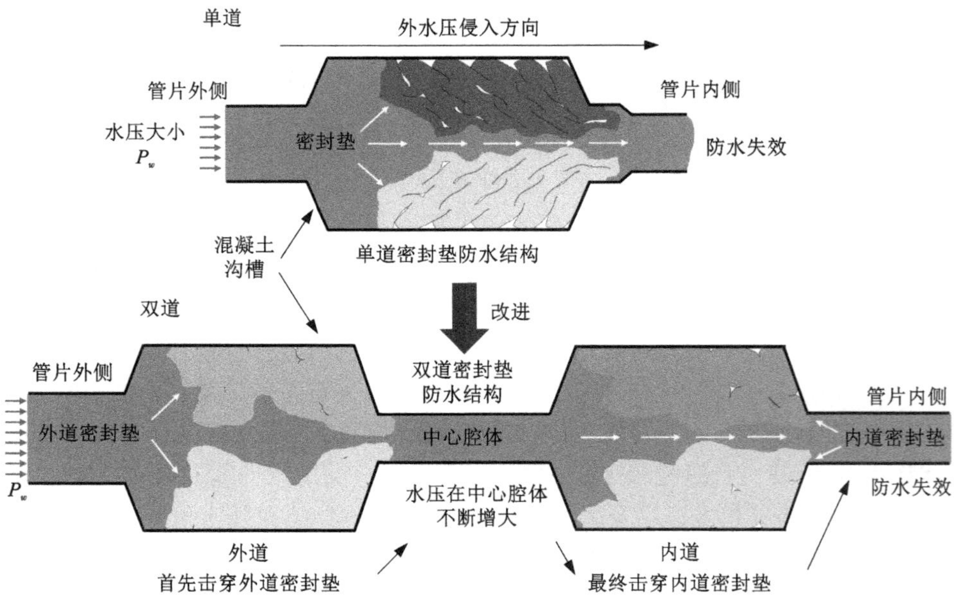

图 5-27　盾构隧道管片接缝处双道密封垫防水结构与单道密封垫防水结构的对比示意图

双道密封垫防水结构最终发生渗漏时一共击穿了两道密封垫：外道密封垫和内道密封垫。其基本过程是外侧水压先击穿外道密封垫，此时的击穿过程是外道密封垫仅受到单侧水压作用，因为中心腔体此时是无水状态，当发生第一次击穿时，中心腔体开始涌入水体，待中心腔体填满水后，开始逐步有水压的提升，最终中心腔体水压会与外侧单侧击穿水压接近，在中心腔体水压逐步提升的过程中，外道密封垫从单侧受水压状态转变为双侧受水压状态，其接触应力会有所提升，可能会导致再一次密封（即第二次密封）的形成，此时外道密封垫的二次击穿水压会比一次击穿水压更高，即使有第二次密封的效果，但此时已经发生了渗漏，中心腔体中依旧存在水，且随着外侧水压的进一步增加，中心腔体水压也会随之增加，直至中心腔体水压升至内道密封垫防水阈值水压，才会发生真正意义上的双道密封垫防水结构的彻底失效。双道密封垫防水失效过程中外道密封垫的受压状态变化情况如图 5-28 所示。

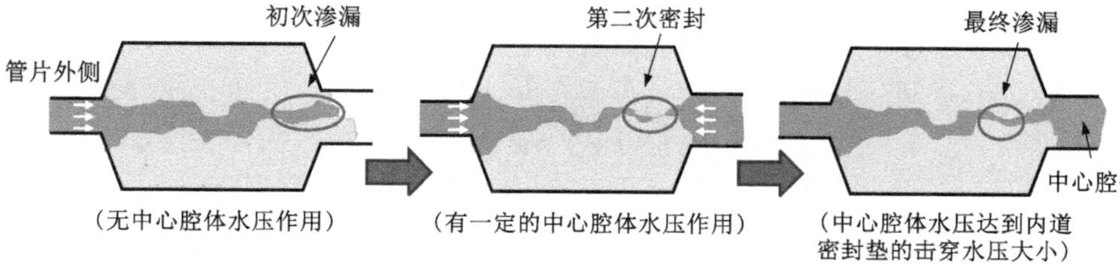

图 5-28　双道密封垫防水失效过程中外道密封垫的受压状态变化情况

因此，整体的双道密封垫是否会发生渗漏其实取决于内道密封垫能否抵挡中心腔体的水压（因为其是最后一道防线）。在进行双道密封垫模拟时，第一步需要找到内道密封垫的击穿水压大小 P_{wi}，因为内道密封垫在模拟过程中仅有一种受力情况，即单侧受水压作用。所以，在得到内道密封垫的单侧击穿水压以后，就可以判断中心腔体水压达到多高时就会发生内道密封垫击穿的情况。

得到内道密封垫的单侧击穿水压以后，再通过模拟得到外道密封垫的单侧击穿水压大小 P_{we}，比较外道密封垫的单侧击穿水压 P_{we} 与内道密封垫的击穿水压 P_{wi} 的大小。如果 $P_{we}>P_{wi}$，即在外侧水压达到 P_{we} 时，外道密封垫会被水压击穿，紧接着，中心腔体开始涌入外侧水，按理想情况来说，中心腔体的水压会逐渐增加到与外侧水压相同，但由于内道密封垫的单侧击穿水压 P_{wi} 小于外道密封垫的单侧击穿水压 P_{we}，即在中心腔体水压达到 P_{wi} 时，双道密封垫失效，此时需要计算外道密封垫在双侧受水压（内侧水压为 P_{wi}）情况下的外道击穿水压 P_{we1}，该水压即为双道密封垫的防水能力。

如果 $P_{we}=P_{wi}$，则当外侧水压达到 P_{we} 时，外道密封垫会被水压击穿，随后中心腔体开始涌入外侧水，当水填满中心腔体以后，中心腔体水压会开始逐步增加，由于外道密封垫受双侧水压作用，其防水能力会进一步提升，可能会再一次密封成功，这时外道密封垫的二次击穿水压较一次击穿水压 P_{we} 大，理想情况下，当中心腔体水压达到 P_{wi} 时，内道密封垫被水压击穿，双道密封失效，此时外道密封垫受到来自中心腔体的 P_{wi} 水压作用，计算外道密封垫在双侧受水压（内侧

水压为 P_{wi}）情况下的外道击穿水压 P_{we2}，该水压即为此情况下的双道密封垫的防水能力。

如果 $P_{we}<P_{wi}$，即中心腔体水压增长至与外道密封垫单侧击穿水压相同时，内道密封垫还未被击穿，则此时外侧水压还能继续增加，直至中心腔体水压达到 P_{wi} 时，内道密封垫才会发生击穿渗漏，因此需要计算外道密封垫在双侧受水压（内侧水压为 P_{wi}）情况下的外道击穿水压 P_{we3}，该水压即为双道密封垫的防水能力，详细的计算框架流程如图 5-29 所示。

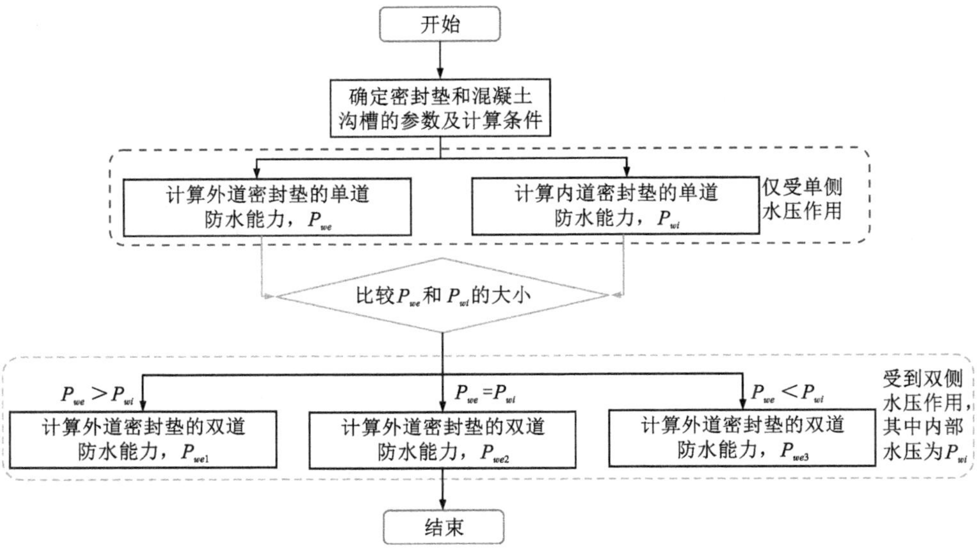

图 5-29　双道密封垫防水能力计算模型框架流程图

需要注意的是，内道密封垫的击穿水压可以直接使用前述的单道密封垫防水能力计算框架计算得出，因为其自始至终仅会受到来自中心腔体水压的单侧作用，但外道密封垫在最开始仅受到外水压的作用，但当外水压彻底击穿外道密封垫后，中心腔体水压开始逐渐增大，反作用于外道密封垫内侧，因此在进行双道模拟时，需要提取外道密封垫单道击穿时模拟结果的变形体，进行网格重划分，并以此为初始分析部件，施加中心腔体水压后再施加外水压的穿透作用，为了还原真实的水压击穿过程，外道密封垫的模拟顺序不可颠倒。

5.6.2　对比验证

为了验证所提出计算框架在准确模拟双道密封垫渗漏过程中的有效性，将模拟结果与防水试验数据进行了比较。双道密封垫防水试验中使用的内、外道密封垫截面组合型式的具体配置如图 5-30 所示，双道密封垫组合型式的防水试验共涉及 16 种工况，具体防水试验工况和结果详见表 5-4。

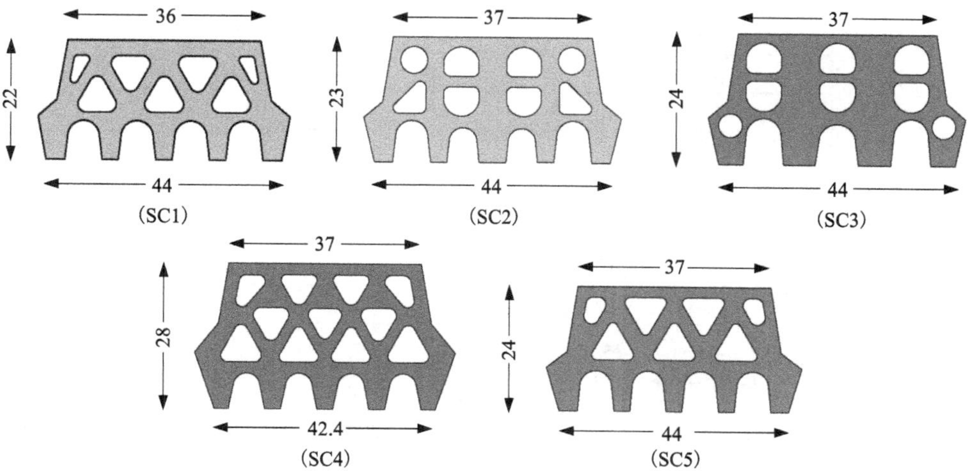

(a) 各个单道密封垫的截面型式

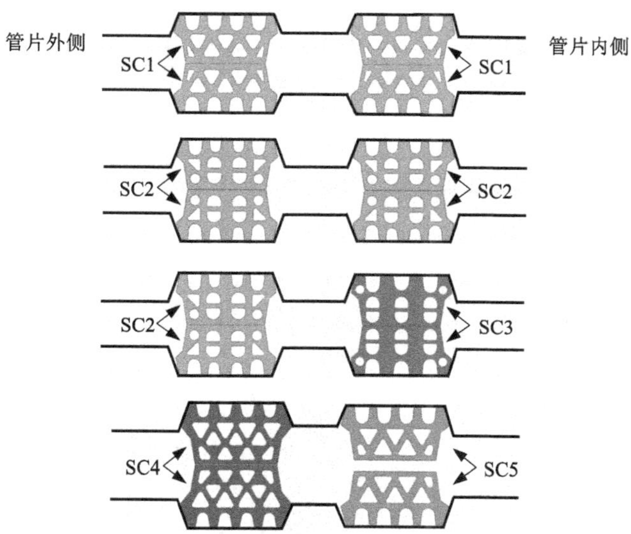

(b) 双道密封垫组合型式

图 5-30　用于对比验证双道密封垫渗漏模拟结果的防水试验中使用的内道和外道密封垫(单位：mm)

表 5-4　双道密封垫防水试验工况及结果

组合型式	工况	张开量 /mm	错位量 /mm	防水试验结果 /MPa	参考文献
SC1-SC1	1	6	0	2.61	[85]
	2	8	0	2.06	
	3	10	0	1.60	
	4	6	15	1.95	
	5	8	15	1.52	
	6	10	15	1.03	
SC2-SC2	7	8	15	2.20	[86]
	8	10	15	1.50	
	9	12	15	1.00	
SC2-SC3	10	8	15	2.30	
	11	10	15	1.60	
	12	12	15	1.00	
SC4-SC5	13	8	0	5.30	[87]
	14	10	0	4.60	
	15	8	15	3.40	
	16	10	15	2.90	

注：表达式“SC1-SC1”从左至右分别表示双道密封垫中的外道密封垫截面形式和内道密封垫截面形式。

需要注意的是，内道密封垫的渗漏水压可以通过原始的 MSM+FPP 方法直接计算得出，因为内道密封垫始终只承受来自中心腔体的水压的作用。然而，对于外道密封垫来说，情况就不同了。最初，外道密封垫只受到来自外部水压力的作用。然而，一旦被首次击穿以后，中央腔体内的水压会逐渐增加，并反作用于外道密封垫的内侧。因此，在使用 MSM+FPP 方法进行双道密封垫的模拟时，必须首先从外道密封垫的单道渗漏模拟中提取出其最终的渗漏变形情况，然后使用 MSM 技术对其进行重新网格划分，并考虑中心腔体的水压作用(采用值为内道密封垫的单道渗漏水压大小的静力作用于外道密封垫的内侧)，随后再重新施加外部水压荷载进行二次渗漏模拟。为了准确地还原双道密封垫的真实渗漏过程，外道密封垫的模拟顺序不能颠倒。按照上述模拟原则，成功地模拟了表 5-4 中的所有双道密封垫防水工况。渗漏的模拟结果如图 5-31～图 5-37 所示。需要说明的是，图 5-31～图 5-33 仅为双道密封垫在发生最终渗漏时的外道密封垫被水压击穿失效时的模拟结果图；图 5-34～图 5-37 分别为 SC1 截面密封垫、SC2 和 SC3 截面密封垫、SC4 截面密封垫及 SC5 截面密封垫的单道渗漏模拟结果。

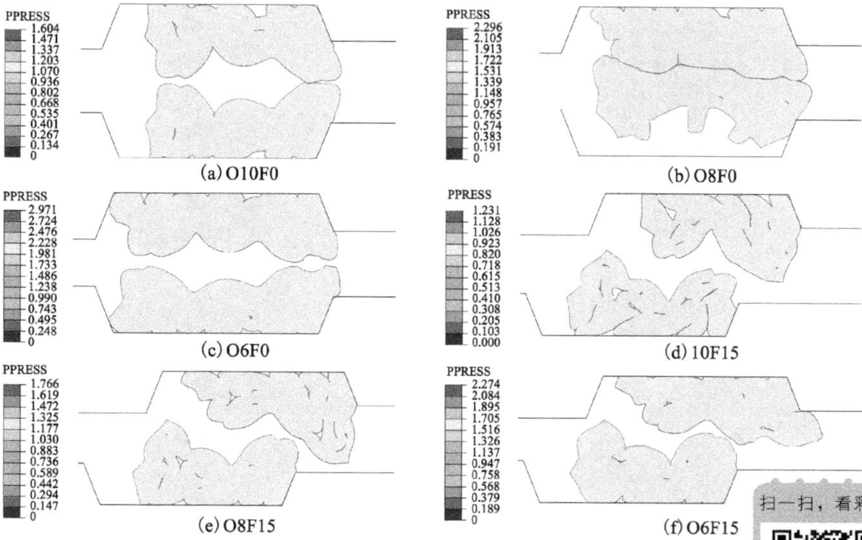

注：为简化表达，“O”表示密封垫的张开量，“F”表示密封垫的错位量。下同。

图 5-31　SC1-SC1 组合型式双道密封垫的模拟结果（仅显示外道密封垫）（单位：MPa）

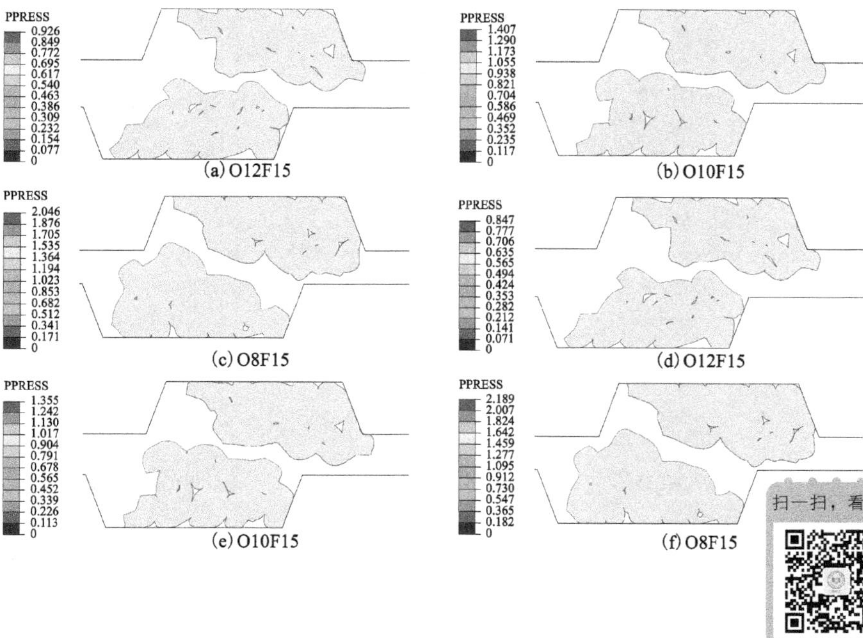

图 5-32　SC2-SC2 组合型式双道密封垫的模拟结果
及 SC2-SC3 组合型式双道密封垫的模拟结果（单位：MPa）

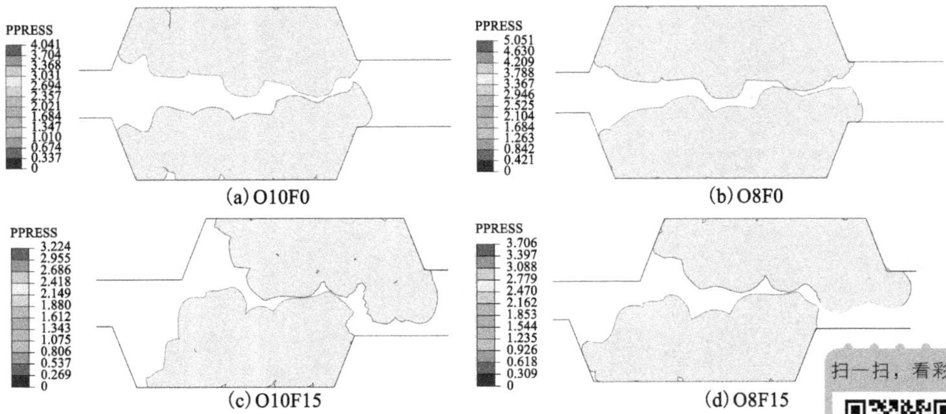

扫一扫，看彩图

图 5-33　SC4-SC5 组合型式双道密封垫的模拟结果(单位：MPa)

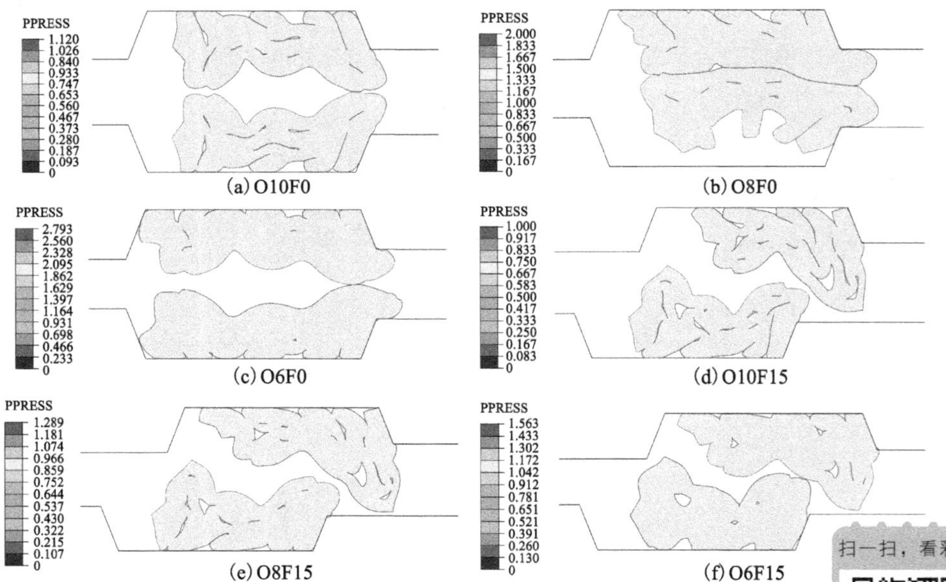

扫一扫，看彩图

图 5-34　SC1 截面型式密封垫单道渗漏模拟的结果(单位：MPa)

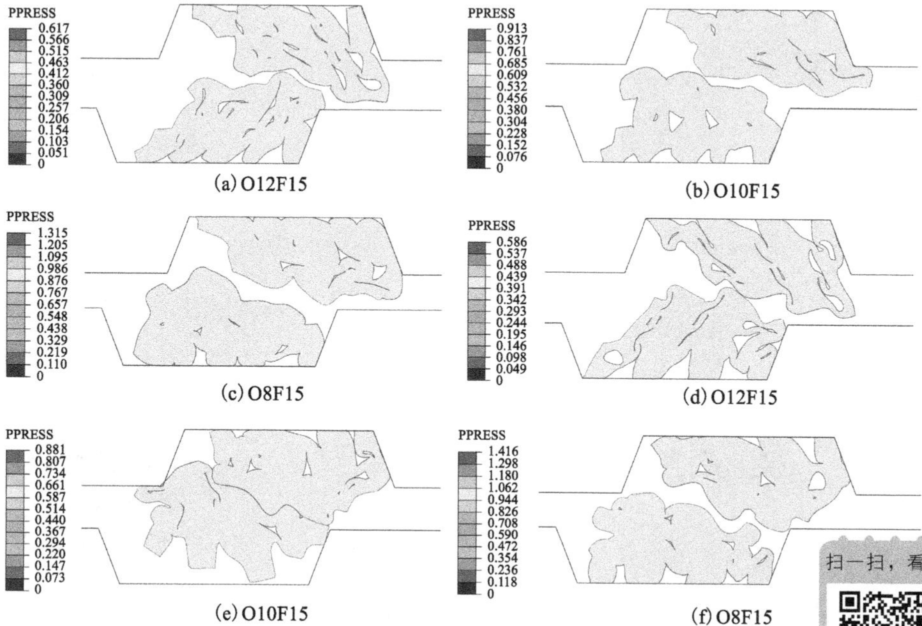

扫一扫，看彩图

图 5-35　SC2 截面形式单道密封垫渗漏的模拟结果及 SC3 截面形式单道密封垫渗漏的模拟结果(单位：MPa)

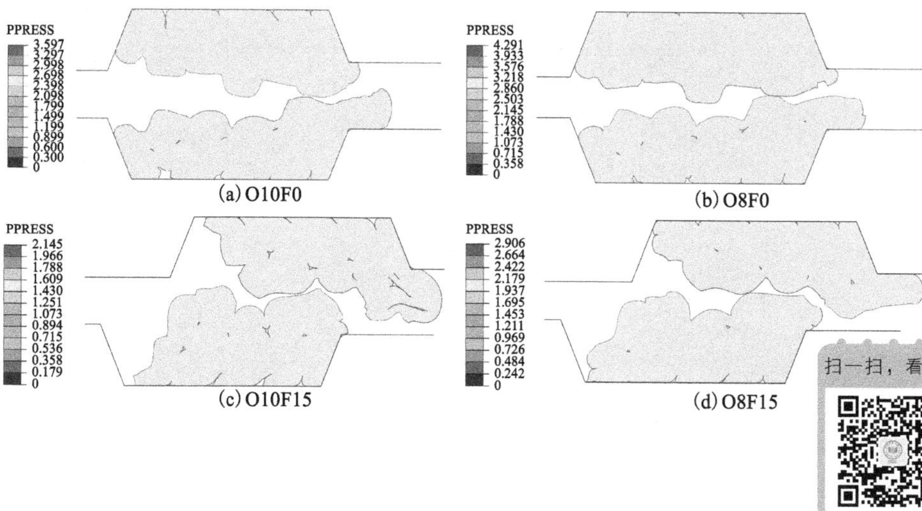

扫一扫，看彩图

图 5-36　SC4 截面形式单道密封垫渗漏的模拟结果(单位：MPa)

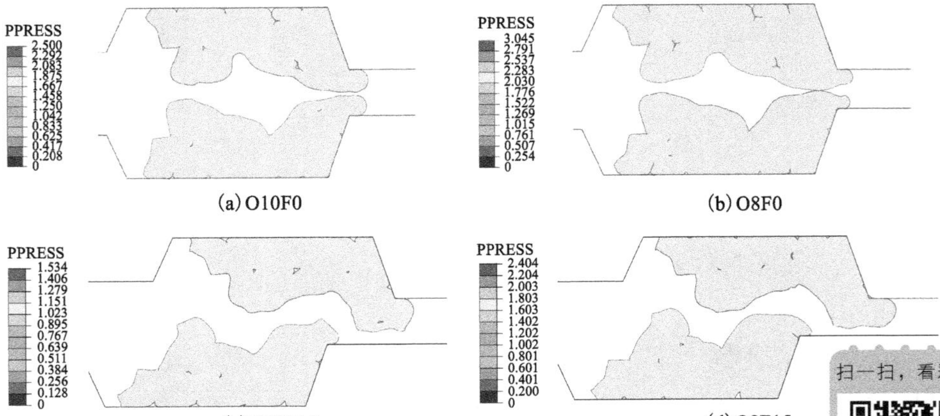

(a) O10F0　(b) O8F0

(c) O10F15　(d) O8F15

扫一扫，看彩图

图 5-37　SC5 截面形式单道密封垫渗漏的模拟结果(单位：MPa)

将采用前述提出的计算框架得到的双道密封垫的模拟结果与防水试验数据进行对比，发现误差值均小于20%，如图 5-38 所示。部分误差值很低，最小误差值可达 0.25%，大部分误差值都小于 10%，这表明了所提出计算框架的可行性及其在准确评估双道密封垫防水性能方面的有效性。

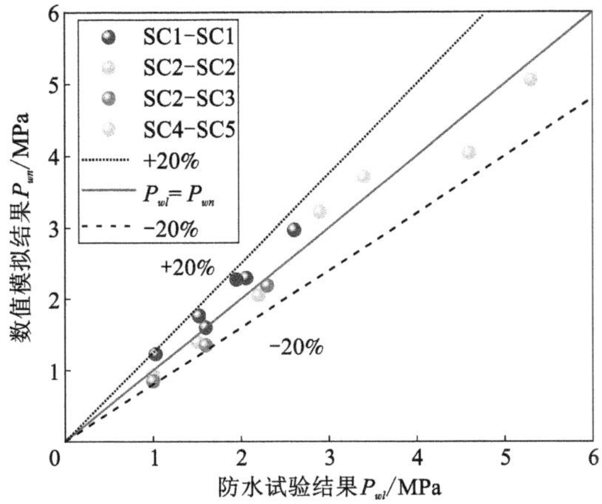

图 5-38　数值模拟结果与防水试验结果的对比

5.6.3　防水增强效应

为了更加深入地分析双道密封垫与单道密封垫之间防水性能的差异，将双道密封垫的模拟结果与单道密封垫的模拟结果进行对比分析。表 5-5 为单道密封垫渗漏模拟结果。

表 5-5　单道密封垫渗漏模拟结果

密封垫截面形式	张开量/mm	错位量/mm	模拟结果/MPa
SC1	6	0	2.793
	8	0	2.00
	10	0	1.12
	6	15	1.563
	8	15	1.289
	10	15	1.00
SC2	8	15	1.315
	10	15	0.913
	12	15	0.617
SC3	8	15	1.416
	10	15	0.881
	12	15	0.586
SC4	8	0	4.291
	10	0	3.597
	8	15	2.906
	10	15	2.145
SC5	8	0	3.045
	10	0	2.500
	8	15	2.404
	10	15	1.534

模拟结果清楚地表明，虽然与单道密封垫相比，不同双道密封垫组合型式对防水能力的增强有所不同，但总体而言，双道密封垫的防水能力都相比于单道密封垫有所提高。

以表 5-4 中的工况 13(张开量为 8 mm、错位量为 0 mm 的 SC4 截面形式的外道密封垫)为例，分析在没有中心腔体水压作用的单道密封垫和有中心腔体水压

(3.05 MPa)作用(由于 SC5 密封垫的单道渗漏水压为 3.05 MPa)的双道密封垫之间的最大接触应力随外部水压增加的变化，如图 5-39 所示。值得注意的是，外道密封垫最初被击穿时的水压值为 4.291 MPa。然后，在中心腔体水压的影响下，外道密封垫被二次密封，最终外道密封垫的击穿渗漏需要 5.051 MPa 的更高水压。

在渗漏模拟过程中，承受中心腔体水压作用的外道密封垫之间的最大接触应力始终大于没有承受中心腔体水压作用的外道密封垫。这种差异在外部水压较低时尤为明显，并随着外部水压的增加而逐渐减小。因此，在双道密封垫的防水结构设计中，中心腔内的水压明显增大了外道密封垫之间的整体接触应力，从而提高了双道密封垫的整体防水能力。

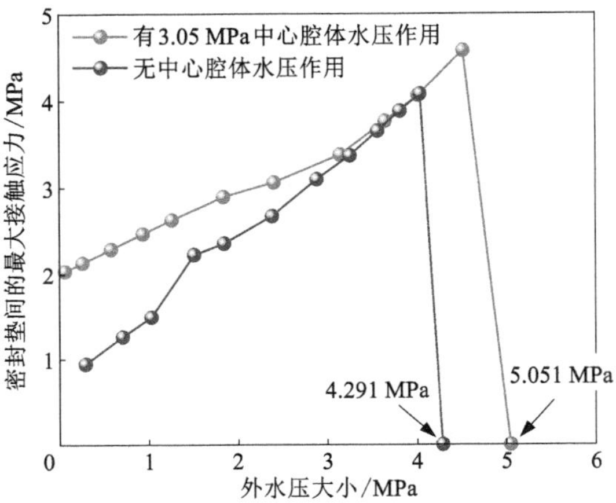

图 5-39　有无中心腔体水压作用的外道密封垫之间的最大接触应力变化情况

事实上，观察到的上述增强效应在理论上是有依据的。SHALABI(2016)[20]提出了弹性密封垫片防水失效的概念模型，如图 5-40 所示。

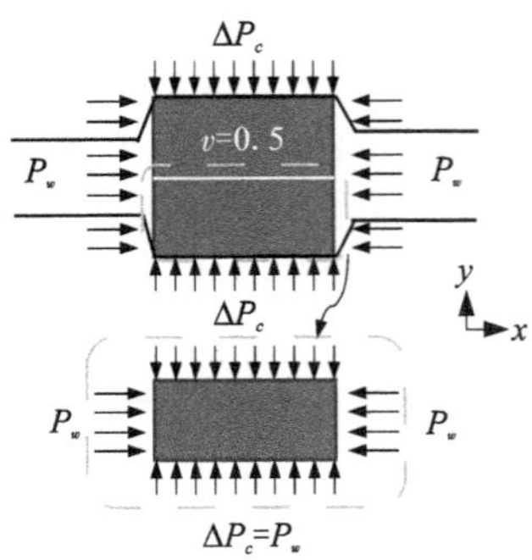

图 5-40　理想实心密封垫断面解析模型

根据弹性理论，在双向限位的情况下，y 轴和 z 轴方向的应变应为 0，如式(5.2)、式(5.3)所示：

$$\Delta\varepsilon_y=\frac{1}{E_g}[\Delta\sigma_y-v(\Delta\sigma_x+\Delta\sigma_z)]=0 \qquad (5.2)$$

$$\Delta\varepsilon_z=\frac{1}{E_g}[\Delta\sigma_z-v(\Delta\sigma_y+\Delta\sigma_x)]=0 \qquad (5.3)$$

式中：$\Delta\sigma_x$、$\Delta\sigma_y$、$\Delta\sigma_z$ 分别表示密封垫在 x 轴、y 轴、z 轴方向上的应力增量；$\Delta\varepsilon_y$

和 $\Delta\varepsilon_z$ 分别表示密封垫在 y 轴和 z 轴方向上的应变增量；E_g 表示密封垫的弹性模量；v 表示密封垫片的泊松比。

由式(5.2)和式(5.3)可以得到式(5.4)：

$$\Delta\sigma_y=\frac{v}{1-v}\Delta P_w \tag{5.4}$$

因此，侧向水压对密封垫接触应力的增量可按式(5.5)计算：

$$\Delta P_c=\frac{v}{1-v}\Delta P_w \tag{5.5}$$

弹性密封垫大多由橡胶制成，橡胶被认为是一种不可压缩的材料。其泊松比约为 0.5[74]。对于如图 5-40 所示的实心密封垫，泊松比取 0.5。将此值代入式(5.5)，可以得到式(5.6)：

$$\Delta P_c=\Delta P_w \tag{5.6}$$

因此，双道密封垫防水性能的增强主要考虑了中心腔体的水压作用。在整个泄漏过程中，外道密封垫从受一侧的单边水压作用过渡到受两侧的双边水压同时作用，导致密封垫之间的界面及密封垫与混凝土沟槽之间的界面的接触应力值增加，如图 5-41 所示，P_m 和 ΔP_m 分别表示由外道密封垫渗漏而在外道密封垫和内道密封垫之间的中心空腔内产生的水压大小和由中心空腔内产生的水压挤压外道密封垫和内道密封垫造成的接触应力的增量。外道密封垫由增强的接触应力导致防水能力逐渐恢复，后续突破需要比首次突破更高的水压。

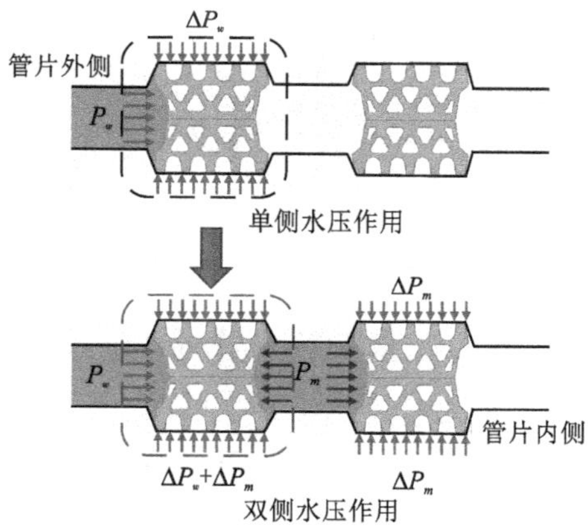

图 5-41　双道密封垫的防水增强机制

需要注意的是，在实际工程中，密封垫的孔洞使得橡胶密封垫的泊松比小于 0.5，且在密封垫受压以及受侧向水压作用变形后，泊松比也会产生变化。因此，接触应力 ΔP_c 的增加小于侧向水力 ΔP_w 的增加。此外，接触应力的增加并不一定等于防水能力的增加。因此，侧向水压对密封垫片防水性能提高的具体定量影响仍不确定。然而，大量的试验和模拟结果表明，双道密封垫防水性能的提高与中心腔内的水压有关，且这种提高在一定范围内波动。两者的关系如式(5.7)所示：

$$\Delta P_{wl}=D_cP_{wc}(0.1\leqslant D_c\leqslant 0.6) \tag{5.7}$$

式中：ΔP_{wl} 为双道密封垫相较于单道密封垫的防水能力增长值；D_c 为双道密封垫

的密封增长系数；P_{wc} 为中心空腔水压。

双道密封垫的密封增长系数取决于与外道密封垫有关的各种因素(如密封垫截面形式、接头的变形状态和混凝土沟槽的几何形状等)。图 5-42 显示了表 5-4 中 16 种双道密封垫工况下的 D_c 值。对于无错位和错位量为 15 mm 的场景，双道密封垫的密封增长系数的下限和上限分别接近 0.1 和 0.6。

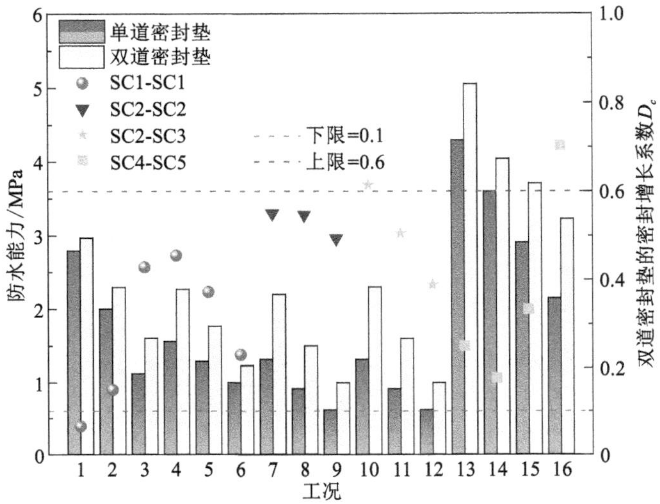

图 5-42　16 种双道密封垫组合工况下的密封增长系数

因此，在考虑双道密封垫防水结构时，可以先计算出单道密封垫的防水能力，然后利用式(5.7)初步估算双道密封垫相较于单道密封垫的防水能力增长值，从而初步预估出双道密封垫的防水能力范围。

5.7　本章小结

本章在第 4 章简化有限元模型的基础上，建立了可考虑接触面渐进张开过程的盾构隧道接缝单道密封垫防水能力精细化有限元计算模型，该模型使用 ABAQUS/Standard 隐式模块作为求解器，采用 Mooney-Rivlin 两参数模型模拟橡胶密封垫的超弹性材料特性，提出一种基于内嵌式“网格间的求解变换”技术的网格重划算法，解决了大变形求解过程中的数值收敛性问题，最后使用内嵌式“流体压力渗透荷载”技术再现水压渗入导致的接触面的渐进张开直至脱离发生渗漏的全过程。

模型的验证依托于两个数值算例。算例 1 是模拟弹性密封垫的力学压缩过程，相较于不考虑网格重划的隐式模型，由网格畸变导致的无法得到收敛解，精细模型可以完整再现压缩全过程，计算结果和试验数据吻合良好，证明了提出的网格重划算法的数值稳定性；另一方面，对比显式模型的接触应力模拟结果，精细模型和显式模型的模拟精度的差异在±10%以内，表明了精细模型的准确性。算例 2 是模拟接缝渗漏过程，对比无错位工况和错位工况的试验结果，0 mm 无错位工况下的试验渗漏水压和计算渗漏水压的比值为 1.098，标准差为 0.099，15 mm 错位工况下的试验渗漏水压和计算渗漏水压的比值为 1.089，标准差为 0.076，验证了精细模型在不同接缝变形状态下渗漏水压的计算的准确性，表明其是一种强有力的预测接缝防水能力的数值工具。

利用精细有限元计算模型，对影响接缝防水性能的主要参数开展了参数敏感性分析，发现接缝张开量的减小可增强接缝防水性能，且张开量较小时增强效应更为显著；接缝错位量对渗漏水压的影响较为复杂，且和接缝张开量相关联，当接缝张开量较大时，较大的接缝错位量使得接缝防水性能下降，但当接缝张开量处于较小区间时，接缝错位量对接缝防水性能的影响不显著；接缝正、负张开角的减小可增强接缝防水性能，且张开角较小时增强效应更为明显；在满足密封垫可压缩进沟槽的前提下，沟槽侧边角度的增大可提高接缝防水性能，沟槽底部宽度的减小可提高接缝的防水性能；密封垫硬度的增加可明显提高接缝防水性能，而密封垫-沟槽接触面摩擦系数和密封垫-密封垫接触面摩擦系数对接缝防水性能的影响很小，可以忽略不计。

考虑到提出的 MSM+FPP 方法有仅适用于单道密封垫渗漏模拟的局限性，针对双道密封垫防水能力提出了一套完善的计算模型框架，通过模拟外道密封垫在不同受压条件下的击穿过程，并结合内道密封垫的联合作用，再现了双道密封垫防水失效的全过程。然后，开展了 4 种双道密封垫组合型式(共 16 种工况)的数值模拟计算，并与防水试验数据进行对比，误差均低于 20%，其中大部分工况的误差小于 10%，充分验证了模型框架的准确性与可靠性。研究表明，双道密封垫相较于单道密封垫在防水性能上具有显著优势，这种增强效应主要源于中心腔体水压的引入，外道密封垫的接触应力显著增加，形成二次密封。该计算框架为研究盾构隧道管片接缝双道密封垫在任意变形条件下的渗漏机理和防水性能提供了一种新的方法，为越江跨海盾构隧道防水结构设计奠定了坚实基础。

第 6 章　盾构隧道接缝密封垫精细化设计方法

6.1　概述

某越江盾构隧道接缝密封垫的设计选型，需要综合考虑隧道运营阶段的防水性能和施工阶段的密封垫可拼装性能。本章在模型试验研究、防水密封性态、张开渗漏机理和精细计算模型的基础上，提出了盾构隧道接缝弹性密封垫的精细化设计方法。设计主要解决两个核心问题：一是盾构隧道在运营阶段的接缝渗漏水问题，二是钢筋混凝土管片在施工阶段的角部崩裂问题。本章总结接缝短期和长期防水密封性能要求，以及弹性密封垫的可拼装性能要求，以流程图的形式建立基于上述性能指标的盾构隧道接缝弹性密封垫设计方法；之后，依托某越江盾构隧道的工程案例，详细论述了提出设计方法的应用步骤。

6.2　精细化设计方法的核心步骤

图 6-1 为盾构隧道接缝弹性密封垫的精细化设计流程图。该流程由 6 个核心步骤组成：设计准则的确定，密封垫沟槽尺寸的确定，密封垫的初始设计，密封垫的试验评价，混凝土沟槽抗剪切承载力的校核，直至接缝长期防水密封能力的预测。

步骤 1：设计准则的确定

如前所述，接缝防水密封的设计内容由两部分构成：一是密封垫沟槽的尺寸设计，二是弹性密封垫断面选型和硬度确定。

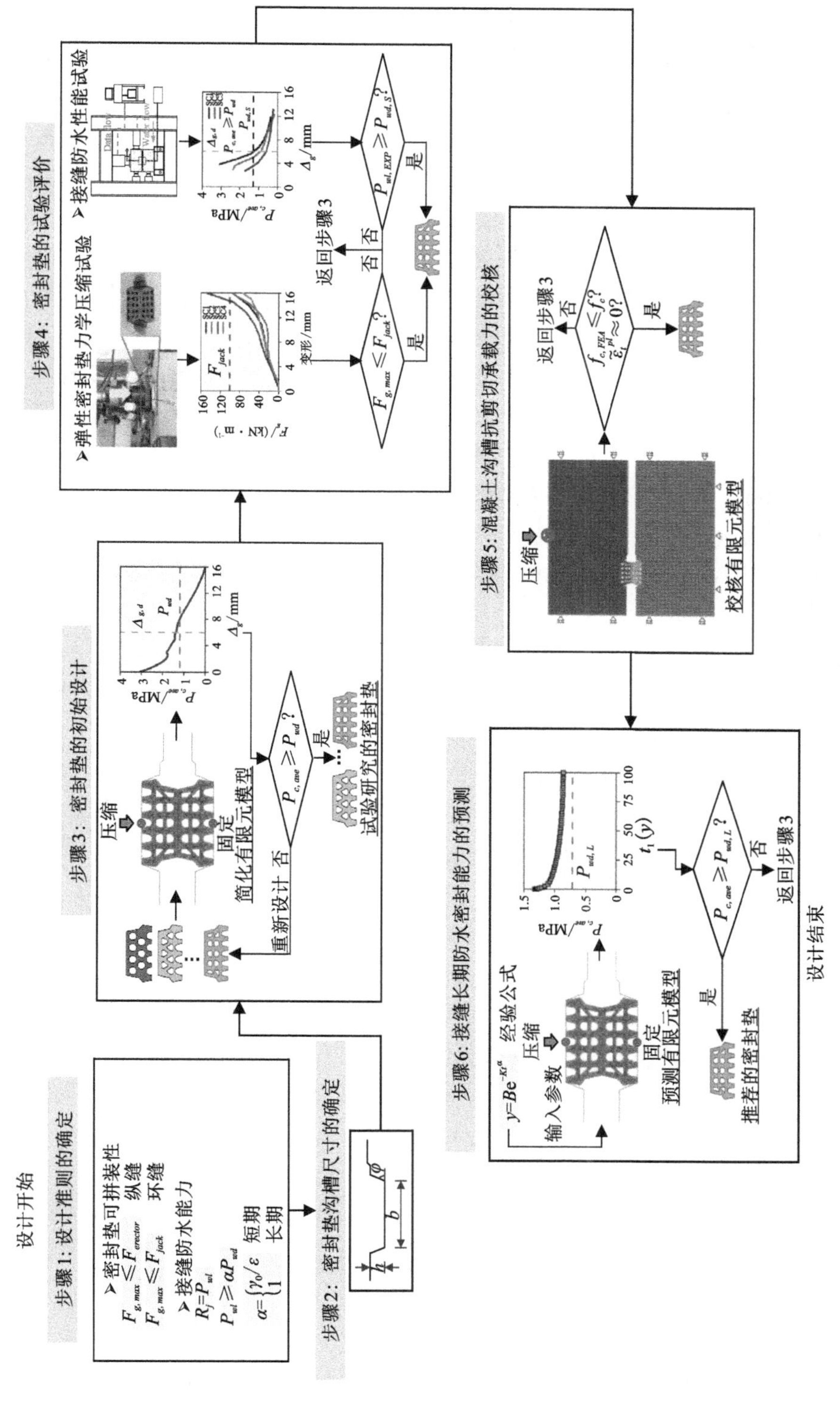

图 6-1　盾构隧道接缝弹性密封垫精细化设计流程图

对于第一项设计内容，一个合理的沟槽设计应保证在隧道接缝闭合过程中弹性密封垫产生的闭合压缩力不会导致混凝土沟槽的开裂和剪切破坏。根据不同种类接缝的拼装方法，纵缝和环缝相应的设计准则如式(6.1)和式(6.2)所示：

$$F_{g,\ max} \leqslant F_{erector} \tag{6.1}$$

$$F_{g,\ max} \leqslant F_{jack} \tag{6.2}$$

式中：$F_{g,\ max}$ 为弹性密封垫的最大闭合压缩力；$F_{erector}$ 为管片拼装机的拼装能力；F_{jack} 为盾构机千斤顶的拼装能力。根据颁布的《盾构隧道工程设计标准》(GB/T 51438—2021)，鉴于管片拼装机的拼装能力往往小于盾构机千斤顶的拼装能力，为简化起见，弹性密封垫的可拼装性由环缝控制。需要说明的是，不论是考虑纵缝和环缝的拼装性，还是仅考虑环缝的拼装性，当确定弹性密封垫的断面结构和硬度后，均会进行有限元承载力校核计算，以确保沟槽的抗裂性和完整性。

对于第二项设计内容，一个合理的密封垫设计应保证接缝在隧道使用周期内，在最不利的接缝变形模式下(接缝张开和接缝错位)，承受设计水压而不发生渗漏现象。其中，接缝张开量的防水密封设计值($\Delta_{g,\ d}$)和接缝错位量的防水密封设计值(S_d)可由经验公式确定，也可参考类似工程确定。接缝的防水能力(R_j)等于接缝发生渗漏时的渗漏水压(P_{wl})。具体的表达式如下：

$$R_j = P_{wl} \tag{6.3}$$

$$P_{wl} \geqslant \alpha P_{wd} \tag{6.4}$$

式中：P_{wd} 为理论设计水压；α 为安全系数。

理论设计水压可由式(6.5)计算得到：

$$P_{wd} = \gamma_w H_{w,\ \max} \tag{6.5}$$

式中：γ_w 为水自重；$H_{w,\ \max}$ 为最大水头高度。

鉴于隧道的设计使用年限大多为 100 年，安全系数进一步细分为“短期”和“长期”两部分，如式(6.6)和式(6.7)所示：

$$\alpha = \gamma_0 / \varepsilon \tag{6.6}$$

$$\alpha = \gamma_0 \tag{6.7}$$

式中：γ_0 为荷载分项系数；ε 为橡胶材料的老化系数。

综合式(6.5)~式(6.7)，可以计算得到短期防水要求($P_{wd,\ S}$)和长期防水要求($P_{wd,\ L}$)的量值。

步骤 2：密封垫沟槽尺寸的确定

由图 5-15(e)密封垫沟槽示意图，可以看出沟槽主要的关键参数包含侧边角度(φ)、底部宽度(b)和沟槽深度(h)。上述参数的量值可以参考类似工程初步确定。

步骤 3：密封垫的初始设计

密封垫的初始设计包括断面构造和硬度两部分。密封垫断面构造首先应和步骤 2 中确定的沟槽相匹配，保证密封垫可以被完全压入沟槽内，避免密封垫的高度或宽度过大导致压缩不充分，或是密封垫的高度或宽度过小导致欠压缩。《盾构隧道工程设计标准》建议密封垫沟槽的截面积介于密封垫截面积的 1～1.5 倍。当密封垫的初始设计完成后，建立简化有限元模型（简化模型介绍参见后续章节）计算的密封垫-密封垫接触面的平均接触应力（$P_{c,\ ave}$）和接缝张开量（Δ_g）的关系曲线，挑选出接缝设计张开量（$\Delta_{g,\ d}$）对应的平均接触应力不小于理论设计水压的密封垫进行试验研究，筛选准则如下：

$$P_{c,\ ave} \geqslant P_{wd} \tag{6.8}$$

步骤 4：密封垫的试验评价

本步骤的试验评价包含密封垫的可拼装性能和接缝的短期防水密封性能两部分。第一部分通过开展弹性密封垫力学压缩试验，得到密封垫的最大闭合压缩力，其量值应小于千斤顶的拼装能力，设计准则如式（6.2）所示。第二部分通过开展接缝防水性能试验，得到未老化密封垫在设计接缝张开量和设计接缝错位量下的渗漏水压，其量值应不小于短期设计水压，判断准则如下式：

$$P_{wl,\ EXP} \geqslant P_{wd,\ S} \tag{6.9}$$

需要说明的是，若步骤 4 中的所有密封垫未同时满足式（6.2）和式（6.9）的设计准则，返回步骤 3 重新进行密封垫的初始设计。

步骤 5：混凝土沟槽抗剪切承载力的校核

密封垫的闭合压缩力取决于多个因素，比如密封垫的材质硬度、密封垫断面构造、和沟槽的贴合程度、密封垫的压缩程度等。密封垫沟槽设置于管片接缝靠近外弧面处，该区域空间狭小，较难配置钢筋进行局部加强。因此，沟槽的抗剪切能力主要由素混凝土的强度决定。如前所述，闭合压缩力是一个由多因素共同作用的复杂变量，很难由某一特定的量值（比如千斤顶的拼装能力）量化确定。因此，本节通过有限元校核模型的数值计算来预测混凝土沟槽在特定密封垫压缩过程中的抗剪性能（校核模型介绍参见后续章节）。该模型使用混凝土损伤塑性模型（concrete damage plasticity model，CDP 模型），该模型是一个基于塑性的连续介质损伤模型，在单向加载、循环加载及动态加载等多重加载路径下具有良好的计算精度和计算效率[88-89]。

沟槽抗剪切承载力的校核准则有两条：

一是计算的混凝土最大压应力（$f_{c,\ FEA}$）不超过混凝土设计抗压强度（f_c），即

$$f_{c,\ FEA} \leqslant f_c \tag{6.10}$$

二是混凝土拉伸等效塑性应变（$\tilde{\varepsilon}_t^{pl}$）约为零，即

$$\tilde{\varepsilon}_t^{pl} \approx 0 \tag{6.11}$$

根据 ABAQUS 用户手册，混凝土裂缝的最初扩展发生于拉伸等效塑性应变大于零的区域。

需要说明的是，若步骤 5 中的所有密封垫未同时满足式(6.10)和式(6.11)的校核准则，返回步骤 3 重新进行密封垫的初始设计。当然，从理论上说，沟槽发生剪切破坏也可能是由沟槽尺寸设计不合理导致的，不过，本设计方法要解决的核心问题是弹性密封垫的选型，因此沟槽的设计是否精细合理，不在考虑的重点之中。

步骤 6：接缝长期防水密封能力的预测

密封垫在隧道接缝中的密封属于静态密封的范畴[90]。从本质上讲，密封垫在接缝中处于压缩受限状态，相应地，密封垫有着闭合压缩力，在各个接触面上有着接触应力。随着隧道服役年限的增长，橡胶材料的密封垫在特定的压缩状态下会发生应力松弛现象，即以热氧老化为主的物理过程导致的橡胶老化使得闭合压缩力和接触应力减小，当其不足以抵抗外水压的侵入时，渗漏发生。

本步骤的主要工作如下：首先参照《静密封橡胶零件贮存期快速测定方法》(HG/T 3087—2001)的规定，开展橡胶试样的人工加速老化试验，得到压缩应力松弛系数随老化时间的经验公式，在此基础上，建立有限元预测模型(预测模型介绍参见后续章节)，输入橡胶材料的时变参数，来刻画隧道使用周期内的密封垫老化特性，计算得到密封垫-密封垫接触面的平均接触应力($P_{c,\,ave}$)和隧道服役年限(t_1)的关系曲线，从而预测 100 年后的接缝长期防水密封能力。具体的判定准则为 100 年后的平均接触应力不小于长期设计水压，即

$$P_{c,\,ave} \geqslant P_{wl,\,L} \tag{6.12}$$

需要说明的是，本步骤中将接缝长期的防水密封能力(或渗漏水压)简化为接触面的平均接触应力。通过第 4 章中的密封机理分析可知，接缝防水能力等于初始接触应力和水压加载导致的附加接触应力之和，故该假设使得设计偏于安全。后续研究可基于第 5 章的精细模型，考虑密封垫的老化特性，建立全寿命周期内的接缝长期防水性能的精细有限元计算模型。

此外，若步骤 6 的所有密封垫未同时满足式(6.12)的设计准则，返回步骤 3 重新进行密封垫的初始设计。

6.3 工程应用

本节以某越江盾构隧道为例，详细论述盾构隧道管片接缝弹性密封垫精细化设计方法的应用过程，以期供类似的工程实践参考。

6.3.1 工程概况

依托工程的工程背景、衬砌结构设计细节、接缝防水构造及设计要求等内容，请参见 3.2 节，在此不予重复。

6.3.2 设计参数与准则

参照国内类似的大直径水下盾构法隧道，初步确定了密封垫沟槽的尺寸，如图 3-2 所示。依托工程的接缝防水密封设计参数具体如下：

(1)水的容重(γ_w)为 10 kN/m^3；

(2)最大水头高度($H_{w,\max}$)为 72 m；

(3)理论设计水压(P_{wd})为 0.72 MPa；

(4)荷载分项系数(γ_0)为 1.2；

(5)三元乙丙橡胶材料的老化系数(ε)为 0.65；

(6)短期防水要求($P_{wd,S}$)和长期防水要求($P_{wd,L}$)分为 1.30 MPa 和 0.86 MPa；

(7)接缝张开量的设计值($\Delta_{g,d}$)为 6 mm；

(8)接缝错位量的设计值(S_d)为 15 mm；

(9)盾构机千斤顶的拼装能力(F_{jack})为 100 kN/m。

接缝张开量和错位量的设计值的确定参考国内类似的大直径水下盾构法隧道的设计值，荷载分项系数的确定基于《盾构隧道工程设计标准》，三元乙丙橡胶材料的老化系数由密封垫供应商开展的实验确定。

相应地，某越江盾构隧道接缝弹性密封垫的设计性能准则为：

$$F_{g,\max} \leqslant 100 \tag{6.13}$$

$$P_{wl} \geqslant 1.3 \quad \text{短期防水要求} \tag{6.14}$$

$$P_{wl} \geqslant 0.86 \quad \text{长期防水要求} \tag{6.15}$$

6.3.3 有限元分析模型

本章建立了三种有限元模型，配合试验研究，来完成整个设计工作。三种有限元模型的技术特征见表 6-2。

在步骤 3 中，建立简化模型来确定进行试验研究的密封垫断面。简化模型基于 Abaqus/Explicit 显式模块进行求解，将管片沟槽简化为刚性体，密封垫用平面应变四边形单元离散，使用恒定材料参数的 Mooney-Rivlin 模型模拟密封垫超弹性材料特性。因为显式模块不存在迭代产生的收敛性问题，故不必考虑网格重划。简化模型的接触、边界条件、加载步等细节，可参见 4.3.1 小节。简化模型如图 6-2(a)所示。

在步骤 5 中，建立校核模型来验算混凝土沟槽在试验推荐密封垫断面压缩拼装过程中是否发生剪切破坏。校核模型和简化模型的绝大部分模型设置完全一致，除了使用混凝土损伤塑性模型来模拟管片的破坏。通过有限元试算，确定管片的尺寸为宽 300 mm、高 150 mm，可以较好地消除边界效应的影响。管片使用平面应变四边形单元进行离散。下侧管片的底边约束水平和竖直方向的位移，上侧和下侧管片的左右侧边约束水平位移，上侧管片的顶边设置参考点，实现竖向位移加载。简化模型的示意图如图 6-2(b)所示。

步骤 6 中，建立预测模型来计算接缝在 100 年后的防水密封能力。与简化模型类似，预测模型也把管片沟槽简化为刚性体，如图 6-2(a)所示。预测模型基于 Abaqus/Standard 隐式模块进行求解。为解决迭代计算带来的收敛性问题，模型使用 5.2.3 节建立的网格重划算法。此外，使用和时间相关的 Mooney-Rivlin 模型模拟密封垫超弹性材料特性在隧道全寿命周期内的劣化过程。模型有两个荷载步：首先是通过参考点的位移加载使接缝达到特定的变形量，之后进行密封垫材料的劣化模拟。

表 6-2　三种有限元分析模型的技术特征

模型	求解器	特征			
		管片(沟槽)模拟	Mooney-Rivlin 模型参数	黏弹性	网格重划
简化	Abaqus/Explicit	刚体	恒定	否	否
校核	Abaqus/Explicit	混凝土损伤塑性模型	恒定	否	否
预测	Abaqus/Standard	刚体	时变	是	是

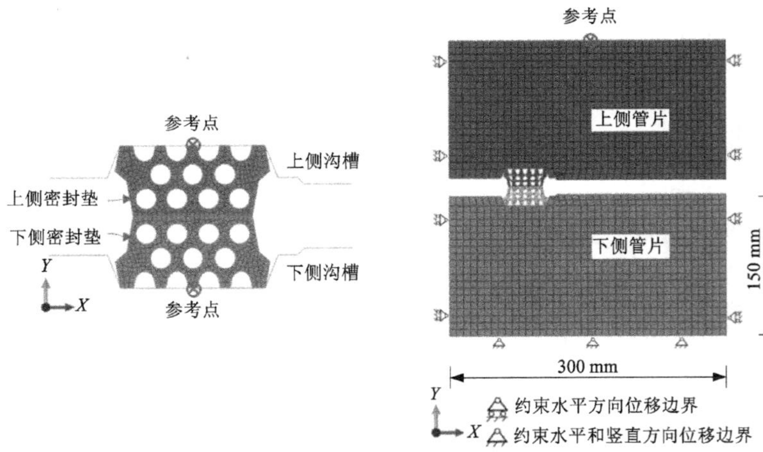

(a) 步骤3简化模型　　(b) 步骤5简化模型

图 6-2　有限元分析模型示意图

6.3.4　试验前有限元预分析

试验前有限元预分析包含 3 个阶段，考虑了 14 种弹性密封垫断面形式(编号 PSC1 ~ PSC14)，密封垫断面尺寸如图 6-3 所示，密封垫的编号和硬度见表 6-3，Mooney-Rivlin 模型的材料参数见表 6-4。对上述密封垫建立相应的简化有限元模型计算平均接触应力($P_{c,\ ave}$)和接缝张开量(Δ_g)的关系曲线，如图 6-4 所示。

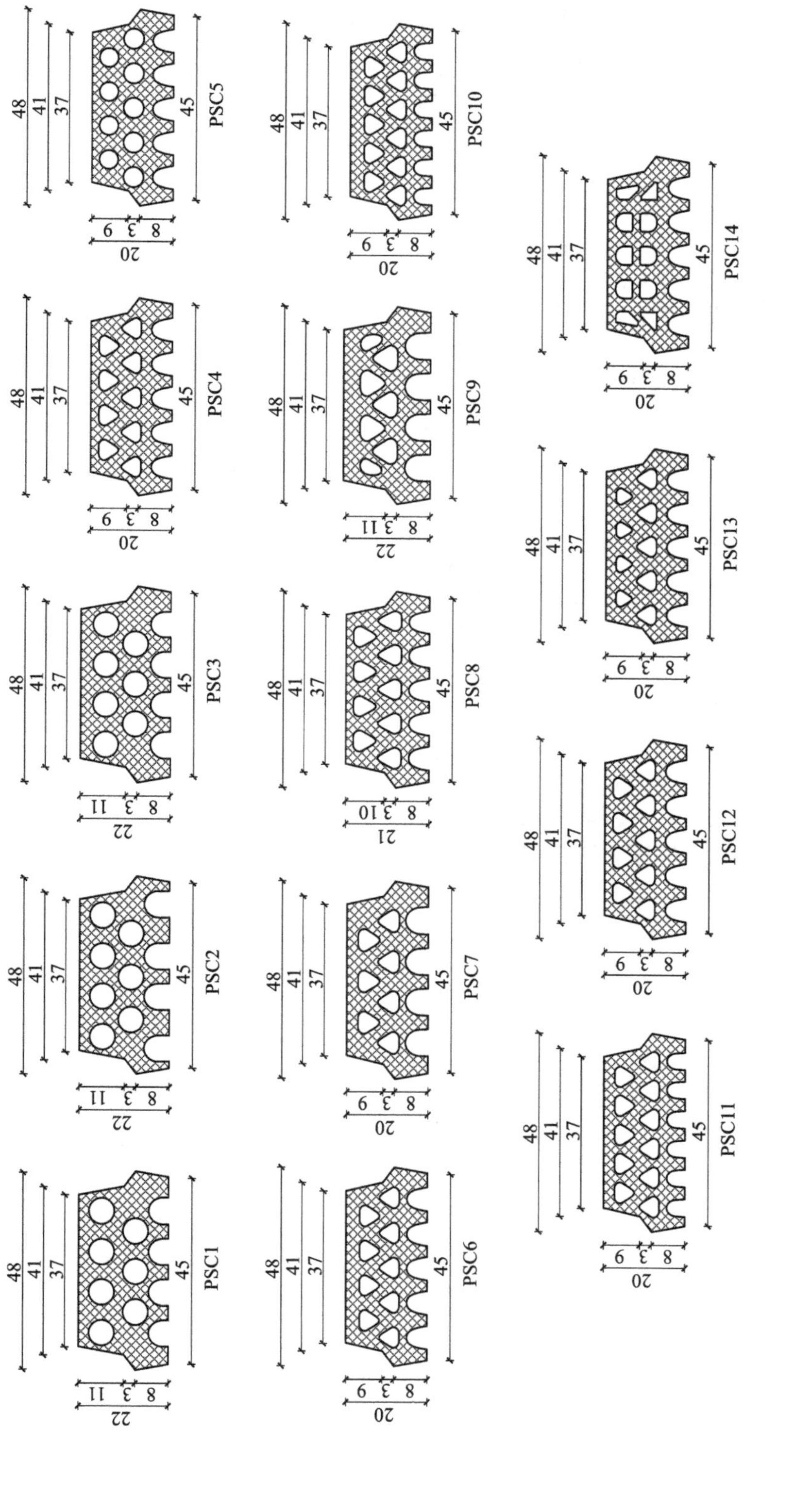

图 6-3　14 种初始设计的弹性密封垫断面（单位：mm）

表 6-3　初始设计的 14 种弹性密封垫的编号及在试验研究中的对应编号硬度

<table>
<tr><th>初始设计的密封垫编号</th><th>硬度/邵氏 A</th><th>试验研究的密封垫编号</th><th>阶段</th></tr>
<tr><td>PSC1</td><td>67</td><td>SC1</td><td rowspan="6">Ⅰ</td></tr>
<tr><td>PSC2</td><td>67</td><td>SC2</td></tr>
<tr><td>PSC3</td><td>57</td><td>SC3</td></tr>
<tr><td>PSC4</td><td>67</td><td>—</td></tr>
<tr><td>PSC5</td><td>67</td><td>—</td></tr>
<tr><td>PSC6</td><td>67</td><td>—</td></tr>
<tr><td>PSC7</td><td>67</td><td>SC4</td><td rowspan="6">Ⅱ</td></tr>
<tr><td>PSC8</td><td>60</td><td>—</td></tr>
<tr><td>PSC9</td><td>60</td><td>—</td></tr>
<tr><td>PSC10</td><td>60</td><td>—</td></tr>
<tr><td>PSC11</td><td>60</td><td>—</td></tr>
<tr><td>PSC12</td><td>67</td><td>SC5</td></tr>
<tr><td>PSC13</td><td>70</td><td>SC6</td><td rowspan="2">Ⅲ</td></tr>
<tr><td>PSC14</td><td>70</td><td>SC7</td></tr>
</table>

表 6-4　Mooney-Rivlin 模型的材料参数值

编号	C_{10}/MPa	C_{01}/MPa	编号	C_{10}/MPa	C_{01}/MPa
PSC1	0.646	0.161	PSC8	0.483	0.121
PSC2	0.646	0.161	PSC9	0.483	0.121
PSC3	0.428	0.107	PSC10	0.483	0.121
PSC4	0.646	0.161	PSC11	0.483	0.121
PSC5	0.646	0.161	PSC12	0.646	0.161
PSC6	0.646	0.161	PSC13	0.739	0.185
PSC7	0.646	0.161	PSC14	0.739	0.185

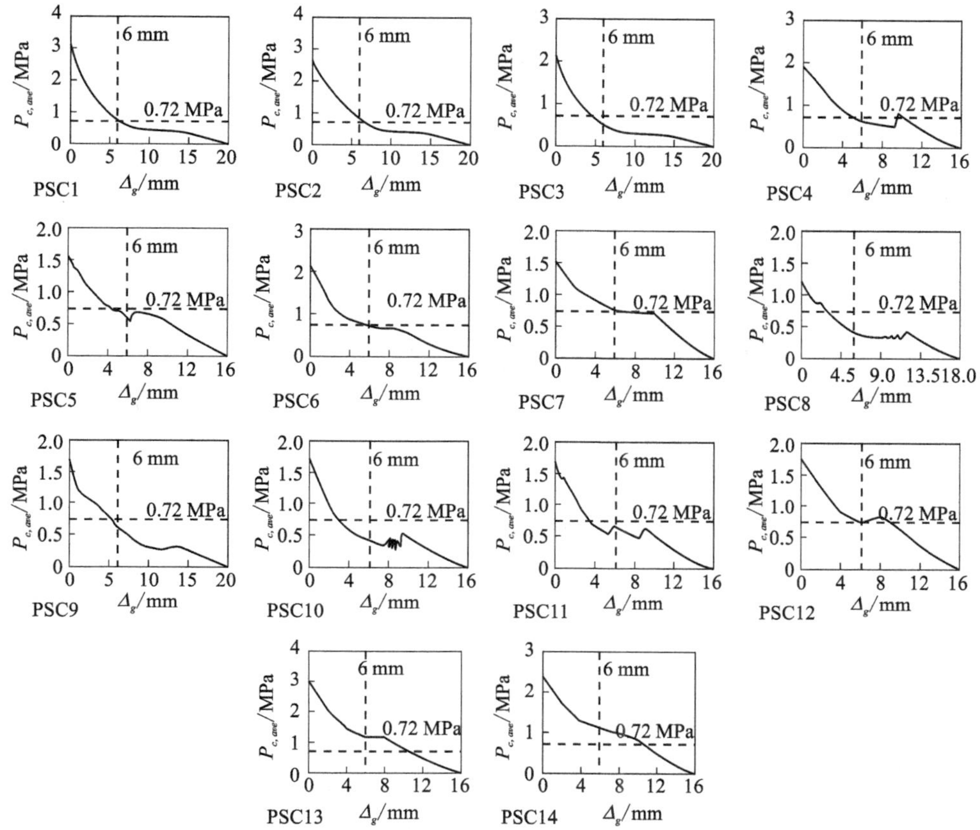

图 6-4　简化模型计算的平均接触应力($P_{c,ave}$)-接缝张开量(Δ_g)关系曲线

在阶段Ⅰ，参考类似工程的接缝弹性密封垫，设计了 PSC1～PSC6 等 6 种初始断面。PSC1 和 PSC3 的唯一区别在于硬度。由图 6-4 可知，仅有 PSC1 和 PSC2 断面在 6 mm 接缝张开量设计值对应的平均接触应力略高于 0.72 MPa 的理论设计水压值，满足式(6.8)的密封垫断面筛选准则。因此，PSC1 和 PSC2 断面将在步骤 4 中进行试验评价，将这两种断面命名为 SC1 和 SC2(表 6-3)。对于 PSC3 断面来说，尽管不满足密封垫断面筛选准则，但为了研究弹性密封垫硬度对拼装性能和防水性能的影响，也将对其进行试验测试，将该断面命名为 SC3(表 6-3)。

在阶段Ⅱ，重新设计了 PSC7～PSC12 等 6 种优化断面，因为阶段Ⅰ的 SC1 和 SC2 断面不同时满足式(6.2)的密封垫可拼装性设计准则和式(6.9)的接缝短期防水设计准则。接缝防水性能试验结果的详细分析可参见 3.4.1 小节，弹性密封垫力学压缩试验结果的详细分析可参见 3. 4. 2 小节。由图 6-4 可知，仅有 PSC7 和 PSC12 断面满足式(6. 8)。因此，PSC7 和 PSC12 断面将在步骤 4 中进行试验评价，将这两种断面命名为 SC4 和 SC5(表 6-3)。

在阶段Ⅲ，再次设计了 PSC13、PSC14 等 2 种二次优化断面，因为阶段Ⅱ的 SC4 和 SC5 依旧不满足式(6. 9)的接缝短期防水设计准则。由图 6-4 可知，这 2 种断面均满足式(6. 8)。因此，PSC13 和 PSC14 断面将在步骤 4 中进行试验评价，将这两种断面命名为 SC6 和 SC7(表 6-3)。

6. 3. 5　试验评价

三个阶段测试的 7 种试验断面(编号 SC1～SC7)的接缝性能防水性能试验结果和弹性密封垫力学压缩试验结果分别如图 3-9 和图 3-12 所示，详细的结果分析可参见 3. 4. 1 小节和 3. 4. 2 小节，在此不予赘述。表 6-5 汇总了 7 种试验断面的试验结果，可以看出，仅有 SC7 断面同时满足最大闭合压缩力小于 100 kN/m 的千斤顶拼装能力、6 mm 接缝张开量和 15 mm 接缝错位量设计变形量下的渗漏水压大于 1. 3 MPa 的短期防水要求这两项设计准则。

表 6-5　基于设计要求的试验结果汇总

	SC1	SC2	SC3	SC4	SC5	SC6	SC7
$F_{g,\max}/(\text{kN}\cdot\text{m}^{-1})$	318	273	156	90	94	147	73
$P_{wl,EXP}$/MPa	1. 27	0. 91	0. 62	0. 81	1. 00	1. 18	1. 31

6. 3. 6　试验后有限元扩展分析

(1)混凝土沟槽抗剪切承载力校核

校核模型基于 SC7 断面建立。由于未开展混凝土损伤演化试验，因此本节暂不考虑混凝土在往复荷载作用下的刚度退化机制，忽略混凝土材料的刚度退化，即损伤因子 $d=0$，此时混凝土损伤塑性模型退化为弹塑性本构模型。需要说明的是，在管片拼装阶段，密封垫的压缩往往是一次成型的，因此使用混凝土弹塑性模型和工程实际更为相符。采用 ABAQUS 有限元软件的混凝土弹塑性本构模型时，需要输入的材料参数包括 2 个弹性参数、5 个塑性参数、单轴受拉条件下的屈服应力-开裂应变关系，以及单轴受压条件下的屈服应力-非弹性应变关系。

表 6-6 给出了混凝土弹塑性模型的材料参数值，其中：管片的混凝土标号为 C60，根据《混凝土结构设计规范》(GB 50010—2010)的规定，可确定混凝土的杨氏弹性模量(E_c)和泊松比(υ_c)的量值；e_f 为塑性流动势能函数的偏心率，f_{b0}/f_{c0} 为双

轴抗压强度与单轴抗压强度之比，K_C 为拉子午线与压子午线之比，μ_c 为黏塑性参数，上述参数的取值为模型默认值；ψ 为膨胀角，取值参考 WANG 等[84]报道的量值。

表 6-6　C60 混凝土弹塑性模型的材料参数值

参数	E_c/GPa	v_c	e_f	f_{b0}/f_{c0}	K_C	μ_c	ψ/(°)
量值	36	0.2	0.1	1.16	0.667	0	30

混凝土的单轴受拉和受压的应力-应变关系曲线根据《混凝土结构设计规范》(GB 50010—2010)附录 C.2.3 和附录 C.2.4 中的公式确定，表 6-7 给出了 C60 混凝土单轴本构模型参数值，其中的 σ_c 为抗压强度，σ_t 为抗拉强度，$\tilde{\varepsilon}_c^{in}$ 为非弹性应变，$\tilde{\varepsilon}_t^{ck}$ 为开裂应变。

表 6-7　C60 混凝土单轴本构模型参数值

σ_c/MPa	$\tilde{\varepsilon}_c^{in}$	σ_t/MPa	$\tilde{\varepsilon}_t^{ck}$
13.475	0	1.43925	0
19.25	0.000701	1.425	0.000036
9.98915	0.002985	0.628335	0.000195
5.54395	0.005002	0.380378	0.000323
3.722015	0.006873	0.279217	0.000443
2.77641	0.008696	0.224282	0.000562
2.206105	0.010498	0.189508	0.000678
1.8271	0.012289	0.1653405	0.000794
1.55783	0.014074	0.147463	0.000910
1.357035	0.015855	0.133636	0.001026

图 6-5 给出了 SC7 断面完全压缩进沟槽时(接缝张开量 = 0 mm)的计算结果云图。从图 6-5(a)可知，混凝土管片沟槽的最大压应力约为 5.8 MPa，远低于 27.5 MPa 的 C60 混凝土的抗压强度设计值；从图 6-5(b)可知，混凝土管片沟槽的最大主塑性应变约为 0，表明沟槽在 SC7 断面完全压紧状态下仍处于弹性阶段，没有局部压损或剪切破坏裂缝的出现。综上所述，SC7 断面满足式(6.10)和式(6.11)的校核准则。

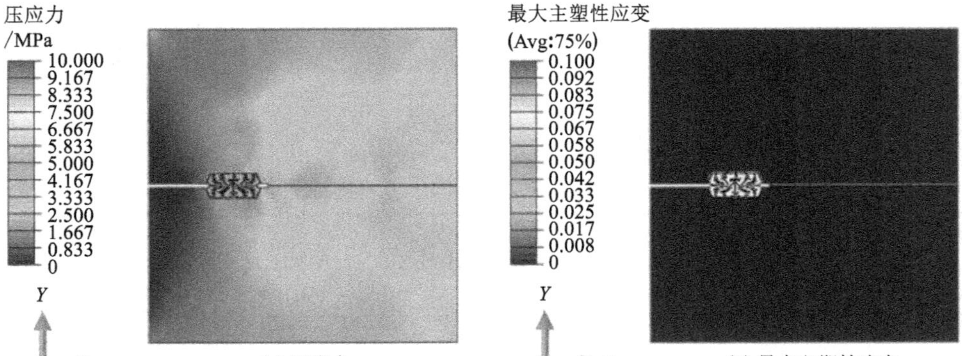

(a) 压应力　　(b) 最大主塑性应变

图 6-5　校核模型计算结果

扫一扫，看彩图

(2) 接缝密封垫长期防水性能预测

鉴于 SC7 断面可满足密封垫的可拼装性能和接缝短期防水性能的设计准则，唯一剩下的设计准则为：在 20℃ 的隧道运营温度下，接缝在 100 年的设计使用周期内能否保证防水密封。为探明弹性密封垫的耐久性及相应的接缝的长期防水密封性能，委托弹性密封垫供应商对三元乙丙橡胶材料进行了人工加速老化试验。试验试样为直径 10 mm 和高 10 mm 的圆柱体，试验类别为压缩应力松弛试验，压缩率为 30%，试验步骤按照《静密封橡胶零件贮存期快速测定方法》(HG/T 3087—2001) 进行。热空气老化试验温度分别为 60 ℃、70 ℃、80 ℃、90 ℃和 100 ℃。图 6-6 为各老化温度工况下的老化时间 (t) 和应力松弛系数 (σ/σ_0) 的试验数据。

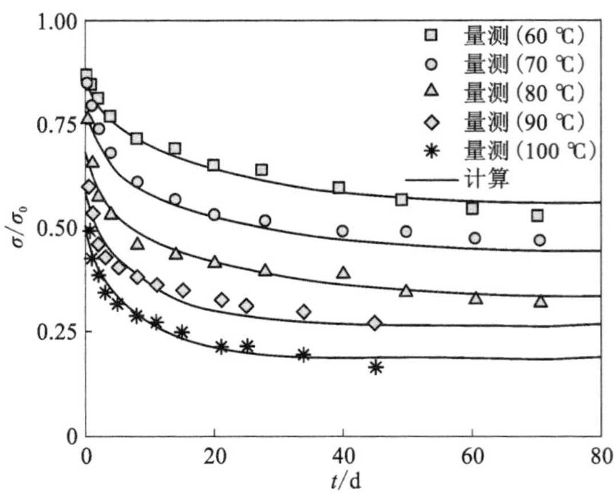

图 6-6　应力松弛系数 (σ/σ_0) 的校验结果

参照《静密封橡胶零件贮存期快速测定方法》(HG/T 3087—2001) 给出的经验公式，得到应力松弛系数 (σ/σ_0) 和老化时间 (t) 的解析公式如下：

$$\sigma/\sigma_0 = 1.3542e^{-10^{3.1881-1169.8/T}\times t^{0.15}} \tag{6.16}$$

式中：T 为绝对温度。

图 6-6 对比了不同老化温度下的解析公式计算结果和试验结果，可以看出，解析公式可以很好地再现实测数据，证明了公式的合理性和准确性。因此，可利用式(6.16)预测 20 ℃时应力松弛系数(σ/σ_0)和隧道服役年限(t_1)的关系，见表 6-8。

表 6-8　预测模型的应力松弛系数(σ/σ_0)输入值(基于经验公式计算得到)

σ/σ_0	1	0.924	0.886	0.863	0.846	0.833	0.790	0.744
$t_1(y)$	0	1	2	3	4	5	10	20
σ/σ_0	0.717	0.697	0.681	0.669	0.658	0.648	0.640	0.632
$t_1(y)$	30	40	50	60	70	80	90	100

预测模型基于 SC7 断面建立，模拟接缝变形量为 6 mm 张开量和 15 mm 错位量的设计工况，以表 6-8 中的应力松弛系数随时间的衰减关系作为密封垫材料的黏弹性模型的输入值。预测模型计算得到的平均接触应力($P_{c,\ ave}$)-隧道服役年限(t_1)关系曲线如图 6-7 所示，可以看出，在隧道服役的前 20 年内，接触应力衰减速率较快；在隧道服役第 20 年到第 40 年之间，接触应力平缓衰减；在隧道服役超过 40 年后，接触应力几乎保持不变。上述分阶段式衰减规律和表 6-8 中的计算规律相吻合。当隧道服役年限达到 100 年的设计使用期时，密封垫间的平均接触应力仍有 0.90 MPa，高于 0.86 MPa 的长期防水要求($P_{wd,\ L}$)。因此，SC7 断面满足式(6.12)的长期防水密封设计准则。

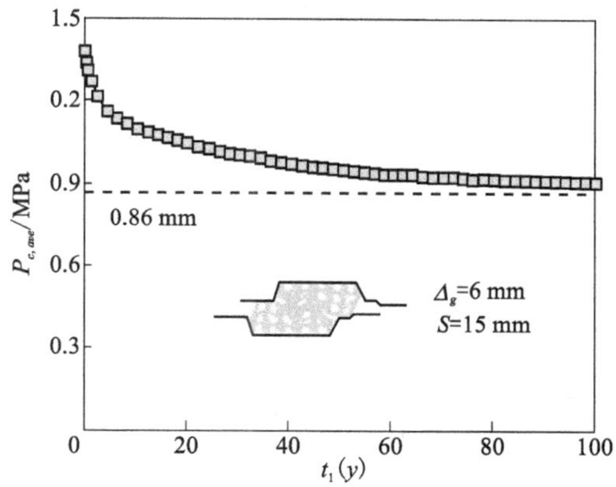

图 6-7　预测模型计算的平均接触应力($P_{c,\ ave}$)-隧道服役年限(t_1)关系曲线

综上所述，SC7 断面满足密封垫的可拼装性、接缝短期防水密封和接缝长期防水密封等 3 项设计准则，推荐其作为某越江盾构隧道管片接缝的工程使用断面。

6.3.7　工程应用效果

图 6-8 为作者在某越江盾构隧道北线施工期间的实地考察照片，可以看出，已完成拼装的衬砌管片没有出现管片角部开裂破坏，环缝和纵缝处也没有观察到

水渍的存在，这一方面表明采用本章提出的精细化设计方法得到的工程应用弹性密封垫断面具有良好的拼装性能和防水性能，证明了本章提出设计方法的合理性和适用性；另一方面，也归功于施工单位精湛的施工水平和管片拼装技巧。值得指出的是，为进一步验证本章提出设计方法在接缝长期防水密封的可靠性，建议在隧道运营期间内开展接缝渗漏水的长期现场监测。

左侧拱腰　　整体　　右侧供腰

图 6-8　某越江盾构隧道(北线)施工期间成功实现“滴水不漏”

6.4　本章小结

本章提出了一种盾构隧道管片接缝弹性密封垫精细化设计方法，综合考虑工程实际遇到的管片开裂破损和接缝渗漏问题，提出了弹性密封垫的三个性能指标：可拼装性能来评价最大闭合压缩力对混凝土沟槽的潜在破损影响、以短期防水性能和长期防水性能来评估接缝密封垫在隧道设计使用周期内的防水可靠性。结合《盾构隧道工程设计标准》的相关条文，设计方法包括 6 个核心步骤：①设计准则的确定，弹性密封垫最大闭合压缩力、短期设计水压和长期设计水压；②密封垫沟槽尺寸的确定，沟槽的侧边角度、底部宽度和沟槽深度；③密封垫的初始设计，不考虑侧向水压的作用，建立有限元简化模型计算密封垫的接缝张开量-平均接触应力关系曲线，筛选出接缝张开量设计值对应的接触应力不小于理论设计水压的密封垫；④密封垫的试验评价，开展密封垫的力学压缩性能试验，得到最大闭合压缩力，开展接缝防水性能试验，得到接缝设计变形量状态下的短期渗漏水压，选出同时满足这 2 项设计指标的密封垫；⑤混凝土沟槽抗剪切承载力的校核，考虑混凝土的损伤塑性本构模型，建立有限元校核模型计算试验选定的密封垫在完全压缩状态下对混凝土沟槽的影响；⑥接缝长期防水密封能力的预测，考虑密封垫橡胶材料的黏弹性本构模型，建立有限元预测模型计算隧道 100 年设计使用期内的接触应力衰减规律。最后，以某越江盾构隧道为例，详细论述提出的盾构隧道管片接缝弹性密封垫精细化设计方法的应用流程。

第 7 章　盾构隧道接缝密封垫渗流特性分析方法

7.1　概述

盾构隧道渗漏水的位置主要在管片的接缝、注浆孔及管片自身的小裂缝等处。通过对实际隧道的现场调查，发现大部分的渗流点也出现在管片接头和环间接头处，其中以环间接头处最为明显。管片间密封垫的防水性能是盾构隧道应关注的重点。弹性密封垫本身采用不透水的橡胶材料制成，因此外界地下水只能通过弹性密封垫之间的接触面或者其与混凝土管片沟槽之间的接触面渗透至隧道内部。然而，目前缺乏对密封垫界面渗流机理的研究和认识。

本章将密封垫接触面的渗流归类为弹性不透水介质界面的渗流问题，并提出了基于水力压裂理论的渗流特性分析方法。第一步，通过建立数学分析模型，得到了渗流控制方程和边界条件；第二步，引入三个无量纲参数来简化表达式，对渗流控制方程进行归一化处理；第三步，推导了界面开度和液体压力的解析表达式，并利用数值计算方法对控制方程进行求解；第四步，在此基础上，利用上述求解方法分析了影响密封垫界面渗流过程的因素。第五步，在两种极限状态下，通过对比分析，证明所提出的计算方法的变化趋势与前人的研究结果吻合较好，误差最小为 0.43%，验证了所提出分析方法的准确性，说明该分析方法能够准确地捕捉密封垫界面的渗流特征。

在此基础上，引入了 Cohesive 单元，建立了弹性密封垫接触面渗流数值模型，对三种弹性密封垫接触面发生渗流时的接触面张开量和液体压力分布进行了分析，得到了不同渗流时间、弹性密封垫材料硬度和断面形式下，接触面张开量和液体压力分布特性。该模拟方法能够准确地模拟应力场与渗流场的相互作用，还原盾构隧道接缝处的渗流全过程。它不仅验证了弹性密封垫不同截面形式的影响，同时，也揭示了流固耦合条件下密封垫界面渗流过程中隧道接缝的变形演化机理，这种新颖实用的方法能够准确地模拟渗流特征弹性垫片界面的特性，为盾构隧道的防水设计提供了一种新的解决方案。

7.2 弹性不透水介质接触面渗流机理

地下水沿着盾构隧道接缝密封垫接触面渗流的过程可以分为三个阶段(图7-1)。第Ⅰ阶段，地下水作用于有一定压缩量的弹性密封垫一侧，当地下水压力较小时，弹性密封垫的接触保持密贴状态，地下水无法渗入；第Ⅱ阶段，当水压大于某一临界值时，弹性密封垫接触面在水压力的作用下张开而形成间隙，地下水顺势流入间隙内部，同时对弹性密封垫的接触面产生水压力作用；第Ⅲ阶段，在水压作用下弹性密封垫接触面之间的间隙不断扩展，地下水也随之填充形成的间隙，至间隙扩展的长度与弹性密封垫顶面宽度相同时，弹性密封垫的防水能力丧失，地下水进入管片内部，在不考虑其他辅助防水措施的防水能力情况下，可以认为隧道管片接缝发生渗漏。

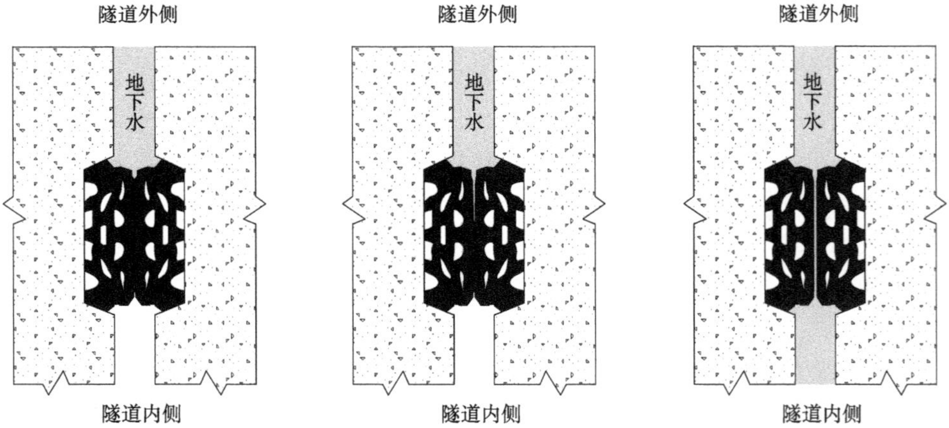

(a)第Ⅰ阶段　(b)第Ⅱ阶段　(c)第Ⅲ阶段

图7-1　弹性密封垫接触面渗流过程

通过对弹性密封垫接触面的渗流过程进行划分可以看出，弹性密封垫接触面的渗流过程是在水压力的作用下，弹性密封垫接触面不断张开和水不断渗入的过程，当弹性密封垫接触完全张开后，即形成了水渗流的通路，造成了弹性密封垫渗漏水情况的发生。该过程与水力压裂过程较为类似，即裂隙在水压力的作用下不断张开与扩展，同时水不断进入裂隙的过程。

水力压裂过程既作为一种自然现象存在，也作为一种生产技术被广泛地应用于各个领域。由于水力压裂现象与技术在实际生产生活中相当重要，因此在这个方面已经开展了大量的研究。对水力压裂的分析研究方法主要有两种。一种方法是通过严密、精确的理论推导对水力压裂过程进行分析，这种方法往往适用于某些理想和简化情况；而对于理想状态下的基本模型研究，其不仅可以作为数值算法的验证工具，也可以用于分析不同参数对分析的影响和研究不同的开裂过程。另一种方法是通过数值算法计算分析和预测在复杂多变条件下的水力压裂的过程。在解析研究方面，基本模型通常假定为一个基于平面应变的二维裂缝开展问题，在模型中，假定固体介质为各向同性线弹性材料，固体可为不透水介质也可为透水介质。而液体可以假定为牛顿流体，也可以假定为幂律流体。这种基本模型须同时考虑液体和固体介质的力学特性，主要包括：一方面，通过润滑方程对裂隙中液体的流动进行描述；另一方面，采用弹性方程描述固体介质的变形和裂缝的开展。如此，裂缝与液体压力之间符合一个奇异积分方程，通常假定在裂缝中液体与固体交界处液体的剪切应力相比液体压力可以忽略。在裂缝中的液体符合润滑理论，并通过非线性的偏微分方程将裂缝的张开与液体的压力联系起来。通过上述两个方程的联立，可求解裂缝特性和开展的情况。

基本模型应包含以下几个方面的完整描述：①黏性液体在裂缝中流动过程；②固体介质由液体压力作用导致的在裂缝范围内的力学行为；③在脆性固体中裂缝开展的情况。然而，事实证明，即使是在诸如平面或径向裂缝等简化假定下，要获得上述模型的严格的数学解也是非常困难的，因为水力压裂过程具有极强的非线性和流固耦合特性，并且影响因素较多，其中最为关键的是固体介质的强度和液体的黏度。由此派生出水力压裂过程的两种极限状态："零强度"状态和"零黏度"状态。"零强度"状态指的是固体介质裂缝强度相对于液体的黏度明显小，因此在求解过程中可以假定固体介质的开裂强度为零；"零黏度"状态指的是液体黏度相比于裂缝开裂强度明显小，因此在解析求解过程中可以假定液体的黏度为零。从能量角度的观点来看，第一种状态是通过黏性流体的流动耗能，第二种状态是固体介质开裂耗能，即在"零强度"状态的耗散方式中，固体介质的开裂产生的能量耗散相比于黏性介质的流动产生的能量耗散可以忽略不计，而在"零黏度"状态的耗散方式中，则相反。

除了固体介质和液体的本质属性外，水力压裂裂缝尖端附近区域的研究也是热点之一。这是由于在裂缝开展的过程中，在裂缝尖端很小尺度范围的力学特性决定着裂缝开展的整个情况。另外，裂缝尖端区域内特性的求解不仅有助于获得简单的水力压裂裂缝的解析解，也可以为复杂的裂缝的数值求解提供边界条件。早期，SPENCE 和 SHARP[91] 假定液体流量 $Q(t)$ 与 t^{α} 或 $e^{\alpha t}$ 成正比，并将方程简化为自相似形式，通过对各个变量的无量纲化求解，并研究了尖端附近的奇异性。DESROCHES 等[92] 给出了幂律流体在弹性不透水介质中水力压裂裂缝尖端区域的解析解，并且通过中间渐进方法减少了裂缝尖端区域内解析解的奇异性。GARAGASH 和 DETOURNAY[93]研究了考虑液体滞后现象的任意强度固体介质中半无限水力裂缝的解，考虑了液体滞后情况时水力压裂裂缝尖端附近的流固耦合特性。

在实际情况下，基于物理因素在液体的前端存在滞后效应是存在的，这是由于在液体的前端必须保持一定量值的压力。在经典的断裂力学中，相似的理论也可以推导出在固体中裂缝的尖端存在屈服区域以保证该区域内的应力维持在一定的数值范围。然而，通过数值研究和理论分析认为在包含滞后区域的半无限裂缝问题中，滞后区域的影响局限在尖端附近的很小范围内。在水力压裂中，液体前端滞后于裂缝前端的现象已经在低应力环境下的试验中直接被观测到[94-96]。但由于水力压裂过程的复杂性，大多数的解析解均假定水力压裂中不产生液体滞后现象[97-103]或通过事先假定液体滞后区域的长度与压力等一些参数来简化水力压裂解析方程的求解过程[104-107]。NILSON[108]给出了零强度固体介质在可压缩气体以某一恒定的压力边界条件注入时的耦合相似解。其研究成果表明，当气体的压力是周围介质围压的 2~10 倍时，滞后区域的长度为裂缝长度的 15%~75%，并且具有明显的影响。GARAGASH[109]提出了考虑液体滞后效应的水力压裂裂缝的数学模型，他在数学模型中引入了尺度归一化分析方法，将模型中的参数缩减成两个无量纲的参数，即与固体介质强度和滞后区域负压力有关的量。LECAMPION 和 DETOURNAY[110]运用隐式移动网格算法研究了在不透水弹性介质中水力压裂裂缝的开展情况，并且考虑了液体滞后情况。数值算法中采用了两个离散单元分别模拟裂缝中充满液体的区域和液体滞后区域，讨论了零应力/初始时刻和高应力/长时间两种极限状态下水力压裂裂缝的情况；计算中液体滞后区域的长度通过裂缝扩展的边界条件和力学方程确定。

7.2.1 基本假定

根据弹性密封垫接触面渗流过程与机理，可将其简化为弹性不透水介质接触面渗流问题，考虑到弹性密封垫具有长条形结构，可将其简化为二维平面应变问题。为分析弹性不透水介质接触面渗流问题，需建立一理想状态下的分析模型(图 7-2)。在该分析模型中，两种弹性不透水介质通过一接触面相互接触，介质为各向同性的半无限线弹性固体介质，弹性模量和泊松比分别为 E 和 ν，接触面处接触应力为 σ_0 且沿接触面均匀分布。在接触面的中点处，假定存在一液体注入点，单位宽度内以稳定流量 Q_0 向接触面注入流体。流体假定为不可压缩的牛顿流体，其黏度为 μ。由于假定固体介质为不透水，所以在液体与固体介质的接触面上不存在液体的散失。为表述方便，需沿接触面建立坐标轴(x 轴)，坐标的原点设置于液体注入点处。

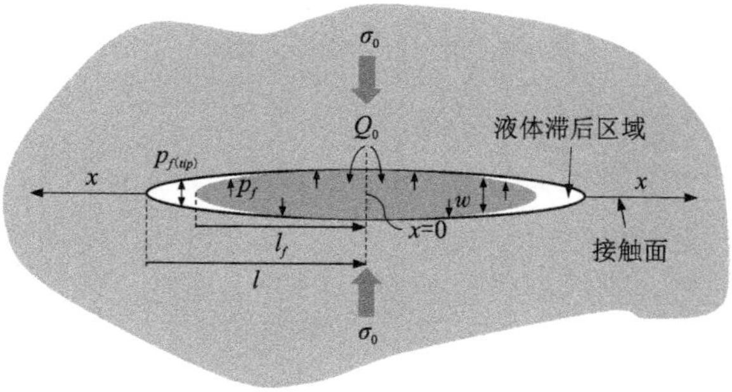

图 7-2　弹性不透水介质接触面渗流示意图

在任意 t 时刻，对接触面张开部分，假定存在液体的区域压力分布为 $p_f(x, t)$，存在液体的区域长度为 $l_f(t)$。考虑在液体前端存在液体滞后现象，因此接触面张开段的长度 $l(t)>l_f(t)$，而液体滞后区域的长度为 $l(t)-l_f(t)$。假定接触面的张开量为 $w(x, t)$，其与液体的净压力有关，而液体的净压力可以表示为：

$$p(x, t)=p_f(x, t)-\sigma_0 \tag{7.1}$$

由于在液体滞后区域内不存在液体，因此无水压力。但是研究表明，在不透水介质中，液体滞后区域内一般存在注入液体挥发后的气体；而在透水介质中，周围固体介质中的液体会进入这个区域。不妨假定在液体滞后区域中存在的压力为 $p_{f(tip)}$，因此在液体滞后区域中的净压力可用式(7.2)表示：

$$p_t(x, t)=p_{f(tip)}(x, t)-\sigma_0 \tag{7.2}$$

一般来说，$p_{f(tip)}$ 小于固体介质接触面的压力 σ_0，因此在液体滞后区域内的净压力 $p_t<0$。所以，液体滞后区域内存在使接触面闭合的吸力，这种吸力起到使接触面闭合的作用。

7.2.2　渗流控制方程与边界条件

为了使渗流控制方程与边界条件的方程表述简单，液体的黏度、固体介质的弹性模量和固体开裂强度分别定义为：

$$\begin{gathered}\mu'=12\mu \\ E'=\frac{E}{1-\nu^2} \\ K'=4\left(\frac{2}{\pi}\right)1/2K_{Ic}\end{gathered} \tag{7.3}$$

由于存在液体滞后区域，因此在描述在接触面液体渗流的过程中须将液体滞后区域与液体存在区域加以区别。在液体存在区域，接触面张开处的液体符合泊肃叶定律，其表达式为：

$$q=-\frac{w^3}{\mu'}\frac{\partial p}{\partial x}\quad (0\leqslant x<l_f) \tag{7.4}$$

式中：q 为单位宽度内接触面张开处液体的流速。

BATCHELOR[111]给出了不可压缩液体局部连续方程：

$$\frac{\partial w}{\partial t}+\frac{\partial q}{\partial x}=0 \tag{7.5}$$

将式(7.4)代入式(7.5)中，可得：

$$\frac{\partial w}{\partial t}=\frac{1}{\mu'}\frac{\partial}{\partial x}\left(w^3\frac{\partial p}{\partial x}\right) \tag{7.6}$$

由于介质不透水，因此注入接触面的液体不存在散失，从而在接触面张开范围内的液体体积与注入接触面液体体积一致，用式(7.7)表达为：

$$2\int_0^{l_f} w\mathrm{d}x = Q_0 t \tag{7.7}$$

在液体滞后区域内，存在的压力 $p(x,\ t)$ 即为液体滞后区域内液体蒸汽压力：

$$p(x,\ t)=p_t(x,\ t)\quad (l_f\leqslant x\leqslant l) \tag{7.8}$$

由于液体存在区域和滞后区域交界处压力的连续性，所以可以得到在液体前端的压力为 $p_t(l_f,\ t)$。

除了液体的流动符合润滑理论外，根据线弹性理论，液体净压力 p 和接触面张开量之间符合式(7.9)：

$$p(x,\ t)=-\frac{E'}{2\pi}\int_0^l \frac{\partial w(s,\ t)}{\partial s}\frac{s\mathrm{d}s}{s^2-x^2}\ (0\leqslant x\leqslant l) \tag{7.9}$$

SNEDDON 和 LOWENGRUB[112]给出了式(7.9)的逆形式，同时考虑到黏性滞后区域的存在，可以表达为：

$$w(x,\ t)=\int_0^{l_f} G\left(\frac{x}{l},\ \frac{s}{l}\right)\frac{p(s,\ t)}{E'}\mathrm{d}s+\int_{l_f}^{l} G\left(\frac{x}{l},\ \frac{s}{l}\right)\frac{p_t(s,\ t)}{E'}\mathrm{d}s \tag{7.10}$$

式中：$G(\xi,\ \xi')=\frac{4}{\pi}\ln\left|\frac{(1-\xi^2)^{1/2}+(1-\xi'^2)^{1/2}}{(1-\xi^2)^{1/2}-(1-\xi'^2)^{1/2}}\right|$。

GARAGASH[109]给出了平面应变情况下，弹性介质水力压裂时开裂强度与水力压裂压力分布之间的关系式：

$$K'=\frac{8}{\pi}(2l)^{1/2}\left(\int_0^{l_f}\frac{p(x,\ t)\mathrm{d}x}{(l^2-x^2)^{1/2}}+p_t\int_{l_f}^{l}\frac{\mathrm{d}x}{(l^2-x^2)^{1/2}}\right) \tag{7.11}$$

由于在弹性密封垫接触面的渗流过程中，接触面原本就存在，因此与弹性介质的水力压裂过程不同，即接触面的开裂强度应为0。根据式(7.11)可得：

$$\int_0^{l_f}\frac{p(x,\ t)\mathrm{d}x}{(l^2-x^2)^{1/2}}+p_t\int_{l_f}^{l}\frac{\mathrm{d}x}{(l^2-x^2)^{1/2}}=0 \tag{7.12}$$

在上述的各表达式中，用以描述接触面张开渗流过程的关键物理量为 $l(t)$，$l_f(t)$，$p(x, t)$ 和 $w(x, t)$，但由于接触面张开渗流过程较为复杂，为方便表述，须将其按式(7.13)~(7.16)分别进行归一化运算[113]。

$$l(t)=L(t)\gamma(t) \tag{7.13}$$

$$l_f(t)=L(t)\gamma_f(t) \tag{7.14}$$

$$p(x, t)=\varepsilon(t)E'(\xi, t) \tag{7.15}$$

$$w(x, t)=\varepsilon(t)L(t)(\xi, t) \tag{7.16}$$

式中：$\gamma(t)$、$\gamma_f(t)$、$E'(\xi, t)$ 和 (ξ, t) 分别表示归一化后的接触面张开段长度、液体存在区域长度、液体净压力分布函数和接触面张开量分布函数。$L(t)$ 为归一化度量尺度，$\varepsilon(t)$ 为与 p/E' 数量级相同的一个小量。归一化后的物理量是时间 t 和坐标 ξ 的函数，其中 ξ 由式(7.17)得到：

$$\xi=\frac{x}{l(t)} \tag{7.17}$$

通过定义归一化坐标 ξ，则原来表示接触面张开长度坐标 $x\in(0, l)$ 对于 $\xi\in(0, 1)$。此外，在归一化的坐标值中，液体尖端的坐标位置 ξ_f 可表示为：

$$\xi_f=\frac{l_f(t)}{l(t)} \tag{7.18}$$

则归一化后的液体滞后区域的长度为 $1-\xi_f$。

为表述方便，令

$$\overline{\Omega}=\frac{\Omega}{\gamma_f} \tag{7.19}$$

由此，式(7.6)、式(7.7)、式(7.8)、式(7.10)和式(7.12)可表述为：

润滑方程：

$$\left[1+2\frac{t\dot{\gamma}}{\gamma}\right]\int_{\xi}^{\xi_f}\overline{\Omega}\mathrm{d}\xi+\left[t\frac{\dot{L}}{L}+t\frac{\dot{\gamma}}{\gamma}\right]\xi\overline{\Omega}+t\dot{\xi}_f\overline{\Omega}_{|\xi=\xi_f}+\int_{\xi}^{\xi_f}t\dot{\overline{\Omega}}\mathrm{d}\xi=-\frac{\overline{\Omega}^3}{\mathcal{P}_m}\frac{\partial\Pi}{\partial\xi}$$
$$\xi\in(0, \xi_f) \tag{7.20}$$

整体连续性方程：

$$2\gamma^2\int_0^{\xi_f}\overline{\Omega}\mathrm{d}\xi=\mathcal{P}_v \tag{7.21}$$

在液体滞后区域内：

$$\Pi=-\mathcal{P}_t\quad \xi\in[\xi_f, 1] \tag{7.22}$$

接触面张开的弹性方程：

$$\overline{\Omega}=\int_0^{\xi_f}G(\xi, \xi')\Pi(\xi', t)\mathrm{d}\xi'-\mathcal{P}_t\int_{\xi_f}^{1}G(\xi, \xi')\mathrm{d}\xi'\quad \xi\in(0, 1) \tag{7.23}$$

接触面张开条件：

$$\int_0^{\xi_f} \frac{\Pi \mathrm{d}\xi}{\sqrt{1-\xi^2}} - \mathcal{P}_t \arccos \xi_f = 0 \tag{7.24}$$

由此则经过归一化处理后的接触面张开量 Ω，液体压力 Π，液体尖端的坐标位置 ξ_f 和裂缝张开长度与三个无量纲的物理量有关，其中$\mathcal{P}_m$ 代表了液体黏度，$\mathcal{P}_t$ 代表了裂缝尖端液体滞后区域内的负压程度，$\mathcal{P}_v$ 代表了液体的注入量。这三个无量纲的物理量计算公式如式(7.25)~(7.27)所示：

$$\mathcal{P}_m = \frac{\mu'}{tE'\varepsilon^3} \tag{7.25}$$

$$\mathcal{P}_t = \frac{-p_t}{\varepsilon E'} = \frac{\sigma_0 - p_{f(tip)}}{\varepsilon E'} \tag{7.26}$$

$$\mathcal{P}_v = \frac{Q_0 t}{\varepsilon L^2} \tag{7.27}$$

通过分别代表液体黏度、裂缝尖端液体滞后区域内的负压程度及液体的注入量的无量纲参数$\mathcal{P}_m$、$\mathcal{P}_t$ 和$\mathcal{P}_v$，可以表示经过归一化处理后的接触面张开量 Ω，液体压力 Π，液体尖端的坐标位置 ξ_f 和裂缝张开长度。在弹性不透水介质接触面的渗流过程中，接触面和液体的特性主要受到注入液体的黏度和液体滞后区域内的负压程度的影响。由此，带来了两个不同的归一化标准，即一种是以液体的黏度为标准，而另一种是以液体滞后区域内的负压值为标准。而在这两种不同的归一化标准中，均令$\mathcal{P}_v=1$，则可获得 L 和 ε 的表达式(列于表 7-1 中)，如此则可通过式(7.13)~式(7.16)获得归一化计算前 p、w、l 和 l_f 的表达式。

表 7-1 两种不同归一化标准

物理量	归一化标准	
	液体黏度	液体滞后区域的负压值
L	$L^m = \left(\frac{E'^{1/4} Q_0^{3/4} t}{\mu'^{1/4}}\right)^{2/3}$	$L^t = \left(\frac{E' Q_0 t}{-p_t}\right)^{1/2}$
ε	$\varepsilon^m = \left(\frac{\mu'}{tE'}\right)^{1/3}$	$\varepsilon^t = \frac{-p_t}{E'}$
$\mathcal{P}_m$	$\mathcal{P}_m^m = 1$	$\mathcal{P}_m^t = \frac{\mu' E'^2}{t(-p_t)^3}$
$\mathcal{P}_t$	$\mathcal{P}_t^m = -p_t \left(\frac{t}{\mu' E'^2}\right)^{1/3}$	$\mathcal{P}_t^t = 1$
$\mathcal{P}_v$	$\mathcal{P}_v^m = 1$	$\mathcal{P}_v^t = 1$

两种不同的归一化标准之间存在一定的区别与联系。它们的区别是在液体黏度的归一化标准中，L 和 ε 的表达式中只有代表液体黏度的物理量 μ' 而没有表示液体滞后区域的负压值 p_t，而在以液体滞后区域的负压值为归一化标准的表达式中，则正好相反。这表明在任一种归一化标准中，所有物理量均以该标准的物理量来表示。在两种归一化标准中，代表液体黏度的 $\mathcal{P}_m$ 和代表液体滞后区域负压程序的 $\mathcal{P}_t$ 之间存在一定的联系，表现为在两种归一化标准中 $\mathcal{P}_m$ 和 $\mathcal{P}_t$ 的变化范围对应一致，具体见表 7-2。另外，$\mathcal{P}_t^m$ 和 $\mathcal{P}_m^t$ 之间的联系可用式(7.28)表示。

$$\mathcal{P}_t^m = (\mathcal{P}_m^t)^{-1/3} \tag{7.28}$$

表 7-2　两种归一化标准之间的联系

	归一化标准	
	液体黏度	液体滞后区域的负压值
$p_t \to 0$	$\mathcal{P}_m^m = 1$ $\mathcal{P}_t^m \to 0$	$\mathcal{P}_m^t \to \infty$ $\mathcal{P}_t^t = 1$
$p_t \to \infty$	$\mathcal{P}_m^m = 1$ $\mathcal{P}_t^m \to \infty$	$\mathcal{P}_m^t \to 0$ $\mathcal{P}_t^t = 1$
$\mu' \to \infty$	$\mathcal{P}_m^m = 1$ $\mathcal{P}_t^m \to 0$	$\mathcal{P}_m^t \to \infty$ $\mathcal{P}_t^t = 1$
$\mu' \to 0$	$\mathcal{P}_m^m = 1$ $\mathcal{P}_t^m \to \infty$	$\mathcal{P}_m^t \to 0$ $\mathcal{P}_t^t = 1$

7.2.3　方程求解方法

在求解式(7.20)~式(7.24)时，选用液体黏度为单位 1 的归一化标准，在该标准下，润滑方程、整体连续性方程可分别表示为：

$$\int_{\xi}^{\xi_f} \overline{\Omega}_m \mathrm{d}\xi + \frac{2}{3}\xi\overline{\Omega}_m = -\overline{\Omega}_m^3 \frac{\partial \Pi_m}{\partial \xi} \tag{7.29}$$

$$2\gamma_m^2 \int_0^{\xi_f} \overline{\Omega}_m \mathrm{d}\xi = 1 \tag{7.30}$$

而由接触面张开条件[式(7.24)]可得：

$$\mathcal{P}_t^m = \frac{1}{\arccos \xi_f} \int_0^{\xi_f} \frac{\Pi_m \mathrm{d}\xi}{\sqrt{1-\xi^2}} \tag{7.31}$$

将式(7.31)代入接触面张开的弹性方程式(7.23)可得：

$$\overline{\Omega}_m = \int_0^{\xi_f} G(\xi, \xi')\Pi_m \mathrm{d}\xi' - \frac{1}{\arccos \xi_f}\int_0^{\xi_f} \frac{\Pi_m \mathrm{d}\xi}{\sqrt{1-\xi^2}} \int_{\xi_f}^{1} G(\xi, \xi')\mathrm{d}\xi' \quad \xi \in (0, 1) \tag{7.32}$$

基于液体黏度的归一化标准，将弹性不透水介质中的渗流问题简化至用式(7.29)~式(7.32)表示。在上述方程中，接触面张开量 $\overline{\Omega}_m$ 和接触面内液体压力 Π_m 为方程的求解目标函数。在获得函数 $\overline{\Omega}_m$ 和 Π_m 的表达式后，即可获得裂缝开展长度 γ_m 和液体滞后区域内的负压值 $\mathcal{P}_t^m$。从上述表达式可以看出，函数 $\overline{\Omega}_m$、Π_m、γ_m 和 $\mathcal{P}_t^m$ 中均含有自变量 ξ_f。因此，在求解方程时主要关注液体存在区域，即 $0 \leqslant \xi \leqslant \xi_f$。求解的具体过程可分为两个主要步骤：首先，通过数值方法假定液体压力分布形式的近似解，并代入式(7.32)中获得接触面张开量函数表达式；然后，将液体压力分布函数和接触面张开量函数代入润滑方程式(7.24)中，并结合边界条件求解。具体求解过程需要采用数值方法进行。首先在液体分布区域内($0 \leqslant \xi \leqslant \xi_f$)均匀布置($N$+1)个积分点，积分点的坐标为$\{\xi_i\}$，$i$=1，2，…，$N$+1。由此可得：

$$\xi_1 = 0,\ \xi_1 \cdots,\ \xi_{N+1} = \xi_f \tag{7.33}$$

并假定在任何两个相邻的积分点之间液体压力呈线性分布，即

$$\Pi_m(\xi) = a_i + b_i \xi \quad \xi \in [\xi_i,\ \xi_{i+1}],\ i = 1,\ 2,\ \cdots,\ N \tag{7.34}$$

由于液体压力分布在每个积分点均连续，因此可以用积分点的压强 $\Pi_{(i)} = \Pi_m(\xi_i)$ 表示系数 a_i 和 b_i。

$$a_i = \Pi_{(i)} - \xi_i \frac{\Pi_{(i+1)} - \Pi_{(i)}}{\xi_{i+1} - \xi_i} \tag{7.35}$$

$$b_i = \frac{\Pi_{(i+1)} - \Pi_{(i)}}{\xi_{i+1} - \xi_i} \tag{7.36}$$

将压力分布函数 $\Pi_m(\xi_1)$ 代入接触面张开弹性方程式(7.32)可得：

$$\overline{\Omega}_m = \sum_{i=1}^{N} [a_i I_1(\xi,\ \xi') + b_i I_2(\xi,\ \xi')]_{\xi'=\xi_i}^{\xi'=\xi_{i+1}} - \frac{[I_1(\xi,\ \xi')]_{\xi'=\xi_f}^{\xi'=1}}{\arccos \xi_f} \sum_{i=1}^{N} \left[a_i \arcsin \xi' - b_i \sqrt{1-\xi'^2}\right]_{\xi'=\xi_i}^{\xi'=\xi_{i+1}} \tag{7.37}$$

式(7.37)中的函数 $I_1(\xi,\ \xi')$ 和 $I_2(\xi,\ \xi')$ 表达式为：

$$\begin{aligned} I_1(\xi,\ \xi') &= \int G(\xi,\ \xi')\,\mathrm{d}\xi' \\ &= \frac{8}{\pi}\sqrt{1-\xi^2}\arcsin \xi' + \xi' G(\xi,\ \xi') + \xi\left(\frac{4}{\pi}\ln\left|\frac{\xi-\xi'}{\xi+\xi'}\right| + F_+(\xi,\ \xi')\right) \end{aligned} \tag{7.38}$$

$$\begin{aligned} I_2(\xi,\ \xi') &= \int \xi' G(\xi,\ \xi')\,\mathrm{d}\xi' \\ &= \frac{1}{2}(\xi'^2 - \xi^2) G(\xi,\ \xi') - \frac{4}{\pi}\sqrt{1-\xi'^2}\sqrt{1-\xi^2} \end{aligned} \tag{7.39}$$

式中：$F_{\pm}(\xi,\ \xi')=\dfrac{4}{\pi}\ln\dfrac{1+\xi\xi'\pm\sqrt{1-\xi'^2}\sqrt{1-\xi^2}}{1-\xi\xi'\pm\sqrt{1-\xi'^2}\sqrt{1-\xi^2}}$。

在将式(7.37)和式(7.34)代入润滑方程式(7.29)前，不妨设润滑方程的等号左、右两侧分别为函数 $\Phi_m(\xi)$ 和 $\Psi_m(\xi)$，则：

$$\Phi_m(\xi)=\sum_{i=1}^{N}\left[\begin{array}{l}a_i\left(J_1(\xi_f,\ \xi')-J_1(\xi,\ \xi')+\dfrac{2}{3}\xi I_1(\xi,\ \xi')\right)+\\ b_i\left(J_2(\xi_f,\ \xi')-J_2(\xi,\ \xi')+\dfrac{2}{3}\xi I_2(\xi,\ \xi')\right)\end{array}\right]_{\xi'=\xi_i}^{\xi'=\xi_{i+1}}-$$

$$\frac{1}{\arccos\xi_f}\left[J_1(\xi_f,\ \xi')-J_1(\xi,\ \xi')+\frac{2}{3}\xi I_1(\xi,\ \xi')\right]_{\xi'=\xi_f}^{\xi'=1}$$

$$\sum_{i=1}^{N}\left[a_i\arcsin\xi'-b_i\sqrt{1-\xi'^2}\right]_{\xi'=\xi_i}^{\xi'=\xi_{i+1}}\tag{7.40}$$

$$\Psi_m(\xi)=-b_i\overline{\Omega}_m^3(\xi)\ ,\ \xi\in[\xi_i,\ \xi_{i+1}]\quad i=1,\ 2,\ \cdots,\ N\tag{7.41}$$

函数 J_1 和 J_2 的表达式分别为：

$$J_1(\xi,\ \xi')=\int I_1(\xi,\ \xi')\mathrm{d}\xi=\frac{1}{2}\xi'^2F_-(\xi,\ \xi')+\frac{1}{2}(2\xi'^2+\xi^2)F_+(\xi,\ \xi')+$$

$$\xi\xi'G(\xi,\ \xi')+\frac{4}{\pi}\left(\xi'\sqrt{1-\xi'^2}\arcsin\xi+\arcsin\xi'\left(\xi\sqrt{1-\xi^2}+\arcsin\xi\right)\right)+$$

$$\frac{1}{2}(3\xi'^2+\xi^2)\ln\left|\frac{\xi-\xi'}{\xi+\xi'}\right|\tag{7.42}$$

$$J_2(\xi,\ \xi')=\int I_2(\xi,\ \xi')\mathrm{d}\xi=\frac{1}{6}\xi'^2(\xi'F_-(\xi,\ \xi')+3\xi'F_+(\xi,\ \xi')+3\xi G(\xi,\ \xi'))+$$

$$\frac{4}{3\pi}\left(-\xi\sqrt{1-\xi'^2}\sqrt{1-\xi^2}-2(1-\xi'^2)^{3/2}\arcsin\xi\right)-\frac{1}{6}\xi^3G(\xi,\ \xi')+$$

$$\frac{8}{3\pi}\xi'^3\ln\left|\frac{\xi-\xi'}{\xi+\xi'}\right|\tag{7.43}$$

由于 $\Phi_m(\xi)=\Psi_m(\xi)$ 恒成立，所以选择每个相邻积分点的中点 $\xi_{i+1/2}$ 代入该恒等式，得到 N 个联立方程并求解。

$$\Phi_m(\xi_{i+1/2})=\psi_m(\xi_{i+1/2})\ ,\ \xi_{i+1/2}=\frac{\xi_i+\xi_{i+1}}{2}\quad i=1,\ \cdots,\ N\tag{7.44}$$

在求解时，方程中的 a_i 和 b_i 用式(7.35)和式(7.36)代入，再加上边界条件 $\Pi_{(N+1)}=-\mathcal{P}_t$，由式(7.31)和式(7.34)得：

$$-\frac{1}{\arccos\xi_f}\sum_{i=1}^{N}\left[\left(\Pi_{(i)}-\xi_i\frac{\Pi_{(i+1)}-\Pi_{(i)}}{\xi_{i+1}-\xi_i}\right)\arcsin\xi'-\left(\frac{\Pi_{(i+1)}-\Pi_{(i)}}{\xi_{i+1}-\xi_i}\right)\sqrt{1-\xi'^2}\right]_{\xi'=\xi_i}^{\xi'=\xi_{i+1}}$$

$$=\Pi_{(N+1)}\tag{7.45}$$

通过联立式(7. 44)和式(7. 45)，$(N+1)$个联立方程求解得到 $\Pi_{(1)}$，$\Pi_{(2)}$，…，$\Pi_{(N)}$，$\Pi_{(N+1)}$。在计算中，由于液体压强分布函数在液体尖端和液体滞后区域交接处不连续，因此当ξ，ξ'均为ξ_f时，函数存在奇异性。考虑到计算精度的要求，当出现上述情况时，取$\xi=0.995\xi_f$。

7.2.4 渗流影响因素分析

通过 7. 2. 3 小节的方程求解过程可以发现，液体尖端坐标位置ξ_f是关键变量之一，通过选取不同ξ_f，可以获得各种不同的渗流情况。液体尖端坐标位置ξ_f的取值范围为(0，1)，当$\xi_f \to 0$时，意味着液体区域的范围占整个接触面张开量的比例很小[图 7-3(a)]；当$\xi_f \to 1$时，意味着液体区域占据了整个接触面张开的范围[图 7-3(b)]。而影响ξ_f数值的因素主要包括：代表了液体黏度的$\mathcal{P}_m$，代表了裂缝尖端液体滞后区域内的负压程度的$\mathcal{P}_t$，代表了液体的注入量$\mathcal{P}_v$。在 7. 2. 3 小节的求解过程中，将$\mathcal{P}_m$和$\mathcal{P}_v$用单位 1 表示而引入了液体黏度的归一化标准。因此，下面只需考察裂缝尖端液体滞后区域内的负压程度的$\mathcal{P}_t$和液体尖端坐标位置ξ_f的关系。

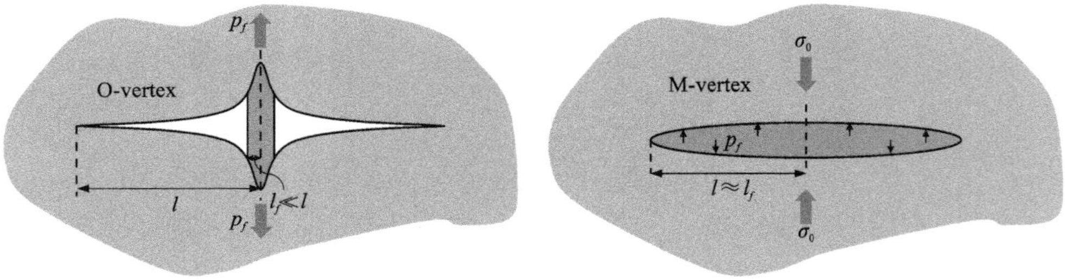

(a) $\xi_f \to 0$　　(b) $\xi_f \to 1$

图 7-3　不同液体尖端坐标位置ξ_f示意图

图 7-4 为不同ξ_f时的裂缝尖端液体滞后区域内的负压程度$\mathcal{P}_t$的情况。由图 7-4 可知，ξ_f随着$\mathcal{P}_t$的增加而增加，特别是当$\xi_f>0.5$时，ξ_f随着$\mathcal{P}_t$的增加而迅速增加。从ξ_f和$\mathcal{P}_t$之间的变化关系可知，裂缝尖端液体滞后区域内的负压程度$\mathcal{P}_t$的情况直接决定了液体尖端坐标位置ξ_f。由于假定裂缝尖端液体滞后区域内$p_{f(tip)}=0$，所以$\mathcal{P}_t$较小时，意味着σ_0较小同时ξ_f也较小，反之亦然。由此说明，液体尖端坐标位置ξ_f与弹性介质接触面的初始接触应力有关，当接触应力越大时，ξ_f越大。

图 7-5 为不同的ξ_f时接触面内液体压强Π_m的分布情况。从图 7-5 中可以看出，当ξ_f的取值不同时，液体压强Π_m分布规律不尽相同。当ξ_f较小时，即$0<\xi_f<0.1$[图 7-5(a)]，在液体存在区域内液体压强Π_m随着坐标ξ的增加线性减

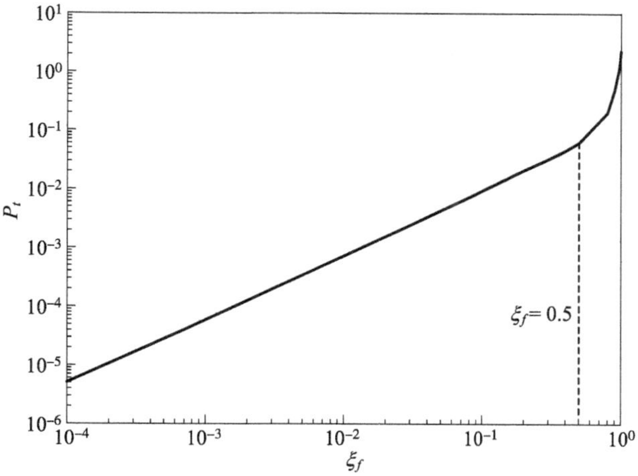

图 7-4　不同 ξ_f 时的裂缝尖端液体滞后区域内的负压程度

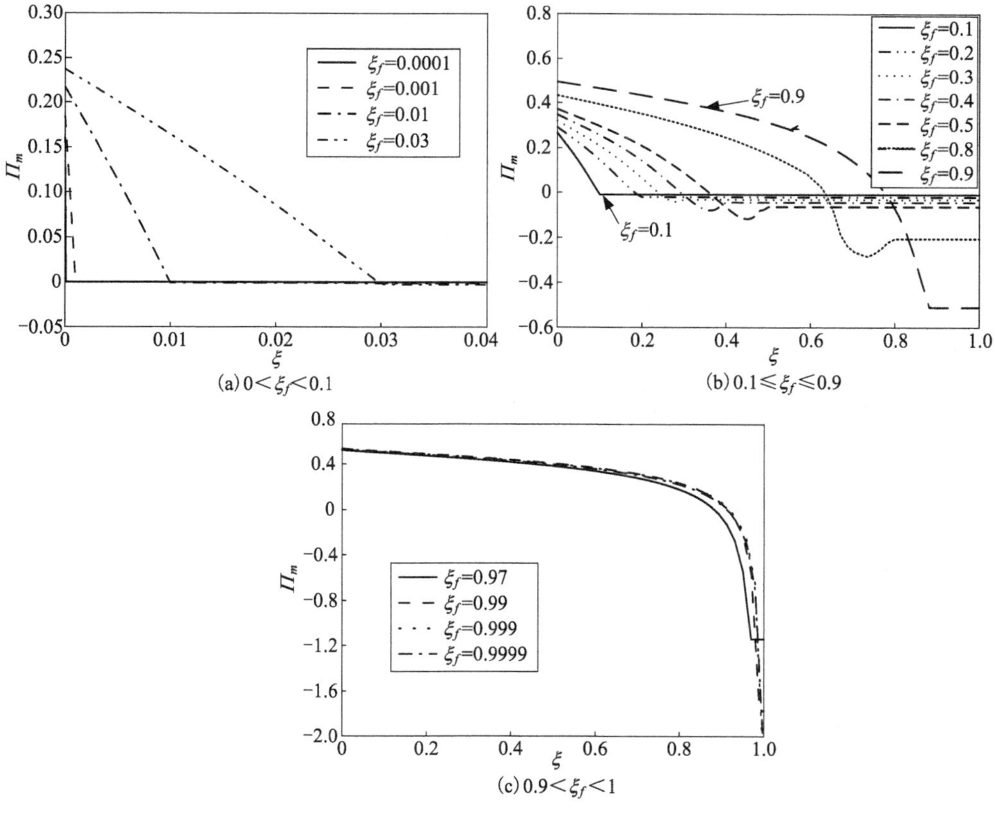

(a) $0<\xi_f<0.1$

(b) $0.1\leqslant\xi_f\leqslant0.9$

(c) $0.9<\xi_f<1$

图 7-5　不同 ξ_f 时接触面内液体压强 Π_m 的分布

小，并且在液体滞后区域内的液体负孔压极小（$10^{-3}\sim10^{-6}$）；当 ξ_f 适中时，即 $0.1\leqslant\xi_f\leqslant0.9$［图 7-5(b)］，液体压强 Π_m 近似呈抛物线形式，并且在液体尖端存在一个区域，该区域内的 Π_m 小于液体滞后区域内的负孔压 P_t，恰好反映了由液体的黏性存在的表面张力引起吸力的情况；当 ξ_f 较大时，即 $0.9<\xi_f<1$［图 7-5(c)］，液体压强 Π_m 也近似呈抛物线形式，但在液体尖端不存在一个 Π_m 小于 P_t 的区域。

同样，在不同 ξ_f 的情况下，接触面的张开量 Ω_m（$\Omega_m=\overline{\Omega}_m\cdot\gamma_m$）变化规律也不尽相同。当 ξ_f 较小时，即 $0<\xi_f<0.1$［图 7-6(a)］，在对数坐标下液体存在区域内接触面张开量 Ω_m 基本不变，而在液体滞后区域内随着坐标 ξ 的增加 Ω_m 线性减小，这主要是因为液体存在区域占整个接触面张开区域的比值很小，在该区域内液体压力对接触面的作用类似于集中力；当 ξ_f 适中时，即 $0.1\leqslant\xi_f\leqslant0.9$［图 7-6(b)］，接触面张开量 Ω_m 变化规律不尽相同，但总的来说，随着 ξ_f 的增加，Ω_m 趋于增加。当 ξ_f 较大时，即 $0.9<\xi_f<1$［图 7-6(c)］，接触面张开量 Ω_m 近似呈抛物线形式。

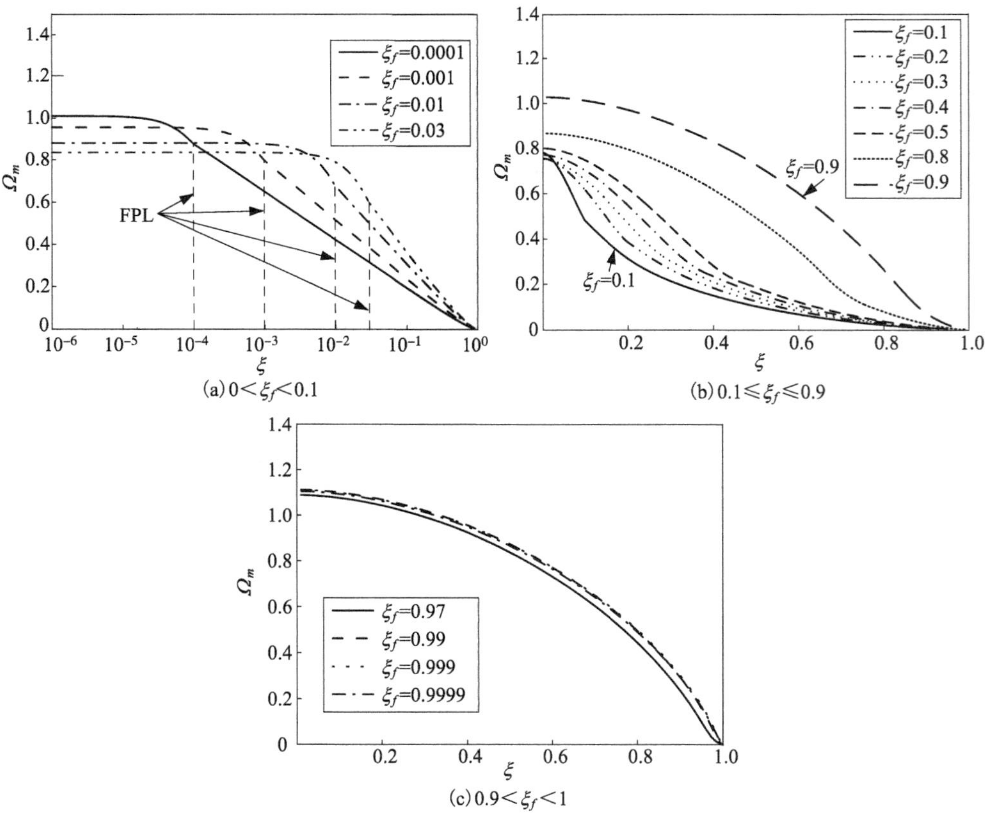

(a) $0<\xi_f<0.1$

(b) $0.1\leqslant\xi_f\leqslant0.9$

(c) $0.9<\xi_f<1$

图 7-6　不同 ξ_f 时渗透面内接触面张开 Ω_m 分布

将 7. 2. 3 小节中提出的数值方法计算得到的接触面张开量 $\overline{\Omega}_m$ 代入式(7. 30)可以得到 γ_m 的计算结果。由此可以计算出不同 ξ_f 时 γ_m 的分布规律(图 7-7)。图 7-7 采用了双对数坐标系统，反映了 $\log\gamma_m$ 和 $\log\xi_f$ 之间存在显著的线性相关性。通过拟合，可以得到两者之间数学关系可近似用式(7. 46)表达：

$$\log\gamma_m = -0.1594 - 0.9563\log\xi_f \tag{7.46}$$

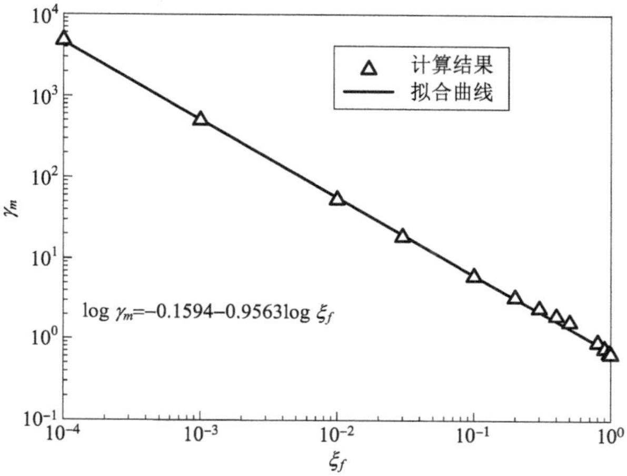

图 7-7　不同 ξ_f 时 γ_m 的分布规律

GARAGASH[109]针对弹性介质考虑液体滞后区域的水力压裂过程的研究，提出了所谓的 *MKO* 参数图(图 7-8)，其中 *OK* 边和 *MK* 边分别表示液体滞后区域内的负压为 0 和无穷大两种极限情况，而 *OM* 边与顶点 *K* 分别对应的是介质的开裂强度为 0 和液体的黏度为 0 两种情况。在 *MKO* 参数图中，将影响裂缝开展和液体渗透过程的多个参数，如弹性介质开裂强度、液体黏度、液体滞后区域内负孔压等，囊括在一起，并表示了多种不同的极限状态，如考虑和不考虑液体滞后区域(*MK* 边即为不考虑液体滞后区域)。一些学者已对 *MKO* 参数图中列出的部分情况进行了分析研究，如 SPENCE 和 SHARP[91]给出了 *MKO* 参数图中 *MK* 边所代表的情况下，即不考虑液体滞后区域情况下的水力压裂过程的解析解，而学者 ADACHI 和 DETOURNAY[114]、GARAGASH 和 DETOURNAY[93、103]对顶点 *M* 和 *K* 所代表的情况进行了深入的研究。而 GARAGASH[109]则对 *OK* 边和顶点 *O*、*K* 所代表的情况进行了研究，给出了相应的解析解。由此可以看出，本节研究的正是 *MKO* 参数图中 *OM* 边所代表的情况，即介质的开裂强度为零。在 *OM* 边上存在两个极限状态，即液体滞后区域负孔压为零(顶点 *O*)及负孔压为无穷大(顶点 *M*)。为验证本节提出的计算方法的准确性，下面针对这两种极限状态下对前人的研究成果进行对比分析。

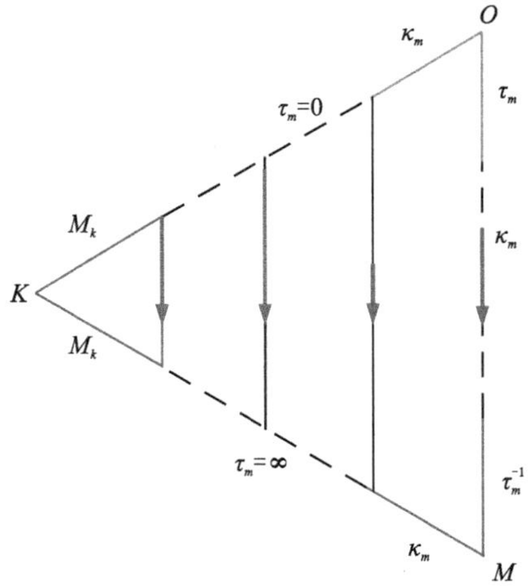

图 7-8 *MKO* 参数图[109]

在顶点 O 处，即开裂强度为 0，液体滞后区域负孔压为 0[109]：

$$\Pi_m(\xi)=H(\xi_f-\xi)\left(\frac{18\varepsilon_f}{7}\right)^{2/3}\left[\frac{1}{2}\left(1-\frac{\xi}{\xi_f}\right)^2+\frac{1}{3}\left(1-\frac{\xi^2}{\xi_f^2}\right)\right] \tag{7.47}$$

$$\xi\gg\xi_f:\Omega_m(\xi)=\left(\frac{7\varepsilon_f^5}{144}\right)^{1/6}\frac{4}{\pi}\ln\left(\frac{1+(1-\xi^2)^{1/2}}{1-(1-\xi^2)^{1/2}}\right) \tag{7.48}$$

$$\xi\sim\xi_f:\Omega_m(\xi)=\left(\frac{7}{144\varepsilon_f}\right)^{1/6} \tag{7.49}$$

$$\gamma_m=\frac{1}{\xi_f}\left(\frac{9\varepsilon_f}{28}\right)^{1/6} \tag{7.50}$$

式中：$\varepsilon_f=\dfrac{\pi}{8\ln(2/\xi_f)}$；$H(x)$ 为单位阶跃函数，其表达式为

$$H(x)=\begin{cases}0 & x<0\\ 0.5 & x=0\\ 1 & x>0\end{cases}$$

在顶点 M 处，即开裂强度为 0，液体滞后区域负孔压为无穷大时，DETOURNAY[113]和 ADACHI[114]给出了一阶近似解：

$$\Pi_m^{(1)}=\frac{1}{3\pi}B\left(\frac{1}{2},\ \frac{2}{3}\right)\left[A_0F_1\left(-\frac{1}{6},\ 1;\ \frac{1}{2};\ \xi^2\right)+\frac{10}{7}A_1^{(1)}F_1\left(-\frac{7}{6},\ 1;\ \frac{1}{2};\ \xi^2\right)\right]+B^{(1)}(2-\pi|\xi|) \tag{7.51}$$

$$\overline{\Omega}_m^{(1)}=A_0(1-\xi^2)^{2/3}+A_1^{(1)}(1-\xi^2)^{5/3}+B^{(1)}\left[4\sqrt{1-\xi^2}+2\xi^2\ln\left|\frac{1-\sqrt{1-\xi^2}}{1+\sqrt{1-\xi^2}}\right|\right] \tag{7.52}$$

$$\gamma_m^{(1)} = 0.616 \tag{7.53}$$

式中：$A_0 = 3^{1/2}$，$A_1^{(1)} \approx 0.156$，$B^{(1)} \approx 0.0663$；$B(\cdot)$为贝塔函数，其表达式为$B(x, y) = \int_0^1 t^{x-1}(1-t)^{y-1}\mathrm{d}t$；$F_1(\cdot)$为超几何函数，其表达式为

$$F_1(a, b; c; z) = \sum_{n=0}^{\infty} \frac{(a)_n (b)_n}{(c)_n} \frac{z^n}{n!} \tag{7.54}$$

其中，$(q)_n = \begin{cases} 1 & \text{if } n=0 \\ q(q+1)\cdots(q+n-1) & \text{if } n>0 \end{cases}$

为验证本节提出的在介质开裂强度为 0 时，不同液体滞后区域负孔压情况下的解析解包含上述解析解中两个极限状态，即 $\xi_f \to 0$(代表开裂强度为 0 和液体滞后区域负孔压为 0)和 $\xi_f \to 1$(代表开裂强度为 0 和液体滞后区域负孔压为无穷大)，分别与 GARAGASH[109] 和 DETOURNAY[113] 以及 ADACHI[114] 提出的计算公式对比。图 7-9、图 7-10 和表 7-3 分别为在 $\xi_f \to 0$ 情况下，Π_m、Ω_m 和 γ_m 对比结果。在 Π_m 计算结果对比中(图 7-9)发现，本节计算结果与 GARAGASH 提出的方法较为接近，特别是当 ξ_f 较小时。而在 Ω_m 计算结果中，GARAGASH 提出的计算公式分为 ξ 远大于 ξ_f 和 ξ 接近于 ξ_f 两种情况，但是未给出具体的分界条件。本次计算中认为当 $\xi > 5\xi_f$ 时，采用式(7.48)计算，其他情况下采用式(7.49)计算。将计算结果与本节的结果列于图 7-10 中进行对比，发现两者之间基本的数值范围和变化规律接近。表 7-3 列出了在不同 ξ_f 时两种计算方法得到的 γ_m 对比，发现两者之间的差别均小于 1%。

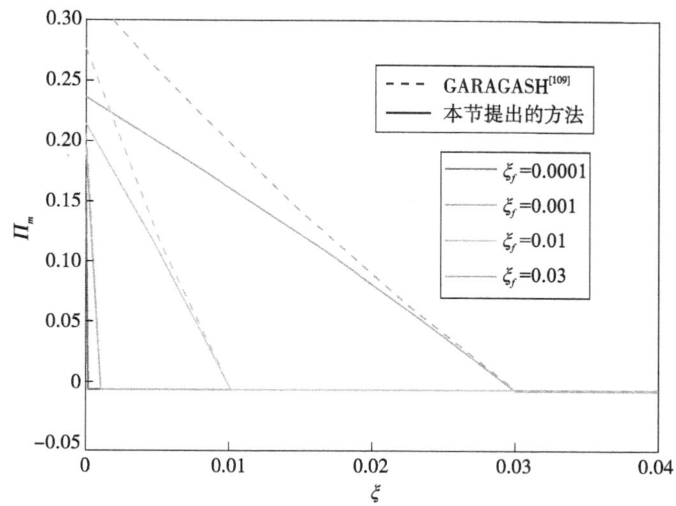

图 7-9　当 $\xi_f \to 0$ 时 Π_m 对比结果

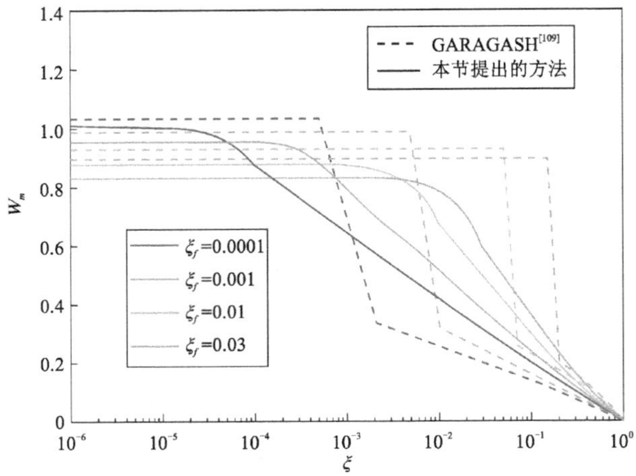

图 7-10　当 $\xi_f \to 0$ 时 Ω_m 对比结果

表 7-3　在不同 ξ_f 时两种计算方法得到的 γ_m 对比

ξ_f	GARAGASH[109]	本节提出的方法	误差/%
0. 0001	4833. 10	4788. 92	-0. 91
0. 001	505. 103	500. 365	-0. 94
0. 01	53. 6415	53. 4099	-0. 43
0. 03	18. 5866	18. 6847	0. 53

同样，在 $\xi_f \to 1$ 将本节的计算结果与 DETOURNAY[113] 和 ADACHI[114] 给出的一阶近似解进行对比。图 7-11、图 7-12 和图 7-13 分别为 Π_m、Ω_m 和 γ_m 对比结

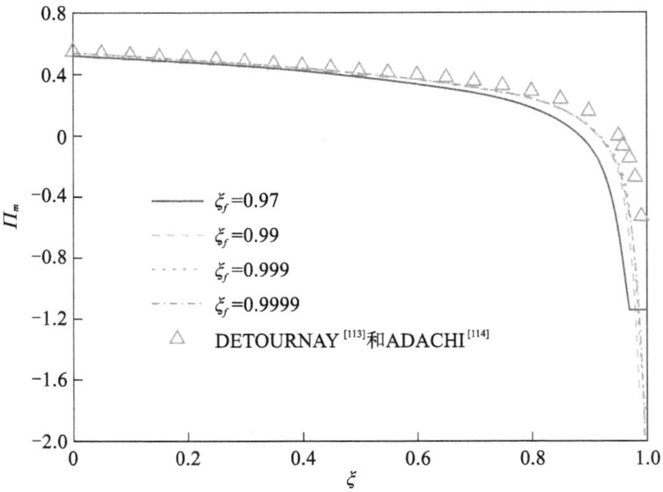

图 7-11　当 $\xi_f \to 1$ 时 Π_m 对比结果

果，可以看出，两者之间较为吻合，由此可以说明，本节提出的计算方法在两种极限状态下计算结果与前人研究结果吻合。

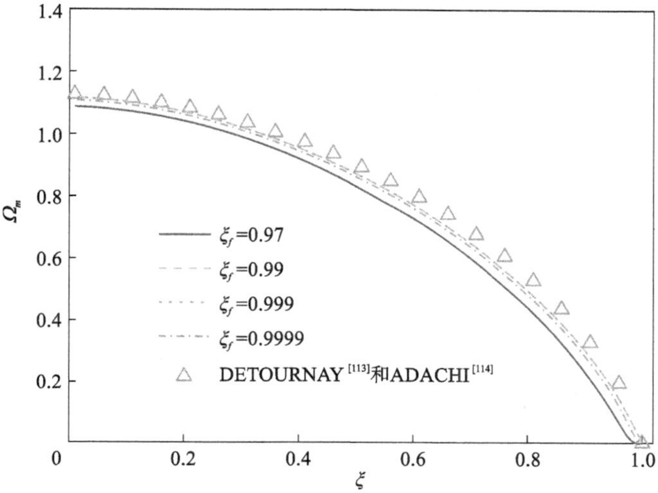

图 7-12　当 $\xi_f \to 1$ 时 Ω_m 对比结果

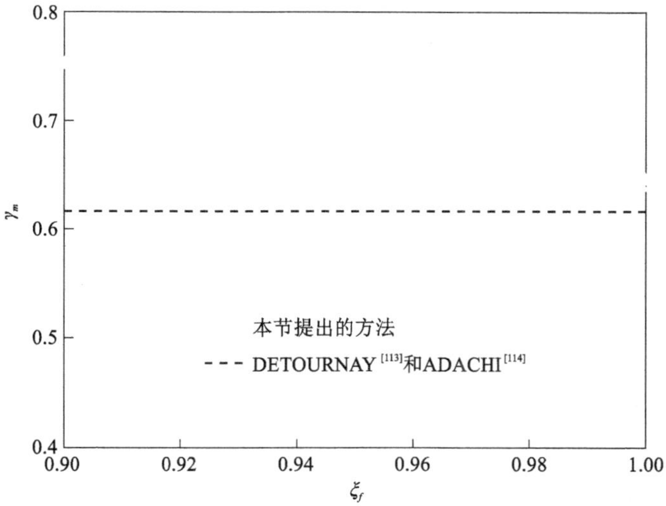

图 7-13　当 $\xi_f \to 1$ 时 γ_m 对比结果

7.3 基于 Cohesive 单元的接触面渗流特性

7.3.1 Cohesive 单元基本原理

由于接触面渗流是一种极为复杂的流固相互作用过程，采用解析方法分析这一过程时需要引入一系列的力学假定和数学方法，因此在分析一般情况下的接触面渗流问题时有不小的难度，进而有必要建立一种可以分析一般情况下的接触面渗流特性的数值方法。在数值方法中，有限单元法(finite element method, FEM)是目前应用最多也是较为成熟的一种方法，但其基本假定是建立在连续介质的力学微分方程的基础上的，通过设定合理的形函数和无限细分单元能完美地得到计算区域内的每一点计算值。但由于形函数是连续函数，单元内部的位移和应变也是连续的，因此对于单元内部出现张开(开裂)的情况则无法通过传统的有限元方法进行模拟。

而在有限单元法中引入的 Cohesive 单元正好解决了传统的有限单元法无法模拟界面张开的问题。其基本原理是在潜在的开裂面处预先插入一层厚度很小的单元，并且设定该开裂面处开裂的发生和发展的判断准则，一旦在计算过程中满足了上述的裂缝发生和发展准则，那么 Cohesive 单元上原本的一个节点就会分开成为两个节点以模拟裂缝的发生和发展。目前，Cohesive 单元已被广泛地应用于物体的黏结界面和岩石裂缝等模拟中。

Cohesive 单元使用的范围也各有不同，主要包含 3 个基本方面：①用于描述有限厚度的连续体介质，如黏结两个物体的黏结剂；②用于描述无厚度的开裂界面，如连续体介质中的开裂面或复合材料中的材料之间的交界面；③用于描述在单轴应力状态下的连接件，如垫片或其他无侧限的构件。在不同的情况下，Cohesive 单元所基于的变形与应力的假定也不同。

在用于模拟胶水之类的物质时，Cohesive 单元常常是具有一定厚度的。而 Cohesive 单元的一些材料属性，比如刚度、强度等可以通过黏结剂的试验获取，然后可被直接用于数值计算中。黏结材料通常比周围的物质的强度要低，故 Cohesive 单元可被用于模拟物体的初始损坏以及裂缝的开展。

在模拟无厚度开裂界面时，Cohesive 单元的材料属性往往很难直接获取，因此需要借助断裂力学的一些概念，比如断裂力学中生成新的表面需要的断裂能等。采用 Cohesive 单元模拟上述黏结界面开裂需要的初始荷载、初始开裂、裂缝开展情况及最终破坏时，往往需要对其开裂前的界面状态进行定义，目前常采用线弹性的罚函数来定义，即认为在界面受拉或是受剪时界面出现强度软化情况，而在受到纯压时没有任何影响。当使用 Cohesive 单元进行无厚度裂缝模拟时往往需要事先预测裂缝可能开展的位置，在这些位置处插入 Cohesive 单元，但是在开始时模型内是不包含任何初始裂缝的。事实上，裂缝初始发生的位置和开展的方式部分是由计算中的一些中间结果确定的，但是那些裂缝开展的位置处必定事先插入了 Cohesive 单元，而裂缝是不会开展到周围的物体中去的。

Cohesive 单元同样可以用来模拟垫片等单向应力状态下的构件，在模拟的过程中所需要的材料参数只包括刚度和强度等。相比于其他的垫片模拟方法，采用 Cohesive 单元来模拟垫片具有完全的非线性、能在动力分析中考虑构件的质量等特点。在模拟的过程中，假定垫片处于单轴应力状态下，其他的单轴应力状态的构件也可采用此方法进行模拟。

从结构上来说，Cohesive 单元与普通的连续体单元一样。但是为了便于理解，可以将 Cohesive 单元看成是以厚度为距离的两个面组成的单元(顶面和底面)。顶面和底面沿着厚度方向的相对移动可以表示界面的张开和闭合，而顶面和底面沿着垂直于厚度方向平面的移动可以表示界面的横向剪切变形。而 Cohesive 单元中面的拉伸和剪切会产生类似于膜变形产生的应变，但是在这个过程中不产生任何应力。图 7-14 为三维 Cohesive 单元结构示意图。图 7-15 为三维 Cohesive 单元应变类型。

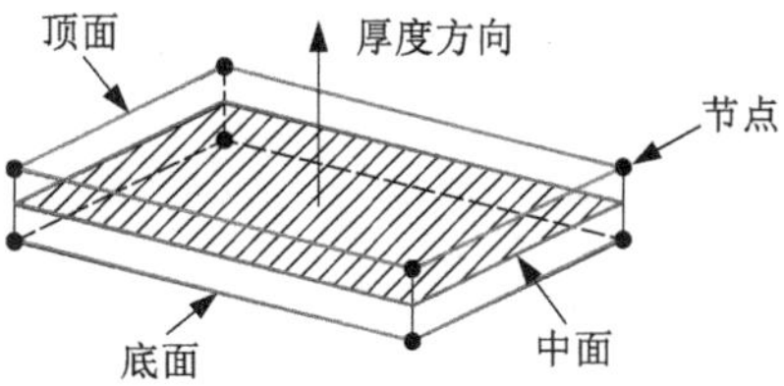

图 7-14　三维 Cohesive 单元结构示意图

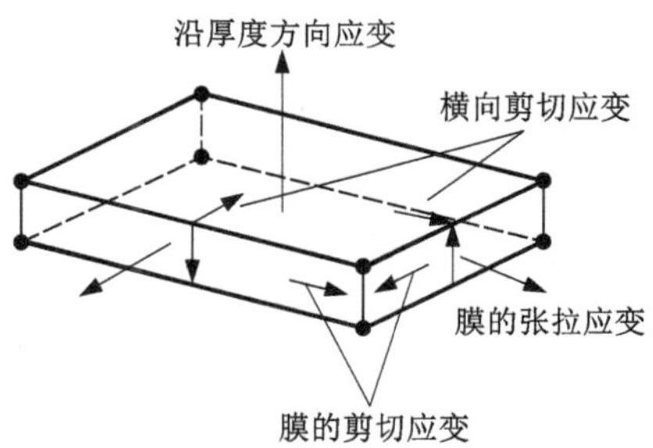

图 7-15　三维 Cohesive 单元应变类型

Cohesive 单元作为一种特殊的单元类型，在有限元计算模型中与其他单元的连接方式根据需要模拟的问题类型不同而不同。但是最基本的原则是 Cohesive 单元的顶面和底面中至少有一个面需要与其他物体相连接。在大多数的应用中，较为常用的方式是将 Cohesive 单元的两个面都绑定到与其相邻的物体表面上。这是因为如果只将 Cohesive 单元的其中一个面连接到其他物体上而另外一个面是自由的话，Cohesive 单元会由于缺少膜刚度而产生多种变形奇异模式，这些奇异变形模式会从一个 Cohesive 单元传递至与其相邻的单元，直到最后在这一系列 Cohesive 单元的端节点处停止，因为端节点必定连接到了某一个物体的表面。

在一些例子中，Cohesive 单元往往与周围相邻物体表面的单元共用节点。而在另外一些例子中，由于Cohesive单元的尺寸与周围相邻物体的单元不匹配，那么需要将Cohesive单元表面的节点绑定到周围相邻物体的表面。而在采用Cohesive单元模拟垫片的例子中，通常采用的办法是将Cohesive单元的一个表面上的节点与周围相邻的物体表面绑定，而另外一个表面采用定义接触的方式与周围相邻物体连接，这样处理的好处是可以避免垫片受到拉应力。

图7-16表示Cohesive单元与周围物体共享节点的情况。这种情况要求Cohesive单元的尺寸与周围物体的单元尺寸保持一致。若要采用这种方法来模拟界面层的力学行为，则要注意其只能适用于界面层和周围物体之间无摩擦滑移的情况。另外，采用共用节点的方式来模拟界面层的力学特性时，容易在其内部产生拉应力，这与实际不相符，可以让Cohesive单元的一个表面与周围物体相连，另外一个表面采用接触的方式与周围物体连接。

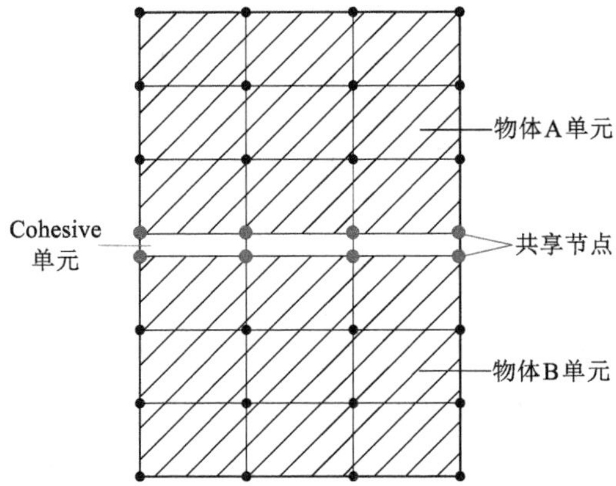

图7-16 Cohesive单元与周围物体单元共享节点

通常情况下，Cohesive单元的网格会较其相邻物体的网格更细，因此Cohesive单元就无法与相邻物体单元共享节点了。这种情况下，Cohesive单元顶面和底面的节点可以与相邻物体的表面绑定，如图7-17(a)所示。而图7-17(b)表示的则是Cohesive单元一个表面上的节点与其相邻的物体表面绑定，而另外一个表面与相邻物体的表面进行接触。Cohesive单元的接触特性有其自身的特点。比如在通常情况下，Cohesive单元在受拉或者是受剪破坏后，依然能够承担压应力。因此在受拉或是受剪破坏后，Cohesive单元依然能够起到阻止相邻物体节点侵入其内部。当然，实现这样的目标有一个前提，那就是Cohesive单元的顶面和底面不能有很大的相对剪切位移。

Cohesive单元可以用来模拟有限厚度的黏结层或者是无厚度的黏结界面，而当其用于模拟无厚度的黏结界面时，该界面的张开、破坏往往采用拉伸-张开准则进行描述，而该准则的基本判定标准成为数值计算中的关键点。

通常在拉伸-张开准则中，将破坏的发生和发展的过程都定义为线弹性。这就意味着接触面上的法向应力和法向应变可以通过一个弹性本构矩阵来描述。而接触面上的法向应力是用该接触面积分点上力的分量除以接触面面积得到的，同时接触面上的法向应变是用接触面的张开量除以接触面的定义厚度得到的。而在计算过程中，一般都定义接触面的厚度为1，这样计算得到的接触面法向应变与

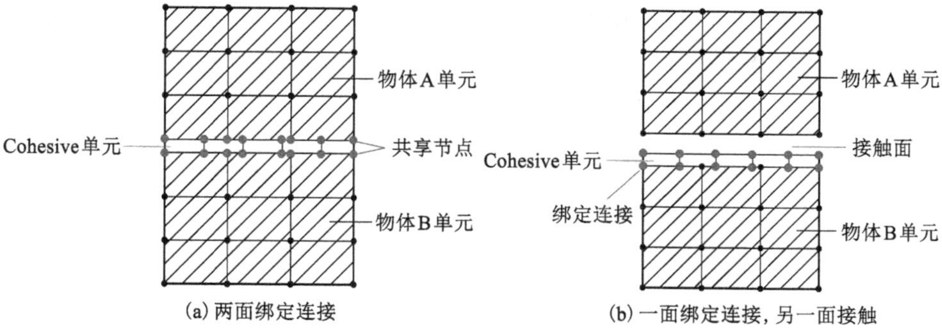

图 7-17　Cohesive 单元与周围物体单元绑定连接

接触面的张开量从数值上来说是一致的。值得指出的是，该接触的定义厚度与几何厚度往往是不同的，定义厚度指的是计算过程中接触面的厚度，通常定义为 1，而几何厚度指的是接触面的实际厚度，通常接近或等于 0。

可以定义接触面的应力向量，在二维问题中它包含 2 个分量，即法向应力分量 σ_n 和切向应力分量 τ_s，在三维问题中还包含另外一个切向应力分量 τ_t，该切向应力分量与 τ_s 相互垂直。应力向量可以表示为弹性矩阵$[\boldsymbol{K}]$与应变向量的乘积。式(7.55)中的弹性矩阵中的各个分量之间相互耦合，因此有 6 个分量，即 K_{nn}，K_{ss}，K_{tt}，K_{ns}，K_{nt} 和 K_{st}。当不考虑弹性矩阵中各个分量相互耦合时，则只剩 3 个独立的分量，即 K_{nn}，K_{ss} 和 K_{tt}，如式(7.56)所示。

$$t=\begin{Bmatrix}\sigma_n\\ \tau_s\\ \tau_t\end{Bmatrix}=\begin{bmatrix}K_{nn} & K_{ns} & K_{nt}\\ K_{ns} & K_{ss} & K_{st}\\ K_{nt} & K_{st} & K_{tt}\end{bmatrix}\begin{Bmatrix}\varepsilon_n\\ \varepsilon_s\\ \varepsilon_t\end{Bmatrix}=K\varepsilon \tag{7.55}$$

$$t=\begin{Bmatrix}\sigma_n\\ \tau_s\\ \tau_t\end{Bmatrix}=\begin{bmatrix}K_{nn} & 0 & 0\\ 0 & K_{ss} & 0\\ 0 & 0 & K_{tt}\end{bmatrix}\begin{Bmatrix}\varepsilon_n\\ \varepsilon_s\\ \varepsilon_t\end{Bmatrix}=K\varepsilon \tag{7.56}$$

同理，定义界面的在法向和两个切向的张开量为 δ_n 和 δ_s，δ_t，若界面的定义厚度为 T_0，那么界面上的应变分量可用式(7.57)表示。

$$\varepsilon_n=\frac{\delta_n}{T_0},\ \varepsilon_s=\frac{\delta_s}{T_0},\ \varepsilon_t=\frac{\delta_t}{T_0} \tag{7.57}$$

与其他破坏准则定义的内容一样，拉伸-张开准则定义的破坏准则包含三个部分，即破坏发生判定条件、破坏发展的准则、破坏处单元的删除规则。无厚度 Cohesive 单元采用的拉伸-张开破坏准则可以是线性的也可以是非线性的。图 7-18 是典型的无厚度 Cohesive 单元采用的线性拉伸-破坏准则，当界面的张开量

δ(包括法向和切向)小于预先定义的破坏临界 δ^0 时，界面上的拉力随着张开量的增加线性增加，当界面的张开量大于预先定义的破坏临界 δ^0 时，界面上的拉力随着张开量的增加线性减小，直至减小至0，此时界面张开量为失效临界 δ_n^f。

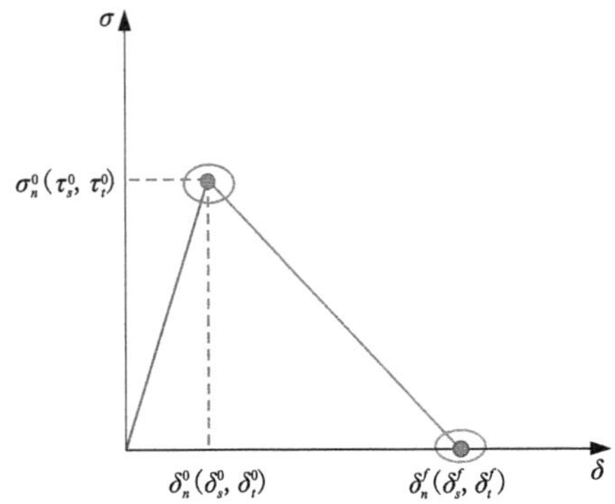

图 7-18　拉伸-破坏准则中张拉力与张开量关系

而破坏临界状态的定义是认为当物体某一点达到该临界状态时，物体在该点处出现软化情况。而物体某点软化情况的出现正是由于物体在该点处的应力或应变状态达到了事先设定的破坏准则。在数值计算中判断某点是否达到破坏准则，是通过判断该点处的应力应变值与材料允许最大应力应变值之间的关系来确定的。而不同的判定方法就代表了不同的破坏发生判定条件。破坏发生的判定条件主要有四种，即最大应力判定条件、最大应变判定条件、二次应力判定条件和二次应变判定条件。

假定物体内某点处的允许最大法向和两个切向应力值为 σ_n^0 和 τ_s^0、τ_t^0，那么最大应力判定条件可表示为：

$$\max\left\{\frac{\langle\sigma_n\rangle}{\sigma_n^0}, \frac{\tau_s}{\tau_s^0}, \frac{\tau_t}{\tau_t^0}\right\}=1 \tag{7.58}$$

式中：$\langle\ \rangle$ 为麦考林括号，$\langle\sigma_n\rangle$ 表示的是在纯压变形或纯压应力状态下，物体内部不会发生破坏。

假定物体内某点处的允许最大法向和两个切向应变值为 ε_n^0 和 ε_s^0、ε_t^0，那么最大应变判定条件可表示为：

$$\max\left\{\frac{\langle\varepsilon_n\rangle}{\varepsilon_n^0}, \frac{\varepsilon_s}{\varepsilon_s^0}, \frac{\varepsilon_t}{\varepsilon_t^0}\right\}=1 \tag{7.59}$$

与最大应力判定条件和最大应变判定条件不同，二次应力判定条件和二次应变判定条件通过各个方向的应力或应变与相应方向的允许最大应力或应变比值的平方和是否等于 1 来判定破坏是否发生，用公式表示为：

二次应力判定条件：

$$\left\{\frac{\langle\sigma_n\rangle}{\sigma_n^0}\right\}^2+\left\{\frac{\tau_s}{\tau_s^0}\right\}^2+\left\{\frac{\tau_t}{\tau_t^0}\right\}^2=1 \tag{7.60}$$

二次应变判定条件：

$$\left\{\frac{\langle\varepsilon_n\rangle}{\varepsilon_n^0}\right\}^2+\left\{\frac{\varepsilon_s}{\varepsilon_s^0}\right\}^2+\left\{\frac{\varepsilon_t}{\varepsilon_t^0}\right\}^2=1 \tag{7.61}$$

破坏发展准则描述的是当物体内某一点达到破坏发生准则后，该点处材料强度的软化过程，破坏的发展则往往通过引入破坏状态变量 D 的方法来解决。破坏状态变量是一个非 0 即 1 的数，当破坏状态变量为 0 时，表示该点完全无破坏，当破坏状态变量为 1 时，表示该点完全破坏。因此通过破坏状态变量 D 可以定义破坏发生点处的应力值，即

$$\sigma_n=\begin{cases}(1-D)\bar{\sigma}_n & \text{法向受拉时}\\ \bar{\sigma}_n & \text{法向受压时}\end{cases} \tag{7.62}$$

$$\tau_s=(1-D)\bar{\tau}_s \tag{7.63}$$

$$\tau_t=(1-D)\bar{\tau}_t \tag{7.64}$$

式中：$\bar{\sigma}_n$ 和 $\bar{\tau}_s$、$\bar{\tau}_t$ 分别表示在假定不破坏的情况下，当前应变值所对应的法向应力和两个剪切应力分量，而 σ_n 和 τ_s、τ_t 则为实际计算的应力分量。

定义破坏的发展通常要包括两个部分。第一个部分的主要内容是确定在完全破坏状态下的有效位移 δ_m^f，有效位移 δ_m^f 与破坏初始发生时的位移 δ_m^0 有关；或者确定破坏时能量的消散值 G_C。第二部分是定义在破坏发生时到完全破坏这个阶段内，破坏状态变量 D 的属性。破坏状态变量 D 的定义方式主要有三种，一是定义为线性变化软化准则，二是定义为指数型变化软化准则，三是通过列表的方式定义不同有效位移时对应的破坏状态变量。

采用 Cohesive 单元研究弹性介质接触面渗流特性是因为在其单元内部张开产生的间隙中可模拟液体流动。同时也可以模拟液体压力作用于 Cohesive 单元表面后物体的力学行为，这使得采用 Cohesive 单元模拟弹性介质接触面的液体流动以及液体压力对接触面变化的影响成为了可能。Cohesive 单元内部的液体流动分为两种形式，一种是沿着间隙方向的切向流动，另一种是垂直间隙方向的法向流动。前一种流动形式主要模拟在间隙不断发展的过程中，液体逐渐充满整个间隙的过程。后一种流动形式主要模拟在可透水的物质中，间隙内的水流通过间隙表面向间隙两侧的物体内部渗入，即模拟液体流失的过程(图 7-19)。值得指出的是，间隙内部的液体基于不可压缩且必须时刻保持连续的假定。

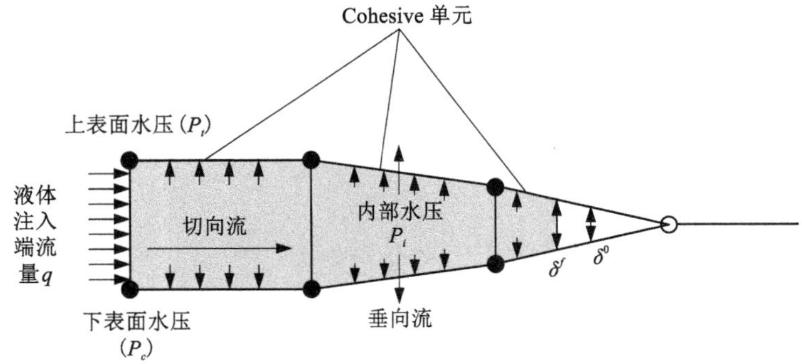

图 7-19　Cohesive 单元内液体渗流示意

由于切向液体流动和法向液体流动本质属性不同，因此在数值计算时需要分别对它们进行定义。在切向液体流动定义中，也分为牛顿流体和幂律流体两种。在牛顿流体中体积流量密度可以用式(7.65)表示：

$$q\delta=-k_t\nabla p \tag{7.65}$$

式中：k_t 为切向的渗透系数；∇p 为沿着间隙切向的压力梯度；δ 为间隙的张开量。

间隙张开量 δ 可以表示为：

$$\delta=t_{\mathrm{curr}}-t_{\mathrm{orig}}+g_{\mathrm{init}} \tag{7.66}$$

式中：t_{curr} 和 t_{orig} 分别为当前和初始的 Cohesive 单元的几何厚度；g_{init} 为初始间隙张开量。

由于初始情况下 Cohesive 单元内部张开量为 0，因此液体存在间隙体积为 0，无法模拟液体流动，所以取 0.002 作为初始值。

切向渗透系数 k_t 可采用雷诺方程定义为：

$$k_t=\frac{\delta^3}{12\mu} \tag{7.67}$$

式中：μ 为液体的黏度；δ 为间隙的张开量。

对于幂律流体，其基本方程可表示为：

$$\tau=K\dot{\gamma}^{\alpha} \tag{7.68}$$

式中：τ 为剪切应力；$\dot{\gamma}$ 为剪应变率；K 为流体稠度；α 是幂律系数。

同时可定义切向体积流量密度为：

$$q\delta=-\left(\frac{2\alpha}{1+2\alpha}\right)\left(\frac{1}{K}\right)^{\frac{1}{\alpha}}\left(\frac{d}{2}\right)^{\frac{1+2\alpha}{\alpha}}\|\nabla p\|^{\frac{1-\alpha}{\alpha}}\nabla p \tag{7.69}$$

法向液体流动可以通过定义材料的液体渗漏系数来实现。液体渗漏系数是指 Cohesive 单元的中间节点和顶面底面节点之间的压力差与液体流动之间的关系。

液体渗漏系数可以表达为有限厚度材料的在 Cohesive 单元表面处的渗透性。其也可以用下式表达：

$$q_t = c_t(p_i - p_t) \tag{7.70}$$

$$q_b = c_b(p_i - p_b) \tag{7.71}$$

式中：q_t 和 q_b 分别为穿过 Cohesive 单元顶面和底面的流体速率；p_i 是中面的压力；p_t 和 p_b 分布为顶面和底面的压力；c_t 和 c_b 分别为液体的渗漏系数。

在 Cohesive 单元中，对于液体切向流动和法向流动，可定义它们同时存在，也可定义只有其中一种流动存在，表 7-4 列出了不同流动组合定义情况下的 Cohesive 单元内液体渗流模式。

表 7-4　不同流动组合定义情况下的 Cohesive 单元内液体渗流模式

<table>
<tr><td></td><td></td><td colspan="2">法向流动</td></tr>
<tr><td></td><td></td><td>存在</td><td>不存在</td></tr>
<tr><td rowspan="2">切向流动</td><td>存在</td><td>同时模拟液体的法向和切向流动</td><td>模拟液体的切向流动，因为法向上界面的渗透性为 0。当单元闭合时，相邻节点间的孔隙水压力连续性是强制保证的</td></tr>
<tr><td>不存在</td><td>只模拟液体的法向流动</td><td>不模拟液体的切向流动。Cohesive 单元内相邻节点之间的孔隙水压力连续性始终保证</td></tr>
</table>

在采用 Cohesive 单元模拟液体渗流过程时，需要注意以下两种情况：①渗透系数过大，即当液体切向流动或法向流动的渗透系数过大，特别是当其远大于周围连续体单元的渗透系数时，计算矩阵可能出现问题，导致矩阵的奇异性和得到不可信的计算结果；②考虑水的质量，在计算切向液体流动时，若考虑周围物体和水的重力产生的静水压力可能会对切向流动液体的孔隙水压力产生影响，在计算时需要分析这种影响下计算结果是否需要考虑或是否需要剔除。

7.3.2　Cohesive 单元参数选取及敏感性分析

采用 Cohesive 单元模拟界面的开展中涉及多种模式和参数的选择。不同的模式与参数选择代表了不同的界面开展情况，其中主要的参数包括允许最大应力值 $\sigma_{\max}^0$、破坏临界 δ^0、失效临界 δ^f、破坏过程的耗能 G_c 和单元初始刚度 K。根据上述各个参数的定义，可知其相互之间存在一定的联系，具体来说，这 5 个参数之中只有 3 个是相互独立的。在大型有限元软件 ABAQUS 中，运用 Cohesive 单元时需要输入的参数为 $\sigma_{\max}^0$、单元初始刚度 K 和失效临界 δ^f，而另外 2 个参数可通过式(7.72)和式(7.73)计算得到。此外，模拟液体在 Cohesive 单元中渗流时，Cohesive 单元顶面和底面的渗透系数 c_t、c_b 和液体的黏度 μ 也是需要输入的参数。

$$G_c = \frac{1}{2}\sigma_{\max}^0 (\delta^f)^2 \tag{7.72}$$

$$\delta^0 = \frac{\sigma_{\max}^0}{K} \tag{7.73}$$

为研究 Cohesive 单元参数选取对于接触面渗流过程的影响，下面以一水力压裂的算例进行研究。在该算例中，采用了弹性模量为 E、泊松比为 ν 的线弹性不透水介质，在拟发生界面张开的部分采用 Cohesive 单元进行模拟，Cohesive 单元与周围介质单元之间采用节点共享的方式连接。这是由于在模拟水力压裂过程中，Cohesive 单元部分是分析时主要关注的部分，因此这个部分的单元网格尺寸相对于远离界面部分的网格尺寸要小很多，若采用 Cohesive 单元与周围介质绑定的连接方式，则 Cohesive 单元尺寸与其相连介质的单元尺寸之间尺寸差距过大，从而影响计算结果。另外，采用绑定连接时计算能力的耗费较大，不利于快速准确地获得计算结果。

在界面的中部设定液体注入点，注入速率为 Q_0。Cohesive 单元初始假定为闭合，由于计算需要在注入点处设定一初始张开量，以便液体进入界面并扩展。计算中假定液体为不可压缩的牛顿流体，并符合局部连续方程。由于介质不透水，所以在水力压裂的过程中，无液体渗透至介质中。界面由于水压力张开，属于纯受拉破坏，因此在计算中采用最大应力判定条件和线性变化软化准则。

在传统的断裂力学中，弹性介质中裂缝开展的描述引入了裂缝强度因子 K_{Ic}，而在采用 Cohesive 单元描述裂缝开展时，并未采用裂缝强度因子这个参数。根据 RICE[115] 的研究，裂缝强度因子和基于 Cohesive 单元模拟裂缝开展的数值计算中使用的介质弹性模量 E 和破坏过程的耗能 G_c 有关，其可用式(7.74)表达：

$$K_{Ic}^2 = EG_c \tag{7.74}$$

以无限弹性体介质中水力压裂过程的模拟为算例，进行 Cohesive 单元参数的敏感性分析研究，为模拟不同水力压裂过程选择合理参数提供参考。算例的网格模型如图 7-20 所示。由于实际的有限元模型必定是有限尺寸，为模拟无限弹性体介质，在有限元模型四周设置的无限元单元(infinite element)，选用 ABAQUS 中提供的平面应变四节点无限元单元(类型为 CINPE4)。弹性介质采用用于渗流计算的平面应变四节点缩减积分单元(类型为 CPE4RP)。在模型中间拟发生渗流的界面预先设置了可用于渗流计算的二维六节点的 Cohesive 单元(类型为 COH2D4P)。在模型中心设置液体注入点，液体流量为 Q_0 为 0.005 m^3/s，液体的黏度 μ 为 5 Pa·s。整个模型长 38 m，高 28 m。弹性介质弹性模量 E 为 30 MPa，泊松比为 0.2，介质渗透系数为 0，不考虑自重应力和初始应力场的影响。

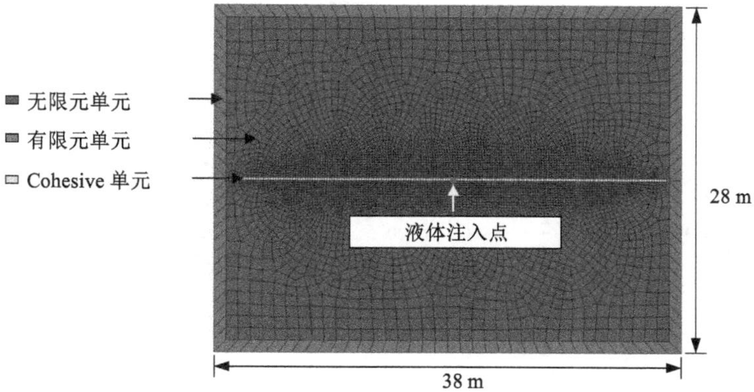

图 7-20　基于 Cohesive 单元的弹性介质水力压裂过程的模拟

扫一扫，看彩图

图 7-21 为 40 s 时界面张开量和液体压力分布云图。由于设置的周围弹性介质的渗透系数为 0，因此液体只沿着布置有 Cohesive 单元的界面渗透，界面也随受到的液体压力作用而张开。最大张开量发生在液体注入处，约为 20 mm，而相应的是该处的液体压力也最大为 58.9 kPa。

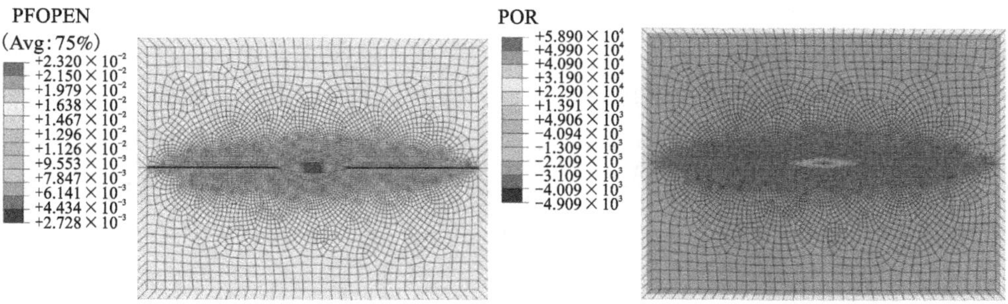

(a) 裂缝张开量/m　　(b) 孔隙水压力/Pa

图 7-21　既有界面液体渗流计算结果（t=40 s，变形放大 50 倍）

扫一扫，看彩图

图 7-22 为不同注入时间界面张开量分布与液体压力的分布情况。从界面张开量分布可以看出，不同注入时刻下界面的张开形式基本一致，而界面张开量和界面发生张开的范围随着注入时间的增加基本呈线性增加。而从液体压力分布形式来看，不同注入时刻在液体注入点的流体压力基本相同，而液体压力分布范围则随着界面的扩展而扩展。另外，在界面开裂的尖端部分存在一负液压区域，且随着液体注入时间的增加，负压区域内的最大负压值和负压范围均随之增加。

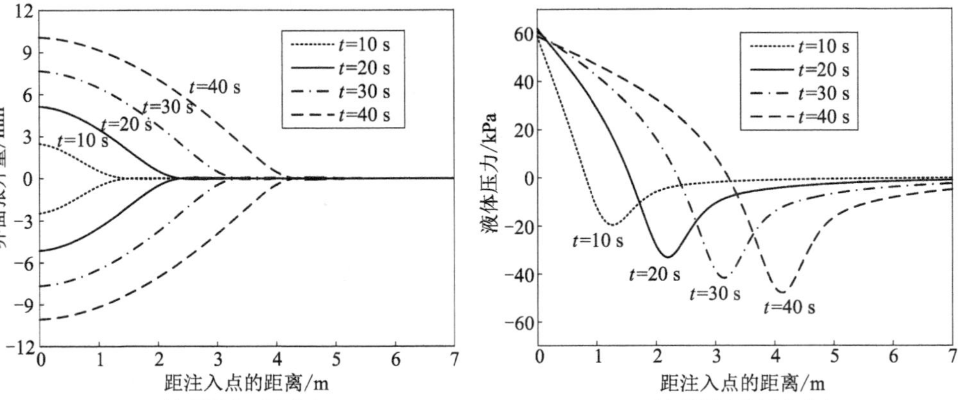

(a)界面张开量分布 (b)界面液体压力分布

图 7-22 不同注入时间界面张开量和液体压力分布形式

为研究允许最大应力 σ_{max}^0 对 Cohesive 单元的计算结果的影响，特选取了四种不同的数值进行计算，分别为 1 Pa、10 kPa、100 kPa 和 1000 kPa。而为保证在较小的张开量下就能使 Cohesive 单元达到允许最大应力，同时在界面张开的过程中始终保持这个应力状态，从而才能为研究不同允许最大应力对界面开展过程以及张开量和液体压力的分布的影响进行研究。由此，在计算中选取固定的破坏初始发生时的位移 δ_{0m} 为 1 mm，而失效临界 δ^f 为一较大值(计算中取用 100 m)。这样，可以计算得到上述四种工况下 Cohesive 单元的刚度分别为 10^3 kPa/m、10^4 kPa/m、10^5 kPa/m 和 10^6 kPa/m。

图 7-23 为不同允许最大应力计算工况下界面张开量和液体压力分布情况。从界面张开量的分布来看，随着允许最大应力的增加，界面张开量和张开范围基本无明显变化，只是当允许最大应力增加至 1000 kPa 时，界面张开量略微减小但张开范围有所增加，因为此时 Cohesive 单元的刚度也较大，Cohesive 单元的张开对相邻单元的影响愈发明显，所以张开范围增加，且注入液体的时间和速率相同，所以总体积量也相同，因此在允许最大应力值较大时界面的最大张开量反而有所减小。而在不同的允许最大应力情况下，界面内的液体压力分布受到了明显的影响，具体表现为当 Cohesive 单元的允许最大应力较小时，其液体压力值也相对较小，并且存在较为明显的负液压区域，而当允许最大应力较大时，液体压力也增加，同时负液压区域也随之消失。从数值上看，上述四组工况中最大液体压力分别为 60.6 kPa、70.6 kPa、160.4 kPa 和 1061.7 kPa。由此说明在最大液体压力中包含了 Cohesive 单元张开所需的应力，在扣除允许最大应力后，最大液体净压力较为接近。

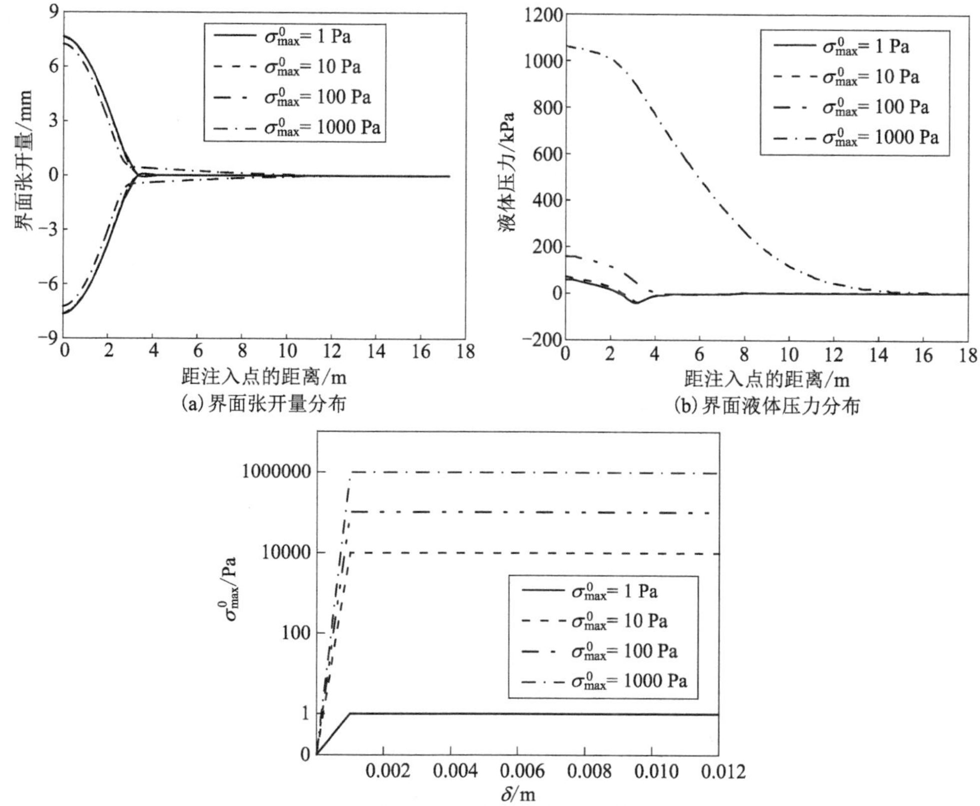

(a) 界面张开量分布 (b) 界面液体压力分布

(c) Cohesive单元的本构关系曲线

图7-23 不同允许最大应力计算工况下界面张开量和液体压力分布形式

图7-24为不同Cohesive单元刚度情况下的界面张开量和液体压力的分布情况。计算中允许最大应力固定为100 kPa，而Cohesive单元刚度分别为10^3 kPa/m、10^4 kPa/m、10^5 kPa/m和10^6 kPa/m。从界面张开的分布图看，随着Cohesive单元的刚度增加，界面最大张开量和张开范围都基本未发生明显变化，仅当Cohesive单元刚度为10^6 kPa/m时，界面的最大张开量和张开范围分别略小于和大于前面三种工况。而从液体压力的分布图可以看出，随着Cohesive单元的刚度增加，液体注入点的最大压力随之增加，但存在一上限值，即为允许最大应力。而当其他位置的界面张开量尚未超过破坏初始发生时的位移δ^0时，界面液体压力值差异较大，当Cohesive单元刚度较小时则液体压力值也较小。

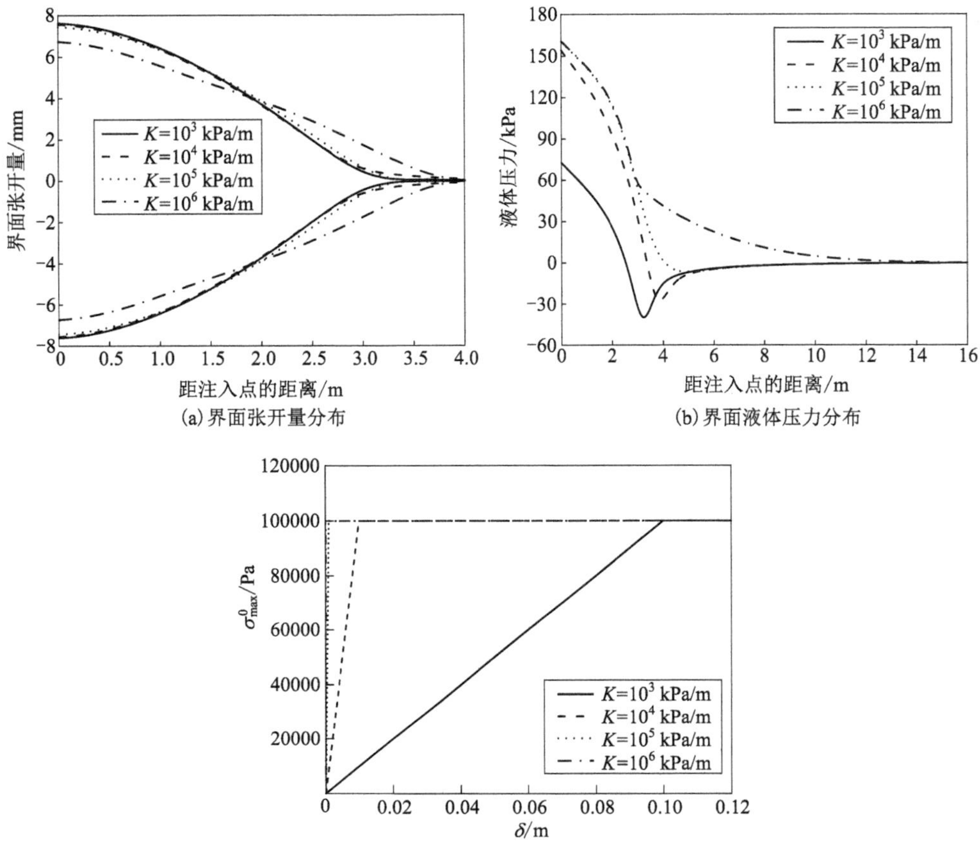

(a) 界面张开量分布

(b) 界面液体压力分布

(c) Cohesive单元的本构关系曲线

图 7-24　不同单元刚度情况下界面张开量和液体压力分布形式

图 7-25 反映了在不同失效临界 δ^f 的情况下，界面张开量和液体压力的分布情况。在这四组的对比工况中，Cohesive 单元的允许最大应力设定为 100 kPa，单元刚度为 10^5 kPa/m，而失效临界分别为 5 mm、10 mm、15 mm 和 20 mm。由计算可知，破坏初始发生时的位移 δ^0 为 1 mm，因此在四组工况中，界面张开区域内大部分均已进入了 Cohesive 单元的软化区域或失效区域。从图 7-25 可知，当 Cohesive 失效临界越大时，界面的最大张开量越大，同时液体尖端区域的张开量越小。这是因为在失效临界之内，相同的张开量情况下失效临界越大的工况 Cohesive 单元内的应力也越大，所以液体沿着界面扩展的程度滞后于其他工况。而就液体的压力分布情况来看，Cohesive 单元的失效临界越大则液体最大压力也越大，这主要也是失效临界范围越大使得 Cohesive 单元内部液体受到单元的反作

用力范围也越大，因此导致液体压力增加。

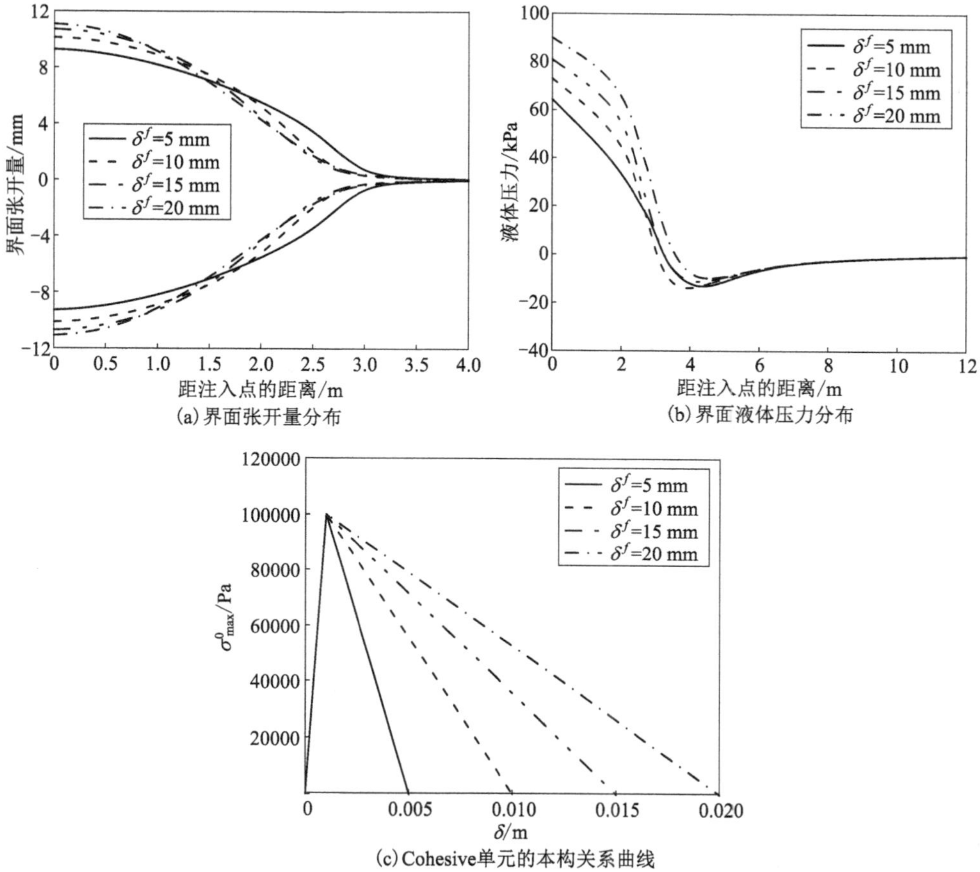

图 7-25　不同失效临界情况下界面张开量和液体压力分布形式

前面研究了在不考虑 Cohesive 单元的失效情况下，不同 Cohesive 单元刚度对界面张开量和液体压力分布的影响，而图 7-26 则考虑了 Cohesive 单元失效情况的影响。在用于对比的四组工况中，设定允许最大应力为 100 kPa，失效临界为 10 mm，而四组不同的 Cohesive 单元刚度取值分别为 5×10^4 kPa/m、2.5×10^4 kPa/m、1.67×10^4 kPa/m 和 1.25×10^4 kPa/m，对应于破坏临界 δ^0 和失效临界 δ^f 之间的比值分别为 0.2、0.4、0.6 和 0.8。当该比值越大时，界面的最大张开量就越小，同时液体扩展的范围越大，液体的最大压力也越大。

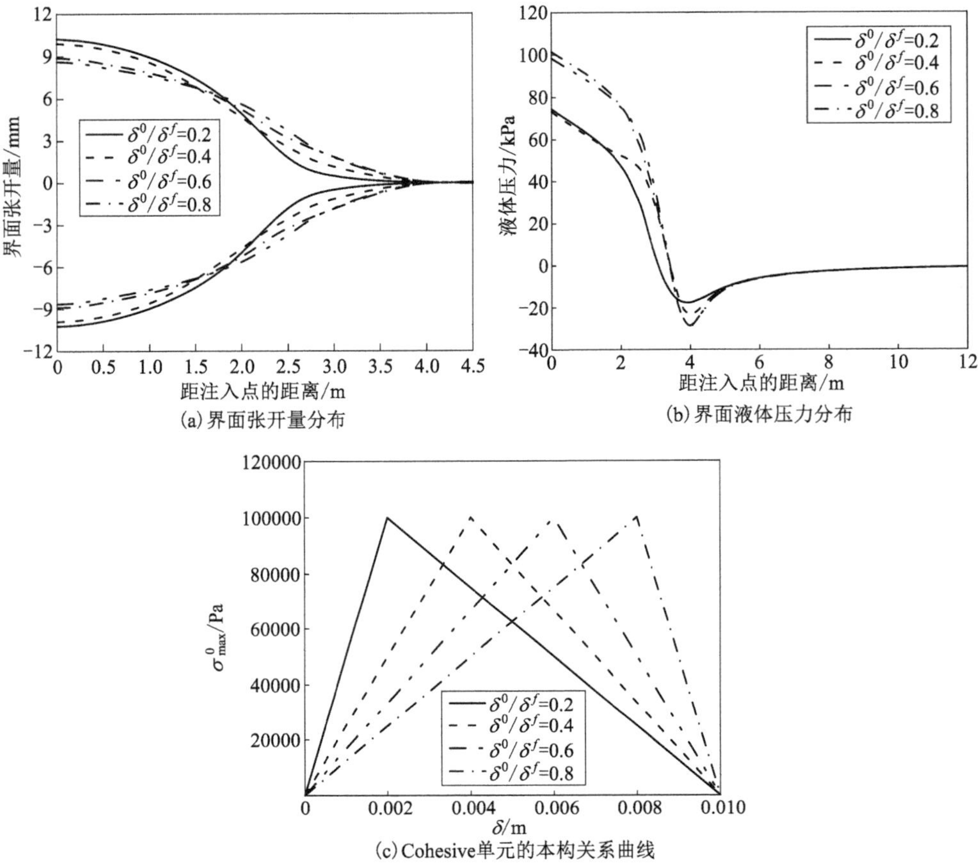

图 7-26　不同破坏临界和失效临界比值情况下界面张开量和液体压力分布形式

除了 Cohesive 单元的参数外，液体的黏度对界面的开展及压力的分布也存在着明显的影响。为研究这种影响，进行了四种不同液体黏度工况的计算，在这四种工况中，液体黏度分别为 0.01 Pa · s、0.1 Pa · s、1 Pa · s 和 10 Pa · s。而计算中 Cohesive 单元的允许最大应力为 100 kPa，失效临界为 10 mm，单元刚度为 20000 kPa/m。图 7-27 为上述四种工况的界面张开量和液体压力分布图。从图 7-27 中可知，当液体的黏度越大时，液体的扩展范围越小，同时界面的最大张开量越大。而从液体压力分布来看，不同的液体黏度的压力分布形式不尽相同。当液体黏度较小时，液体在整个界面张开的范围内基本呈均匀分布的状态，而随着液体黏度的增加，液体压力分布的范围明显减小，同时液体压力的变化梯度不断增加，同时可能出现负液压区域。

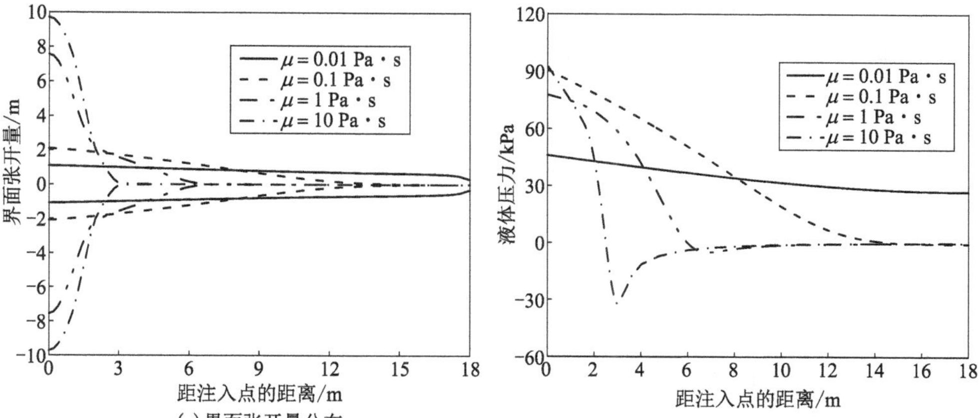

(a)界面张开量分布　(b)界面液体压力分布

图 7-27　不同液体黏度情况下界面张开量和液体压力分布形式

7.3.3　数值模拟与解析解对比

Cohesive 单元的特殊属性，使得其可以用于模拟接触面的渗流特性。通过 3.2 小节对 Cohesive 单元的参数敏感性分析，掌握了 Cohesive 单元基本特性。本节基于这些成果，进一步采用 Cohesive 单元模拟弹性不透水接触面的渗流特性。为验证其计算结果的准确性和有效性，将基于 Cohesive 单元的弹性不透水介质接触面的渗流计算模型与 7.2 节给出的解析解进行对比。

计算模型采用 3.2 小节中给出的模型。根据弹性不透水介质接触面渗流解析分析可知，影响其渗流特性的主要因素为液体尖端坐标 ξ_f 和裂缝尖端液体滞后区域内的负压程度$\mathcal{P}_t$，且两者之间存在一定关系。由液体黏度归一化标准可知，裂缝尖端液体滞后区域内的负压程度$\mathcal{P}_t$ 与介质围压、渗透时间、液体黏度和介质的弹性模量与泊松比有关。选取五种不同的渗透工况进行比对 hh，解析解与数值模拟对比计算工况见表 7-5。计算中其他参数：计算时间为 30 s，弹性介质围压为 150 kPa，泊松比为 0.2，液体注入速率为 0.005 m^3/s。

表 7-5　解析解与数值模拟对比计算工况

液体黏度 /(Pa·s)	弹性模量 /MPa	液体尖端坐标 ξ_f	液体滞后区域负压程度$\mathcal{P}_t$
7	100	0.9	-0.48071
15	250	0.8	-0.20242
18	1400	0.5	-0.06041
32	2800	0.3	-0.03141
99	10000	0.1	-0.00923

根据计算参数和表 7-1 可得到归一化度量尺度 $L(t)$ 和 $\varepsilon(t)$，再基于式(7.13)~式(7.16)可将液体尖端坐标情况下计算得到的接触面张开量和液体压力进行归一化处理，得到图 7-28 和图 7-29，可以看出，数值模拟的结果与解析解之间十分接近，说明采用 Cohesive 单元能较好地模拟弹性不透水介质接触面的渗流情况。

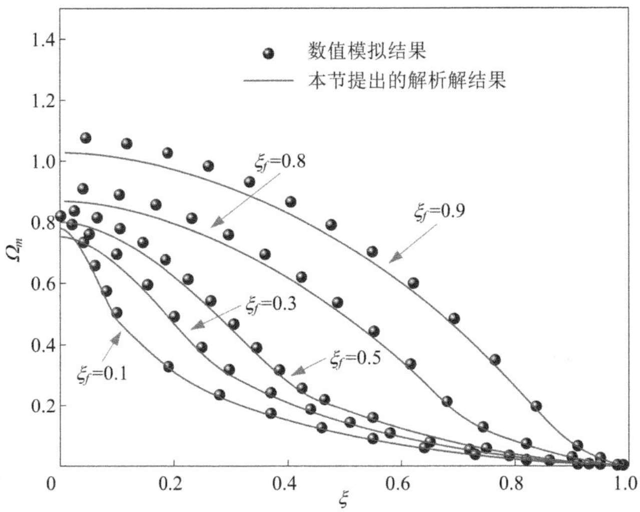

图 7-28　解析解与基于 Cohesive 单元数值模拟得到的 Ω_m 对比

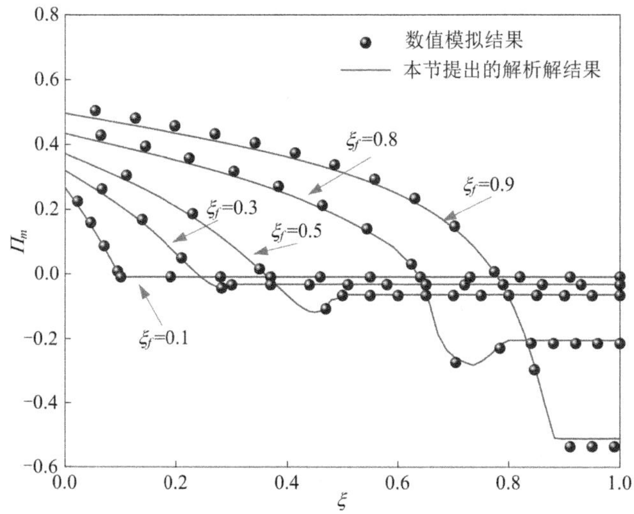

图 7-29　解析解与基于 Cohesive 单元数值模拟得到的 Π_m 对比

7.4　弹性密封垫渗流特性数值分析模型

7.4.1　数值分析模型

盾构隧道管片接缝的防水机理是两条弹性密封垫之间相互挤压，靠弹性密封垫之间接触面的接触应力起到防水的效果。当弹性密封垫的接触面发生渗流时，其过程等同于弹性不透水介质接触面的渗流特性。本节将利用 Cohesive 单元建立弹性密封垫的渗流计算模型，为研究弹性密封垫的防水和渗流特性提供基础。

由于弹性密封垫的尺寸特点，将其简化为平面应变问题。而建模思路为首先将弹性密封垫根据其实际尺寸建立模型(断面形式选取本书第 3 章中弹性密封垫试样 1)，混凝土管片的沟槽采用刚体模拟。并且在两个弹性密封垫的接触面中设置单层 Cohesive 单元，Cohesive 单元与弹性密封垫单元之间共享节点，如图 7-30 所示。

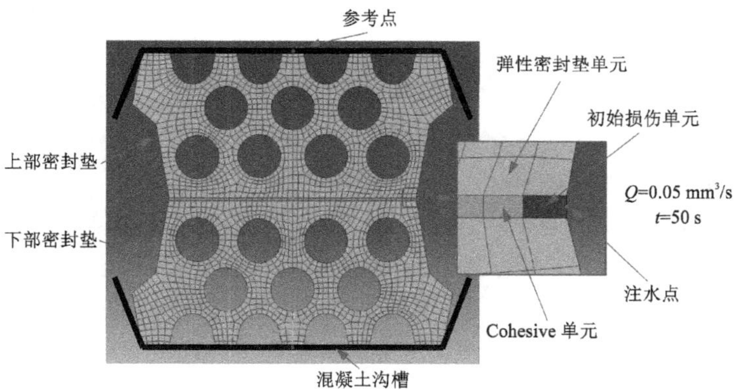

图 7-30　弹性密封垫渗流模拟数值模型

在计算模型中，弹性密封垫的底部与模拟混凝土沟槽的刚体之间采用绑定连接，即两者之间既不能相互穿透也无法相互脱开。弹性密封垫侧面与混凝土沟槽的两侧采用接触模拟，其中法向接触类型为“Hard Contract”，保证接触面在法向无穿透，而切向采用摩擦接触，摩擦系数为 0.3。弹性密封垫内部孔洞采用自接触模拟，摩擦系数为 0.5。在材料参数定义方面，弹性密封垫分为两个部分，一部分为弹性密封垫本体，采用 Mooney-Rivilin 模型进行计算，不同硬度弹性密封垫的模型参数见表 7-6。由于考虑到渗流计算，必须定义弹性密封垫本体的渗透系数，而弹性密封垫本体在实际中基本是不透水材料，因此可以认为其渗透系数为 0，但是在数值模拟中只能将其定义为一个极小数来表征其实际不透水的特性，本数值计算中定义的渗透系数为 1×10^{-40} mm/s。

表 7-6 Mooney-Rivilin 模型参数表

硬度/邵氏 A	C10/MPa	C01/MPa	硬度/邵氏 A	C10/MPa	C01/MPa
45	0.232	0.058	50	0.302	0.076
55	0.382	0.096	60	0.474	0.118
65	0.586	0.147	70	0.736	0.184

在弹性密封垫接触面处定义一层 Cohesive 单元来模拟弹性密封垫接触面的力学和渗流特性，实际弹性密封垫的接触面主要承受压力，部分情况下存在剪力，而在本计算模型中，主要是研究弹性密封垫在纯受压情况下的渗流特性，此时 Cohesive 单元主要受到的是法向应力，因此采用最大应力判断准则。Cohesive 单元的允许最大应力根据弹性密封垫不同压缩量下的接触面平均应力确定，而破坏临界和单元刚度均取较大值(分别为 10 mm 和 10000 MPa/mm)，即意味着不考虑 Cohesive 单元的破坏和在较小张开量下 Cohesive 单元即能达到允许最大应力，以此来模拟弹性密封垫接触的平均接触应力。考虑到隧道修建的深度范围内，地层常年保持在 15~17 ℃，因此计算中 μ 取 16 ℃时水的黏度，即 1.11×10^{-9} MPa · s。由于接缝内的地下水不可能渗入两侧的密封垫内，因此 Cohesive 单元顶面和底面的渗透系数定义为一个极小数(1×10^{-40} mm/s)。

计算的模型边界条件有两种：第一种是在模拟弹性密封垫沟槽的刚体上设置参考点，并约束参考点各个方向的变形来控制弹性密封垫的压缩量和错动量；第二种是在弹性密封垫接触面一侧施加液体注入点，模拟弹性密封垫接触面的渗流特性，液体注入时间为 50 s，流量为 0.05 mm^3/s。

7.4.2 密封垫硬度对渗流特性的影响

由于弹性密封垫接触面上的净水压力 p 与接触面上点的位置 x 和渗流时间 t 有关。为便于分析，定义 $\xi=x/l$，l 为弹性密封垫接触面宽度，则 $\xi\in[0, 1]$。同时定义当水从弹性密封垫的一侧进入接触面时 $t=0$ s，当地下水充满整个弹性密封垫接触面并要从接触面的另外一侧渗出时 $t=1$ s。图 7-31 表示硬度为 60 邵氏 A 的弹性密封垫在不同注水时间情况下接触面上的净水压力分布。从图 7-31 中可以看出，不同渗流阶段接触面上的净水压力分布形式相似，可以分为三个部分：第一部分为液体渗透区域，该区域内净水压力 $p>0$；第二部分为液体滞后区域($p=p_t<0$)；第三部分为未渗透部分($p=0$)。由于弹性密封垫接触面宽度有限，随着渗透时间的增加，第二部分和第三部分逐渐消失。图 7-32 为不同时刻下弹性密封垫接触面净水压力分布云图(变形放大 80 倍)。

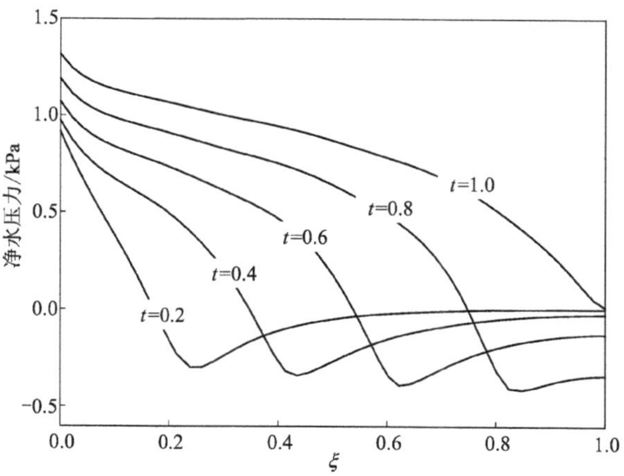

图 7-31　不同渗流时刻接触面净水压力分布规律(橡胶硬度为 **60** 度)

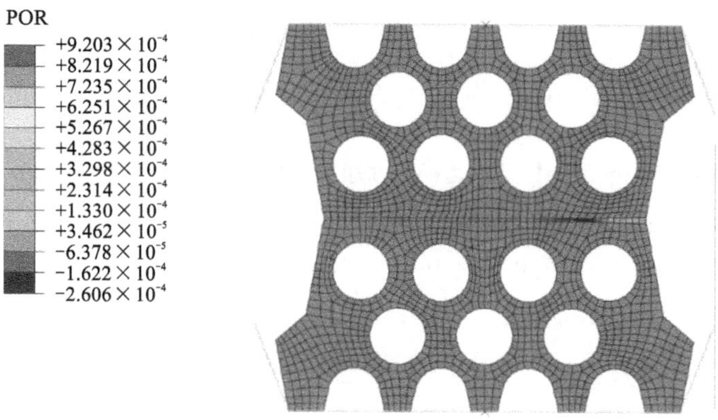

(a) t=0.2时 (单位：MPa)

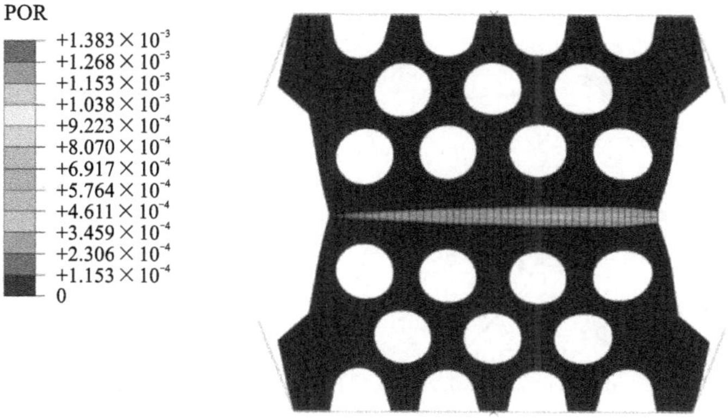

(b) t=1.0时 (单位：MPa)

图 7-32　不同时刻下弹性密封垫接触面净水压力分布云图(变形放大 **80** 倍)

此外，接触面上净水压力分布情况还与弹性密封垫的硬度有关。图 7-33 为不同硬度弹性密封垫在 $t=0.5$ 时接触面静水压力分布情况。从图 7-33 中可以看出，在地下水渗透区域内，随着硬度的增加，净水压力也增加，而在液体滞后区域内，净水压力随着弹性密封垫硬度的增加而减小。从分布形态上看，不同硬度时的净水压力较为接近。

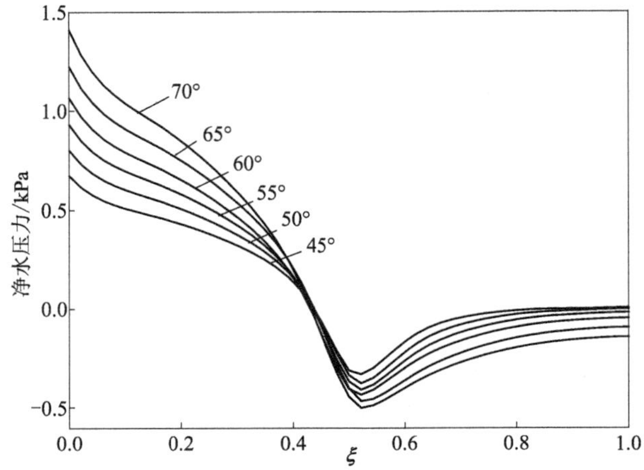

图 7-33　不同硬度弹性密封垫接触面净水压力分布规律（$t=0.5$ 时）

弹性密封垫接触面张开形式和张开量随着渗流时间 t，弹性密封垫的硬度和弹性密封垫断面形式的不同而不同。图 7-34 为不同渗流时间 t 下，弹性密封垫接触的张开量分布。由图 7-34 可知，接触面的张开量总体趋势是随着渗流距离

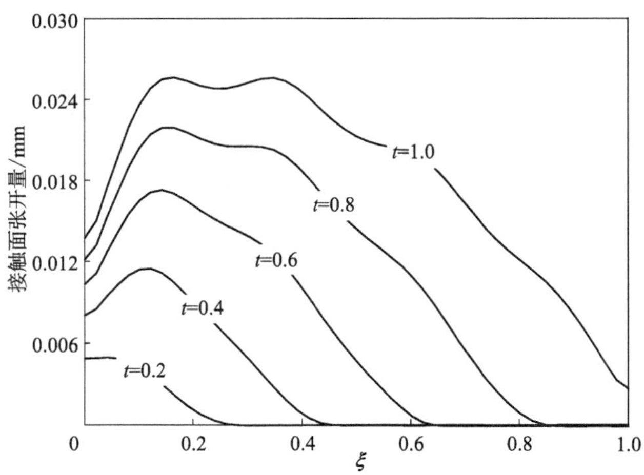

图 7-34　不同渗流时刻接触面张开量分布规律（橡胶硬度为 60 度）

的增大逐渐减小，并且在不同渗流时间，接触面的张开量形式较为一致。另外，由于弹性密封垫内部存在通孔，因此位于通孔位置处的接触面张开量要大于无通孔位置处。通孔的存在使得接触面下弹性密封垫橡胶厚度较薄，导致张开量偏大。图 7-35 为不同硬度的弹性密封垫在渗流时间 $t=0.5$ 时的接触面张开量分布形式。图 7-35 显示，不同硬度弹性密封垫的接缝张开形式相似，但从张开量上看，硬度较小的弹性密封垫张开量较大。

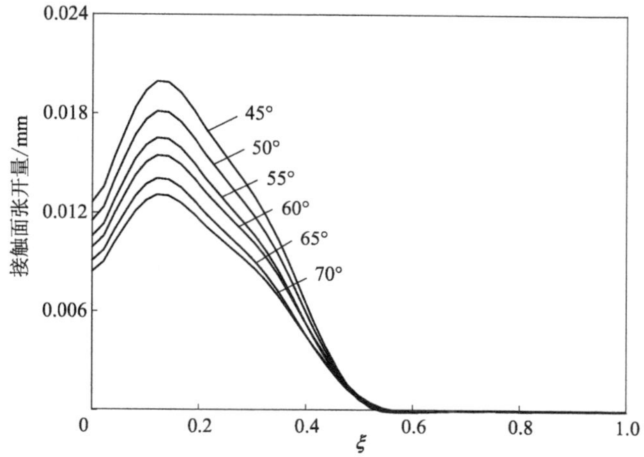

图 7-35　不同硬度弹性密封垫接触面张开量分布规律($t=0.5$ 时)

7.4.3　密封垫断面形式对渗流特性的影响

由弹性密封垫的防水试验获知，不同的弹性密封垫断面形式存在较为明显的影响，这主要是弹性密封垫的断面形式不同导致其受力结构不同而影响其防水性能。从微观角度而言，不同断面形式的弹性密封垫在接触面发生渗流时，其张开量和净水压力的分布肯定不尽相同，而本节主要是研究不同断面形式的弹性密封垫在接触面发生渗流时的张开量和净水压力的分布。在计算中选取了本书第 3 章中用于防水试验的部分断面形式，如图 7-36 所示。根据弹性密封垫渗流数值模拟的方法建立了相应的计算模型，如图 7-37 所示。计算参数与 7.4.2 小节中保持一致。

图 7-38 为三种试样在不同时刻下接触面张开量和净水压力的分布情况。从图 7-38 中可知，不同断面形式的弹性密封垫接触面张开量分布差别较大，主要表现为在内部孔洞上方接触面张开量较大，并且当孔洞为圆角三角形时，内部孔洞上方的张开量增加较大，而 SC7 中由于内部孔洞类似于拱形，因此其内部孔洞

正上方的接触面张开量相比与相邻位置并无明显增加。从弹性密封垫净水压力分布来看，不同试样之间的分布形式基本类似，压力值大小略有不同。

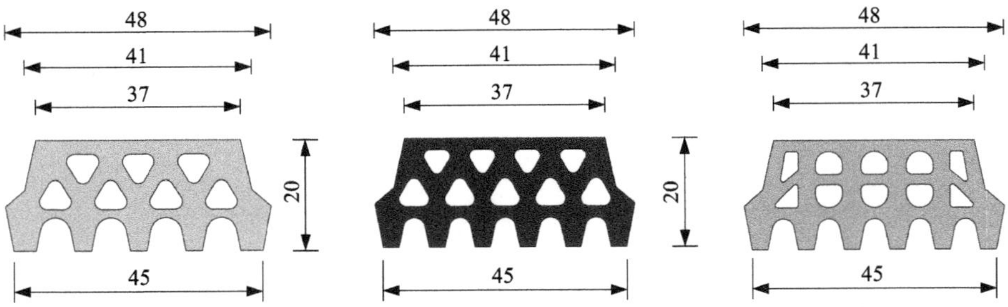

(a) SC4　(b) SC5　(c) SC7

图 7-36　数值计算中使用的弹性密封垫截面形式(单位：mm)

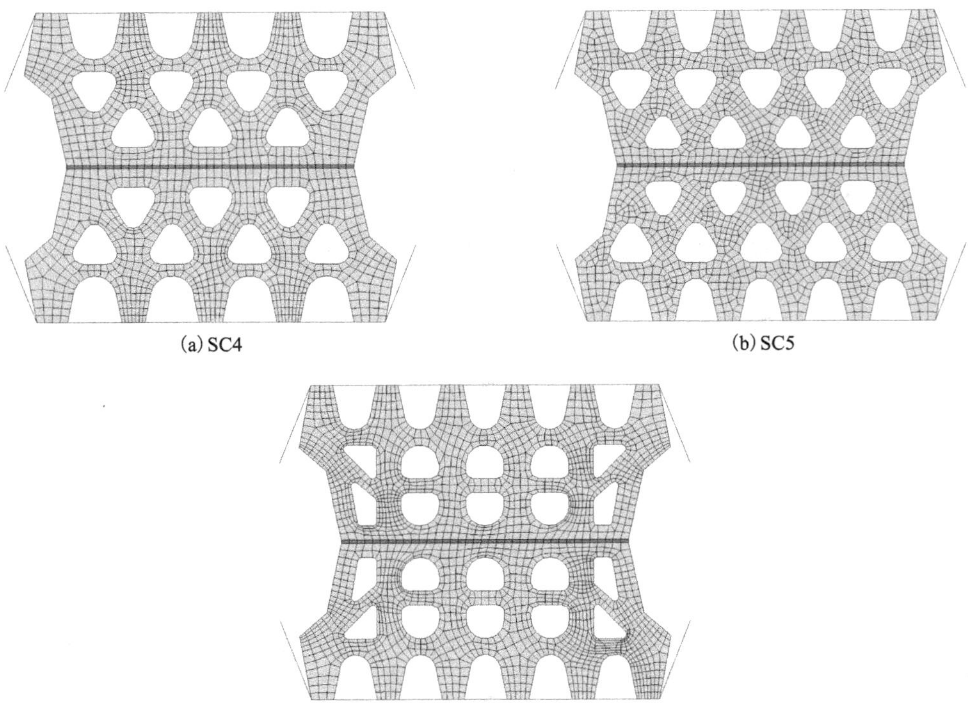
(a) SC4　(b) SC5　(c) SC7

图 7-37　数值计算模型

将三种试样在渗透发生时刻的接触面张开量和净水压力进行对比，如图 7-39 所示，可知 SC7 断面形式在渗透发生时刻接触面张开量最小，同时接触面上的净水压力最大，正好印证了 SC7 防水性能相比于其他两种试样均较好。

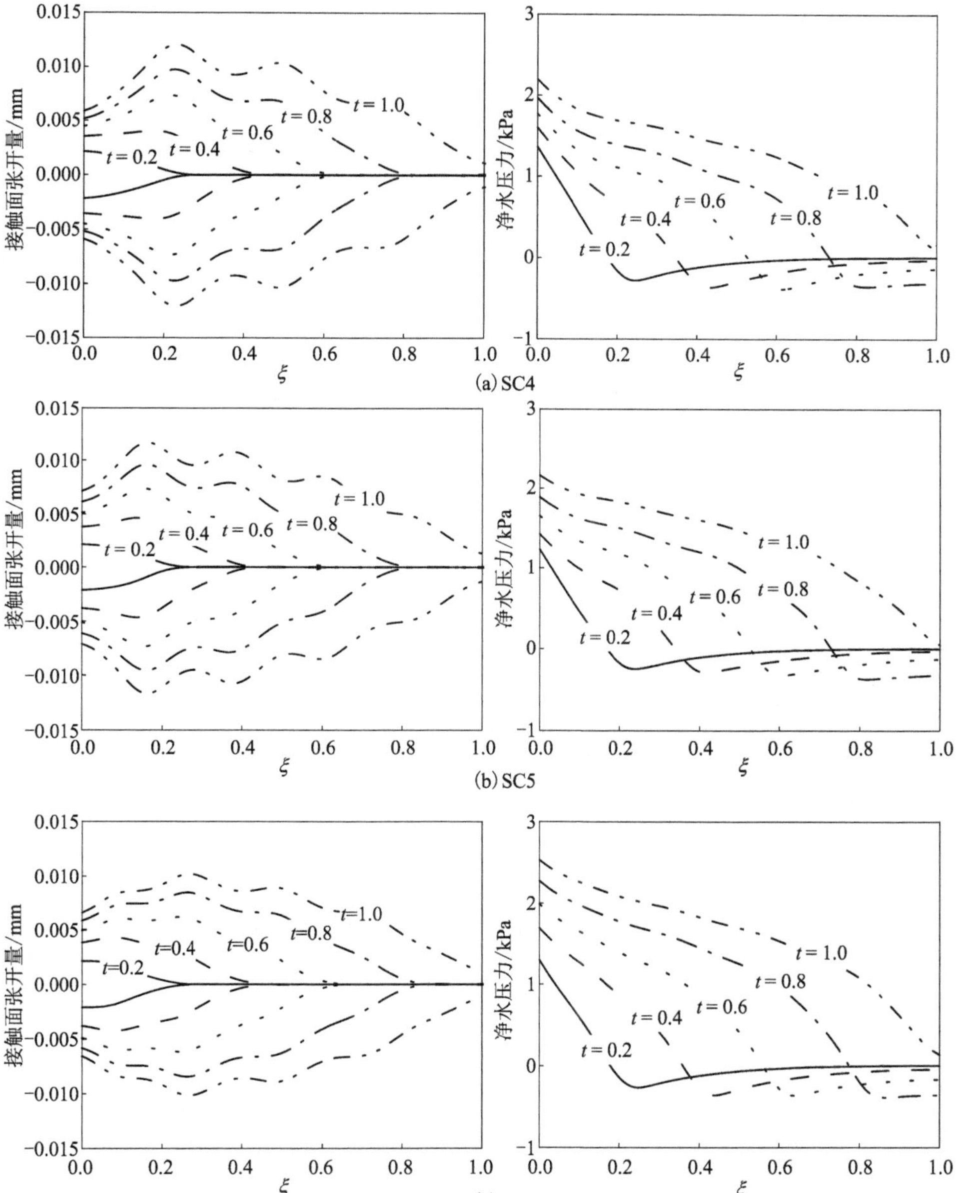

图 7-38　三种试样接触面张开量与净水压力分布

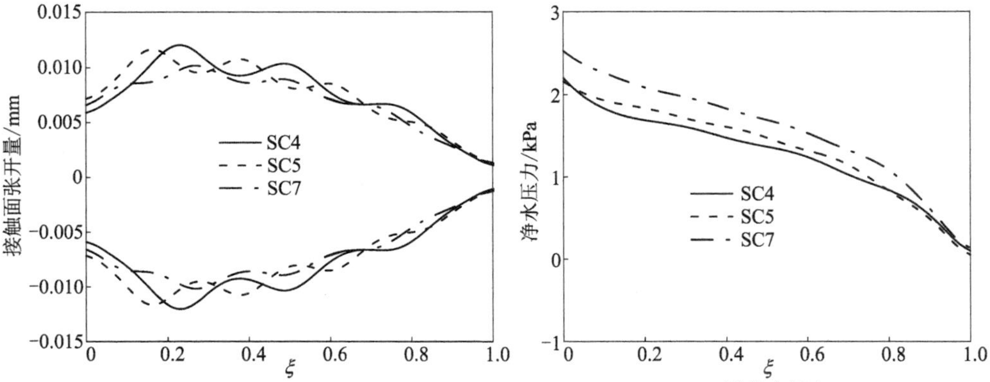

(a)张开量　　(b)净水压力

图 7-39　发生渗漏时三种试样接触面张开量和净水压力分布

7.5　本章小结

本章通过分析弹性密封垫接触面的渗流过程，将其简化为弹性不透水介质接触面渗流问题，并且给出了此类问题的解析方程；利用 Cohesive 单元对弹性不透水介质接触面渗流问题进行模拟，研究了 Cohesive 单元的计算参数敏感性，并将其引入到弹性密封垫接触面渗流计算中，模拟了弹性密封垫接触面的渗流过程和渗流发生时接触面净水压力和接触面张开量的分布形式。通过本章的研究工作，取得了以下几个方面的具体成果：

(1)将盾构隧道弹性密封垫接触面的渗流过程归类为弹性不透水介质接触面渗流问题，并引入了水力压裂过程分析方法进行了解析推导。通过一些假定给出了弹性不透水介质接触面渗流控制方程和边界条件，在控制方程中考虑了液体滞后区域的存在和液体滞后区域的负压。

(2)通过引入三个分别表示液体黏度、液体滞后区域内负压程度和注入量的无量纲参数，以液体黏度和液体滞后区域负压程度为标准的归一化方法将弹性介质接触面渗流控制方程进行转化，获得了接触面张开量和液体压力之间的解析表达式，并通过数值方法进行求解。

(3)在以液体黏度为单位 1 的归一化标准中，液体滞后区域内的负压程度与液体尖端坐标位置之间存在相互影响关系。由此也说明，液体尖端坐标位置 ξ_f 与弹性介质接触面的初始接触应力 σ_0 有关，当 σ_0 越大时 ξ_f 也越大。在 $\xi_f \leqslant 0.5$ 时，ξ_f 与液体滞后区域负压程度之间呈双对数线性关系，而当 $\xi_f > 0.5$ 时，液体滞后区域负压程度随着 ξ_f 的增加迅速增加。

(4)通过对不同液体尖端坐标位置 ξ_f 时液体压力分布和接触面张开量情况进行分析发现：当 ξ_f<0. 1 时，液体压强随坐标 ξ 线性减小，而接触面张开量在液体存在区域内基本不变，在液体滞后区域内线性减小；当 0. 1≤ξ_f≤0. 9 时，液体压强近似呈抛物线形式，并且在液体尖端存在一个区域，该区域内的液体压强小于液体滞后区域内的负孔压，同时接触面张开量随着 ξ_f 的增加而增加；当 ξ_f>0. 9 时，液体压强也近似呈抛物线形式，但在液体尖端不存在液体压强小于液体滞后区域负孔压的区域，同时接触面张开量也呈近似抛物线形式。

(5)基于 Cohesive 单元的特性，将其引入进行接触面的渗流特性研究并对允许最大应力值 σ^0_{max}、破坏临界 δ^0、失效临界 δ^f、破坏过程的耗能 G_c、单元初始刚度 K 及液体黏度等参数进行了敏感性分析，最后与弹性不透水介质接触面渗流解析解进行比较，验证了通过合理的参数选择可以采用 Cohesive 单元进行弹性不透水介质接触面渗流特性的模拟。

(6)建立了基于 Cohesive 单元的弹性密封垫接触渗流分析数值计算模型，对前述章节中研究的弹性密封垫断面形式进行了计算，得到了不同渗流时间、弹性密封垫材料硬度和断面形式下，接触面张开量和净水压力分布特性。

第 8 章　局部接缝渗漏条件下盾构隧道流固耦合计算模型

8.1　概述

当盾构隧道修建于富含地下水的环境中时，各种原因导致的地下水压力场的改变都会引起土体和隧道结构本身的应力与变形的改变。例如，长期的接缝渗漏会改变隧道衬砌的荷载分布和应力状态，从而影响隧道的结构性能。本章对考虑局部渗流的盾构隧道流固耦合模型进行研究，介绍了土体应力场与渗流场的耦合控制方程，并提出相应假定，建立了盾构隧道结构局部渗流时的流固耦合模型，明确了土体渗流场和应力场两者之间的相互作用，最后给出了盾构隧道发生局部渗流时隧道结构和周围土层的流固耦合模型计算的流程，通过一系列参数数值分析，探讨了环缝局部渗漏对衬砌受力、衬砌变形和地面沉降的影响，并以此指导后续开展管片接头和环间接头分别发生渗流时盾构隧道衬砌结构的内力和变形以及周围土体变形和孔隙水压力场变化的分析研究。

8.2　考虑局部渗流的盾构隧道流固耦合模型

8.2.1　土体应力场与渗流场耦合控制方程

在土体应力场和渗流场的耦合分析中，将土体作为多孔连续介质考虑，因此其应力场符合连续介质力学基本方程，而其应力场受到渗流场的影响。另外，对于饱和土体，其应符合有效应力原理，即认为土体中任何一点的总应力为其有效应力和孔隙水压力之和，其数学表达如式(8.1)所示：

$$\begin{cases}\sigma_x=\sigma_x'+p\\ \sigma_y=\sigma_y'+p\\ \sigma_z=\sigma_z'+p\end{cases}\tag{8.1}$$

式中：$\sigma_{x,y,z}$ 分别为土体中沿 x，y 和 z 方向的总应力；$\sigma'_{x,y,z}$ 分别为土体中沿 x，y 和 z 方向的有效应力；p 为该点的孔隙水压力。

根据连续介质力学原理，土体中任意一微元体符合静力平衡方程，如式(8.2)所示：

$$\begin{cases}\dfrac{\partial\sigma_x}{\partial x}+\dfrac{\partial\tau_{yx}}{\partial y}+\dfrac{\partial\tau_{zx}}{\partial z}=0\\ \dfrac{\partial\tau_{xy}}{\partial x}+\dfrac{\partial\sigma_y}{\partial y}+\dfrac{\partial\tau_{zy}}{\partial z}=0\\ \dfrac{\partial\tau_{xz}}{\partial x}+\dfrac{\partial\tau_{yz}}{\partial y}+\dfrac{\partial\sigma_z}{\partial z}-\rho g=0\end{cases}\tag{8.2}$$

式中：ρ 为土体密度；g 为重力加速度。

而在土体物理方程中，由于引入了有效应力原理，作用于土体骨架上的正应力应为有效应力；而由于液体不能承受剪应力，所以作用于土体上的剪应力不受孔隙水压力的影响，其与土体应变之间应符合连续介质的物理方程，如式(8.3)所示：

$$\begin{Bmatrix}\sigma_x'\\ \sigma_y'\\ \sigma_z'\\ \tau_{xy}\\ \tau_{yz}\\ \tau_{zx}\end{Bmatrix}=[\boldsymbol{D}]\begin{Bmatrix}\varepsilon_x\\ \varepsilon_y\\ \varepsilon_z\\ \gamma_{xy}\\ \gamma_{yz}\\ \gamma_{zx}\end{Bmatrix}\tag{8.3}$$

式中：$[\boldsymbol{D}]$为土体材料的刚度矩阵，其由所选择的土体本构模型决定。

根据连续介质小应变假定下，土体几何方程可描述应变分量和位移分量之间的关系，如式(8.4)所示：

$$\begin{cases}\varepsilon_x=-\dfrac{\partial u}{\partial x}\quad \gamma_{xy}=-\left(\dfrac{\partial u}{\partial x}+\dfrac{\partial v}{\partial y}\right)\\ \varepsilon_y=-\dfrac{\partial v}{\partial y}\quad \gamma_{yz}=-\left(\dfrac{\partial w}{\partial y}+\dfrac{\partial v}{\partial z}\right)\\ \varepsilon_z=-\dfrac{\partial w}{\partial z}\quad \gamma_{xy}=-\left(\dfrac{\partial u}{\partial z}+\dfrac{\partial w}{\partial x}\right)\end{cases}\tag{8.4}$$

式中：u，v 和 w 分别为微元体沿 x，y 和 z 方向的位移分量。

对土体中的渗流场进行分析时，一般均假定渗流速度较小，忽略流体的惯性力，因此根据力学平衡可推导得到孔隙流体的静力平衡方程，如式(8.5)所示：

$$\begin{cases}\dfrac{\partial p}{\partial x}+\rho_w g\dfrac{v_x}{k_x}=0\\ \dfrac{\partial p}{\partial y}+\rho_w g\dfrac{v_y}{k_y}=0\\ \dfrac{\partial p}{\partial z}+\rho_w g\dfrac{v_z}{k_z}+\rho_w g=0\end{cases}\tag{8.5}$$

式中：k_x，k_y，k_z 分别为土体在 x，y 和 z 方向上的渗透系数；ρ_w 为水的密度；v_x，v_y，v_z 分别为渗流速度在 x，y 和 z 方向的分量。

根据质量守恒原理，可以得到渗流场中渗流连续方程，如式(8.6)所示：

$$-\left[\frac{\partial(\rho_w v_x)}{\partial x}+\frac{\partial(\rho_w v_y)}{\partial y}+\frac{\partial(\rho_w v_z)}{\partial z}\right]\Delta V=\frac{\partial(\rho_w n\Delta V)}{\partial x}\tag{8.6}$$

式中：n 为多孔介质孔隙率。

土体中渗流场和应力场的耦合可以通过虚功原理来表示，即在某一时刻 t，土体的虚功与作用在该土体上的作用力产生的虚功相等，如式(8.7)所示：

$$\int_V \sigma : \delta\varepsilon \mathrm{d}V = \int_s t\cdot\delta v\mathrm{d}S + \int_V \hat{f}\cdot\delta v\mathrm{d}V\tag{8.7}$$

式中：δv 为虚速度场；$\delta\varepsilon=\mathrm{sym}(\partial\delta v/\partial x)$ 为虚应变；σ 为 Cauchy 应力；t 为单位面积上的表面力；$\hat{f}$ 为单位体积上的体积力。

在土体中，$\hat{f}$ 通常包含了孔隙水的重力，如式(8.8)所示：

$$\hat{f}=f+sn\rho_w g\tag{8.8}$$

采用有限单元法时，可用拉格朗日方程对式(8.8)进行空间离散，基本未知量为单元节点的位移。

8.2.2 盾构隧道结构局部渗流流固耦合模型

在盾构隧道局部渗流的情况下，周围土层中孔隙水压力分布会发生变化，导致土体发生变形。土体和隧道衬砌结构之间的相互影响，使隧道结构随之产生变形，由此导致了接头部分张开或者闭合，引起了渗流条件的改变，进而对周围土体中的渗流场产生影响。

为建立盾构隧道结构局部渗流时的流固耦合模型，提出以下假定：

(1)接头是否发生渗流只与弹性密封垫的渗流特性有关，不考虑其他辅助防水措施对于渗流特性的影响。

(2)弹性密封垫的渗流特性只与其张开量有关且张开量沿弹性密封垫横向均匀分布。

(3)接头转角与弹性密封垫的张开量之间存在线性关系。

(4) 不考虑拼装时初始张开量和张角，认为拼装完成后接缝完全闭合。

(5) 当弹性密封垫的平均接触应力小于外界孔隙水压力时即发生渗流。

在建立盾构隧道结构局部渗流时的流固耦合模型前，需要对下列各个参数之间的关系进行分析和研究。

(1) 接头张开量和弹性密封垫张开量之间的关系。

盾构隧道中接头形式分为管片接头和环间接头。在管片接头中，可能引起弹性密封垫张开的情况包括管片接头的转动和张开。而在环间接头中，可能引起弹性密封垫张开的情况只包括环间接头的张开。不论是管片接头还是环间接头，当其发生张开时，其张开量的大小即为弹性密封垫张开量大小，其数学关系可用式(8.9)表示：

$$\delta_g=\delta_j \tag{8.9}$$

式中：δ_g 为弹性密封垫的张开量；δ_j 为接头张开量。

而当管片接头发生转动时，弹性密封垫的张开量不仅与接头的转角有关，还与弹性密封垫和转动中心的几何关系有关。当接头处采用双道密封垫时，接头转动势必引起一道弹性密封垫压紧而另一道弹性密封垫张开，由于在双道弹性密封垫设计时，均认为单道密封垫即能满足防水要求，而另一道密封垫只起到提高防水安全余度的作用，因此，可以认为在双道密封垫接头转动时不会发生接头渗流。但对于单道密封垫情况，一般密封垫均处于靠近管片外弧面一侧，当接头处于负弯矩(管片外侧受拉，内侧受压)情况时，管片外侧张开引起弹性密封垫张开，从而可能引起接头处防水性能和渗流特性的改变。图 8-1 为管片接头发生旋转时弹性密封垫的张开量计算示意图。当接头在负弯矩情况下发生转动时，转动中心位于螺栓和管片内弧面之间的中点。当接头张角较小时，弹性密封垫的张开量可用式(8.10)表示：

$$\delta_g=(d_{bi}/2+d_{bg})\times\theta \tag{8.10}$$

式中：θ 为接头在负弯矩情况下的张角；d_{bi} 为螺栓至管片内弧面之间的距离；d_{bg} 为弹性密封垫至螺栓的距离。

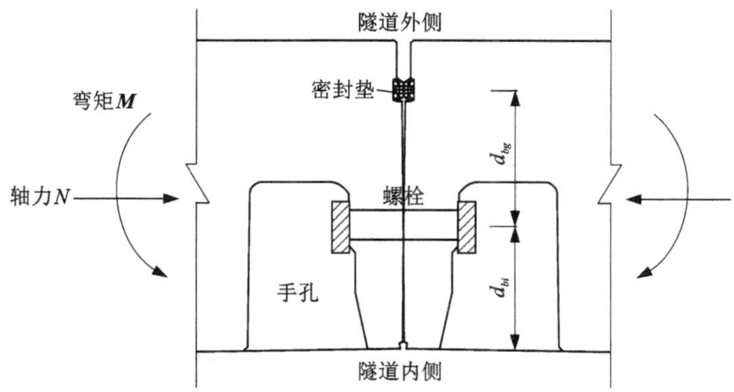

图 8-1　管片接头发生旋转时弹性密封垫的张开量计算示意图

(2)弹性密封垫张开量和其接触面平均应力的关系。

通过对多种断面形式和硬度的弹性密封垫进行试验和数值模拟分析得到，弹性密封垫的张开量和其接触面的平均接触应力之间的基本关系如图 8-2 所示，可用式(8.11)表示，其中函数$f(\delta_g)$与弹性密封垫的断面形式及材料特性有关。

$$P_c^i = f(\delta_g) \tag{8.11}$$

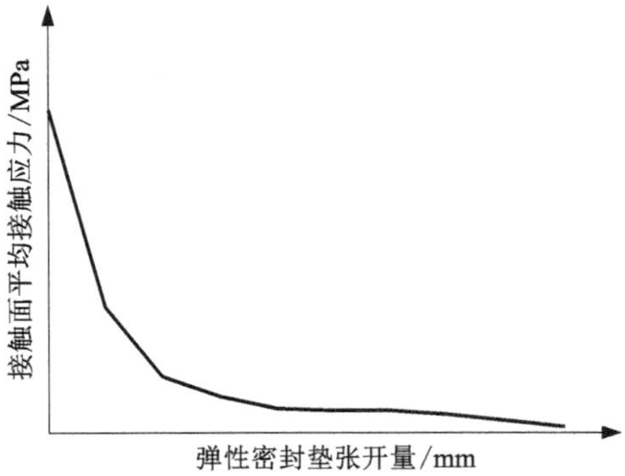

图 8-2　弹性密封垫的张开量与平均接触应力关系

(3)在给定接触面平均应力和外部水压力情况下接触面张开量的关系。

当弹性密封垫接触面应力与水压力接近时，接触面的张开量基本不再变化，因此假定外界的水压力为P_w，通过弹性密封垫的接触应力与张开量的关系曲线，可以获得当接触应力等于外界水压力时的接触面张开量，其与当前状态下接触面张开量之间的差值即为弹性密封垫接触面的张开量，以式(8.12)表示为：

$$w = \delta_g - f^{-1}(P_w) \tag{8.12}$$

(4)接触面张开量与其渗流量之间的关系。

可用局部连续性方程和泊肃叶定律的积分形式表示，如式(8.13)所示：

$$\frac{\partial}{\partial t}\int_x w\mathrm{d}x = q,\ q = \frac{w^3}{12\mu}P_w \tag{8.13}$$

式中：w 为接触面张开量，可取为 0.02 mm；μ 为地下水黏度，可取为 1.11×10^{-3} Pa·s。

8.2.3　模型计算流程

通过对土体渗流场和应力场的耦合问题进行分析，以及对盾构隧道衬砌结构发生局部渗流的情况流固耦合问题进行研究，可知两者之间通过隧道与土体之间的相互作用相互影响。它们的相互作用包含两个方面：一是隧道结构与隧道周围土体变形协调一致；二是接头处渗漏与土体渗流场变化之间相互一致。因此盾构隧道发生局部渗流时隧道结构和周围土层的流固耦合模型计算遵循以下流程，计算流程如图 8-3 所示。

(1)确定发生初始渗流的接头部分和渗流量，并假定在整个计算过程中渗流量保持不变。

(2)通过土体渗流场和应力场耦合方程，计算得到土体的应力场、渗流场和位移场。

(3)由于盾构隧道本身与土体变形协调一致，由此可获得隧道结构变形情况。

(4)通过隧道结构变形情况获得隧道各个接头变形量。

(5)通过隧道接头变形量确定其是否发生渗流和渗流量大小，并作为渗流边界条件进一步施加至土体模型上，从而对土体的渗流场、应力场和位移场产生新的影响。

(6)重复(2)~(5)直至土体内渗流场、应力场和位移场以及隧道结构本身的内力与变形趋于稳定，停止计算。

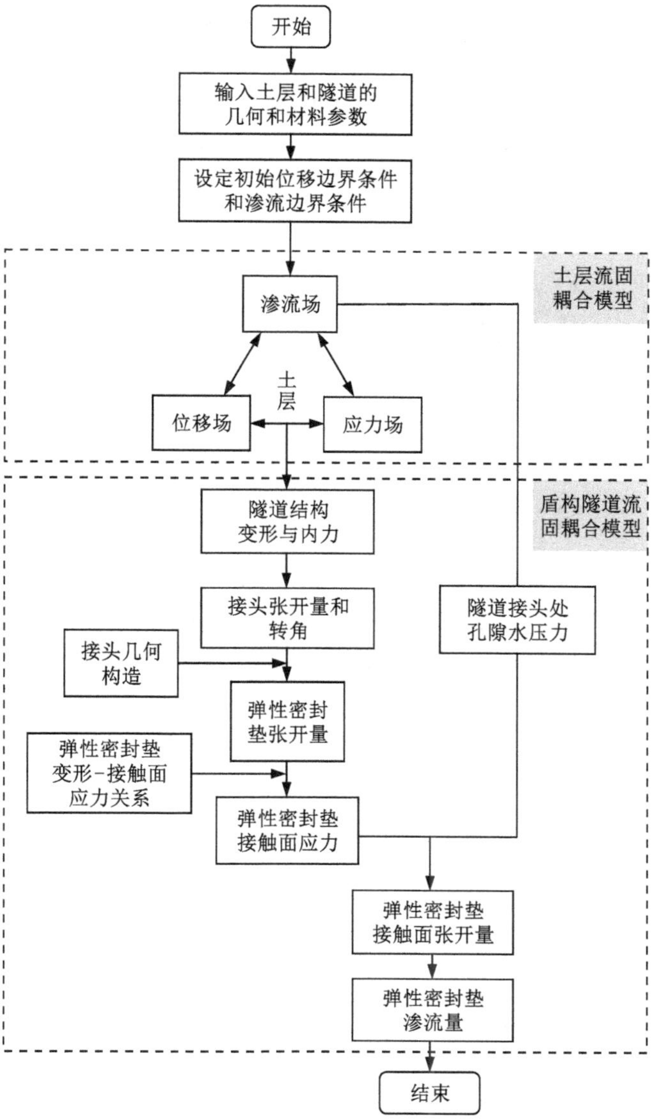

图 8-3　盾构隧道结构局部渗流流固耦合模型计算流程图

8.3 考虑管片接头渗流的盾构隧道流固耦合数值计算模型

8.3.1 模型尺寸与组成

采用大型有限元软件 ABAQUS 建立了考虑接头渗流的盾构隧道流固耦合数值计算模型。模型的几何参数以上海某地铁盾构隧道为工程背景。隧道中心埋深为 21 m，考虑到上海地区为软土富水地质条件，假定地下水位与地表面一致。考虑到边界效应，左右侧边界至隧道中心的距离大于 5 倍隧道直径(40 m)，模型高度为 42 m(图 8-4)。根据上海地区典型土层分布特征，模型中土层分为四个大层，其特征见表 8-1。

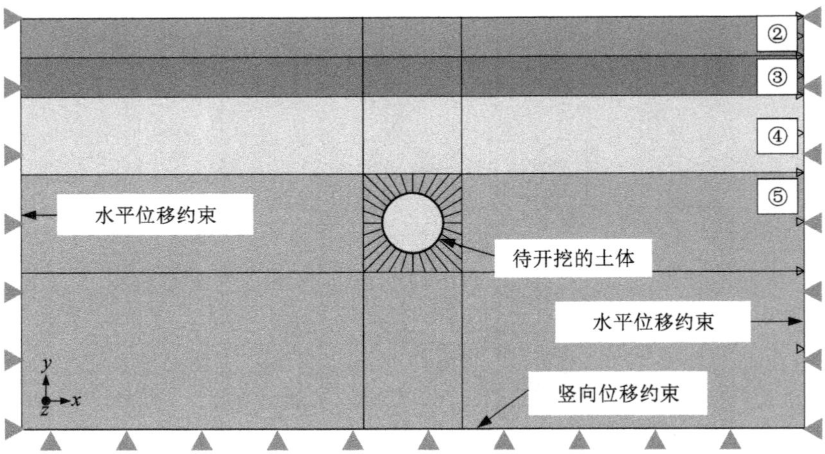

图 8-4 模型剖面图

表 8-1 模型中土层特性

土层编号	名称	厚度/m	特征
②	褐/灰黄色黏性土	4	中等压缩性，到中等塑性
③	灰色淤泥质粉质黏土	4	高压缩性，饱和，软塑~流塑
④	淤泥质黏土	8	高压缩性，饱和，低强度，高灵敏度
⑤	褐灰色黏性土	26	中低压缩性，较湿，低~中塑性

该地铁隧道采用外径为 6. 2 m、厚度为 0. 35 m 的单层衬砌管片作为主要结构。每环隧道衬砌分为 6 块，采用通缝拼装形式，衬砌分块情况如图 8-5 所示。管片之间采用直螺栓连接。在数值计算中采用梁单元模拟管片，接头处采用接头连接单元模拟。由于在计算中接头的转角对于其防水性能的影响较大，因此连接单元只考虑接头的转动，对其他方向的位移进行约束。

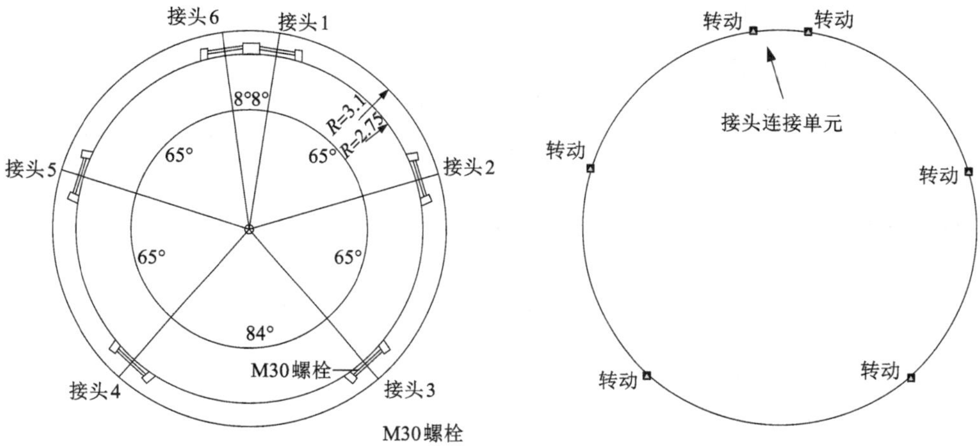

(a) 衬砌分块情况　　　　(b) 数值计算模型

图 8-5　上海地铁隧道结构与数值模型

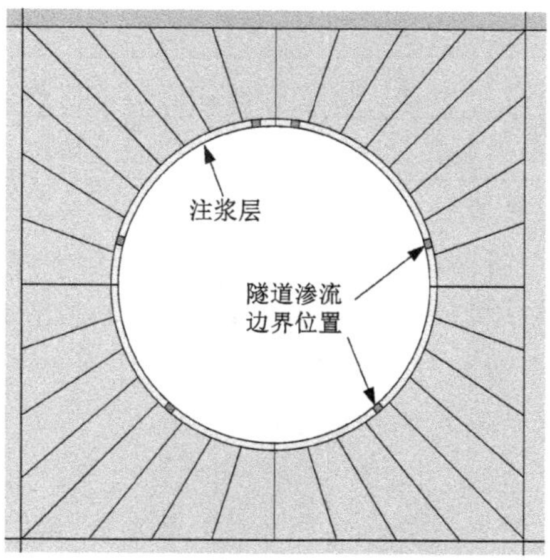

图 8-6　数值计算模型中隧道周围组成

在盾构隧道衬砌结构与土体之间存在注浆层，厚度为 130 mm。注浆层和土体属于同一几何模型(图 8-6)，但材料参数不同(取值见 8. 3. 2 小节)。隧道衬砌采用“Embedded region”的方式与土体相连，表示在计算过程中衬砌与周围土体之间变形一致。而隧道中心存在的开挖土体采用“Tie”的方式与注浆层相连接，并且在初始地应力平衡后开挖。模型的边界条件分为两类，一类是位移边界条件，另一类是渗流边界条件。位移边界条件施加于土体模型的两侧和底部，其中在两侧施加水平向(X 轴方向)的约束，在底部施加竖直向(Y 轴方向)的约束。而渗流边界条件分为固定土体边界条件和隧道渗流边界条件。土体渗流边界条件施加于土体两侧模拟地下水压分布。由于盾构隧道衬砌结构采用梁单元模拟，因此无法进行渗流计算，所以盾构隧道的渗流边界条件施加在注浆层靠近盾构隧道衬砌接头部分，渗流条件采用 ABAQUS 提供的子程序 DFLOW 进行二次开发得到，子程序流程在 8.3.3 小节中阐述。

8.3.2 土层与隧道材料参数

上海地区土层性质基本属于软黏土，在模拟隧道开挖和由渗流引起的固结沉降时，会引起土体复杂应力状态，因此采用 ABAQUS 提供的修正剑桥模型进行计算分析。徐中华[116]通过分析研究，确定了上海地区各层软土的修正剑桥模型的经验参数(表 8-2)，在本节的计算中，采用该文献提供的计算参数。而模型中各层土的渗透系数分别为土层②0.00028512 m/d、土层③0.00023328 m/d、土层④0.00015725 m/d 和土层⑤0.0002592 m/d。

表 8-2　上海典型土层的修正剑桥模型计算参数

土层	重度 $\gamma/(kN\cdot m^{-3})$	孔隙比 e_0	侧压力系数 K_0	泊松比 ν	压缩曲线斜率 λ	回弹曲线斜率 K	临界状态参数 M
②	18.85	0.94	0.47	0.30	0.1177	0.0098	1.24
③	17.85	1.18	0.52	0.35	0.1005	0.0084	1.38
④	17.15	1.43	0.69	0.40	0.1640	0.0370	1.12
⑤	18.25	1.03	0.47	0.35	0.1081	0.0090	1.29
⑥	19.80	0.71	0.50	0.30	0.0647	0.0054	1.20
⑧	18.45	0.94	0.61	0.30	0.1594	0.0133	0.90

盾构隧道衬砌管片的材料为 C50 混凝土，厚度为 0.35 m，宽度为 1.2 m，在数值模拟中，盾构隧道衬砌管片采用线弹性本构模型，厚度为 0.35 m，在平面计算中宽度取为单位 1，在三维计算中宽度为 1.2 m。注浆材料参数根据方勇和何川[117]给出的结果取值(表 8-3)。

表 8-3　管片与注浆层材料参数

材料	重度/$(kN\cdot m^{-3})$	弹性模量/kPa	泊松比
混凝土	25	34.5×106	0.2
注浆层	18	210×103	0.3

8.3.3　基于子程序 DFLOW 的渗流边界条件二次开发

ABAQUS 有限元软件中提供了可根据用户需要自行定义的渗流边界条件子程序 DFLOW，根据弹性密封垫的张开量引起的接触面应力和外部水压力之间的影响对渗流子程序 DFLOW 进行二次开发。ABAQUS 为该子程序提供了较多的可自行定义的内容，其可以位置、渗流时间和孔隙水压力为变量构造函数来定义渗流边界条件，同时也可以在不同的积分点和单元独立调用该子程序进行计算。

在子程序 DFLOW 的编写中，需要对弹性密封垫发生渗流的条件和渗流量大小进行定义。弹性密封垫是否发生渗流取决于外部水压力是否大于其防水能力。渗流压力 P_{wl} 计算公式如式(8.14)所示，其中弹性密封垫的密封系数取为 0.9，有效泊松比 k 取为 0.1：

$$P_{wl}=\frac{\lambda P_c^i}{1-\lambda k}=0.99P_c^i \tag{8.14}$$

式中：P_c^i 为弹性密封垫的初始接触应力，可通过压缩试验获得，试验数据如图 8-7 所示。可通过线性函数表达弹性密封垫平均接触应力与张开量之间的关系：

$$P_c^i=-0.117\delta_g+1.4 \tag{8.15}$$

根据地铁隧道管片接头构造，基于接头小变形假定，得到接头转角和弹性密封垫张开量之间的关系如式(8.16)所示：

$$\delta_g=-220\times\theta \tag{8.16}$$

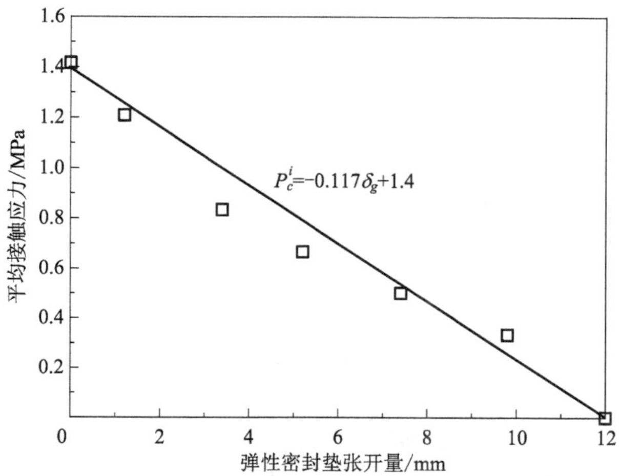

图 8-7　弹性密封垫平均接触应力与张开量关系

当外部水压力大于弹性密封垫的渗流压力时，认为接头处弹性密封垫发生渗流。假定弹性密封垫接触面渗流符合泊肃叶定律，即渗流量可根据弹性密封垫的

张开量 w 和外水压力大小通过式(8.17)计算得到：

$$q=\frac{w^3}{12\mu}P_w \tag{8.17}$$

式中：w 为接触面张开量，可取为 0.02 mm；μ 为地下水黏度，取为 1.11×10^{-3} Pa·s。

盾构隧道局部渗流流固耦合模型计算的子程序 DFLOW 计算流程包括以下步骤：

(1)获取上一步计算得到每个接头转角 θ_i 和接头附近的外水压力 P_{wi}。

(2)通过式(8.16)计算得到每个接头处弹性密封垫张开量 δ_{gi}。

(3)通过式(8.14)和式(8.15)计算每个接头弹性密封垫的渗流压力和平均接触应力。

(4)判断每个接头的渗流压力与外水压力之间关系，当外水压力大于渗流压力时，接头发生渗流，渗流量按式(8.17)计算，当外水压力小于等于渗流压力时，接头不发生渗流，渗流量为 0。

(5)将新的渗流边界条件施加于计算模型上，获得下一步计算结果，同时输出每个接头转角和接头附近外水压力。

(6)重复(1)~(5)，直至流固耦合计算时间结束。

8.3.4 计算步骤与工况

计算步骤分为三步：①初始地应力和地下水孔隙压力场平衡(图 8-8)；②移除开挖区土体单元，施加注浆层和衬砌结构单元；③激活隧道内部渗流边界条件，进行流固耦合计算，计算时间为 10000 d(图 8-9)。

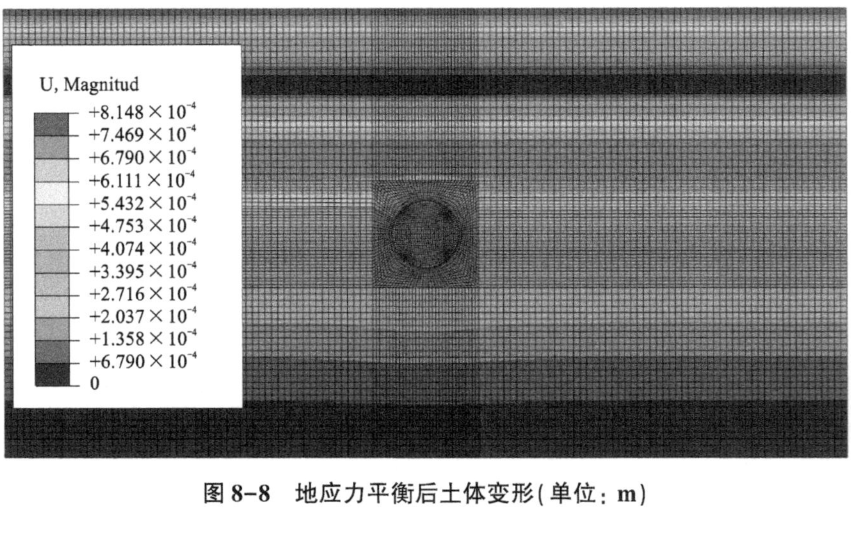

图 8-8 地应力平衡后土体变形(单位：m)

扫一扫，看彩图

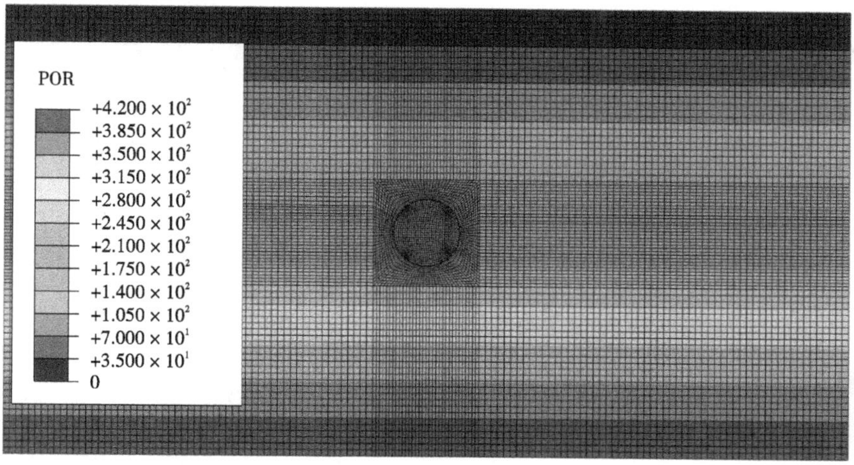

图 8-9　初始孔隙水压力分布(单位：kPa)

考虑到本算例的盾构隧道采用通缝拼装，且隧道的接头分布呈左右对称，因此在分析中只考虑接头 1、接头 2 和接头 3 单独发生渗流时的情况；并且假定初始渗流是由弹性密封垫的密封性能丧失引起的，因此其渗流量大小与其接头变形无关，可根据《盾构法隧道防水技术规程》(DBJ08-50-96)及上海地铁防水等级为二级，得知隧道允许渗流量为 0.1 L/m² · d。在实际情况中，长期渗流点的可能渗流量不能超过允许渗流量，但是由于渗流时间较长可能对隧道和地面产生影响，因此还选取了两种较小的渗流量作为对比，即 0.03 L/m² · d 和 0.07 L/m² · d。方勇和何川的[117]研究得出了 6 m 外径的盾构隧道管片接头刚度一般处于 5000~30000 kN · m/rad，因此在计算中分别取值为 20000 kN · m/rad。

在建立的接头流固耦合模型中，接头是否渗流取决于接头张开量和弹性密封垫的防水性能。在实际隧道修建中，拼装可能造成接头的局部破损及长时间工况下螺栓应力松弛将导致接头的刚度减小。另外，根据三元乙丙橡胶的耐久性试验[118]，一般来说，其长期应力松弛率约为 65%，另外根据弹性密封垫的防水试验获知，当弹性密封垫存在错动量和一定拼装错位时，其防水能力可能下降 20%~40%。因此，在计算工况中还增加了多种考虑接头刚度减小和弹性密封垫防水性能下降的情况，用以分析在极端不利情况下，隧道发生局部渗流时隧道其他接头张开和渗流情况，以及整个隧道和土体的内力与变形情况。管片接头渗流计算工况见表 8-4。

表 8-4 管片接头渗流计算工况

工况编号	初始渗流接头位置	渗流量/($L\cdot m^{-2}\cdot d^{-1}$)	接头刚度/($kN\cdot m\cdot rad^{-1}$)	防水性能/%
工况 1	接头 1	0.1	20000	100
工况 2	接头 2	0.1	20000	100
工况 3	接头 3	0.1	20000	100
工况 4	接头 1	0.07	20000	100
工况 5	接头 2	0.07	20000	100
工况 6	接头 3	0.07	20000	100
工况 7	接头 1	0.03	20000	100
工况 8	接头 2	0.03	20000	100
工况 9	接头 3	0.03	20000	100
工况 10	接头 2	0.1	14000	60
工况 11	接头 2	0.1	11000	45
工况 12	接头 2	0.1	8000	30

8.4 基于管片接头流固耦合模型的盾构隧道衬砌结构分析

8.4.1 管片结构内力

为研究不同接头位置和渗流量对隧道结构内力的影响，将工况 1～工况 9 的计算结果按相同渗流量不同接头位置分别绘制图 8-10 和图 8-11 并进行对比分析。在本节中，一般定义正弯矩为管片内弧面受拉、外弧面受压的情况，负弯矩则相反。图 8-10 给出了不同接头渗流量情况下，盾构隧道衬砌结构的弯矩分布形式。从分布形式看出，最大负弯矩出现于隧道侧面，而最大正弯矩出现于隧道底部，拱顶处也是正弯矩，但小于隧道底部处弯矩，这与通常采用的荷载模式下计算的结果略有不同，说明在地层中实际受到的水土压力分布形式与通常荷载模式有一定区别。总的来说，在接头处发生渗流时，衬砌结构的弯矩会发生一定的改变，改变的大小与接头渗流位置与渗流量有关。以图 8-10(a) 为例，在相同渗流量情况下，接头 2 处发生渗流时，衬砌管片的弯矩发生的变化最大，其最大负弯矩从初始状态下的 279.8 kN · m 增加至 319.3 kN · m，增加幅度约为 14%；最大正弯矩从 272.6 kN·m 增加至 301.0 kN·m，增加幅度约为 10%。而当接头 1 或接头 3 发生渗流时，衬砌弯矩也会有一定程度的增加，但幅度小于在接头 2 发生渗流时。由此说明，在接头 2 处发生渗流是一种较为危险的情况。此外，随着接头的渗流量逐渐减小，衬砌内力的增加幅度也会逐渐减小。

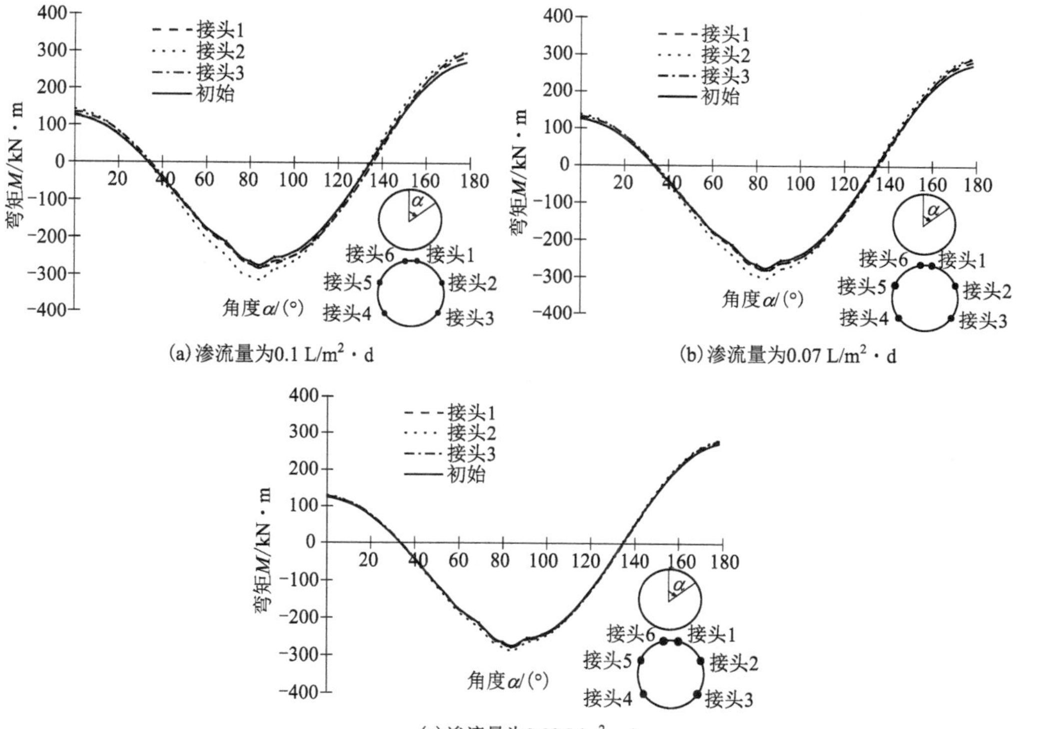

(a) 渗流量为0.1 L/m²·d　(b) 渗流量为0.07 L/m²·d　(c) 渗流量为0.03 L/m²·d

图 8-10　不同接头位置处相同渗流量时衬砌结构弯矩

接头处发生渗流对于衬砌结构的轴力与弯矩的影响不同，表现为当接头发生渗流时，衬砌结构的轴力比接头未发生渗流时要小。例如，当接头 2 发生渗流，流量为 0.1 L/m² · d 时，在隧道底部轴力从 1142.8 kN 减少至 1114.4 kN，减少了 2.5%。其中，隧道顶部和底部的截面的轴力减小程度相对于隧道侧部更明显。另外，当接头的渗流量较小时，轴力的变化减小。总的来说，接头发生渗流时，衬砌结构内弯矩的变化较轴力变化更为明显，由于钢筋混凝土结构设计时一般以截面弯矩作为设计控制指标，因此接头渗流导致衬砌的弯矩增加需要在必要时加以考虑。

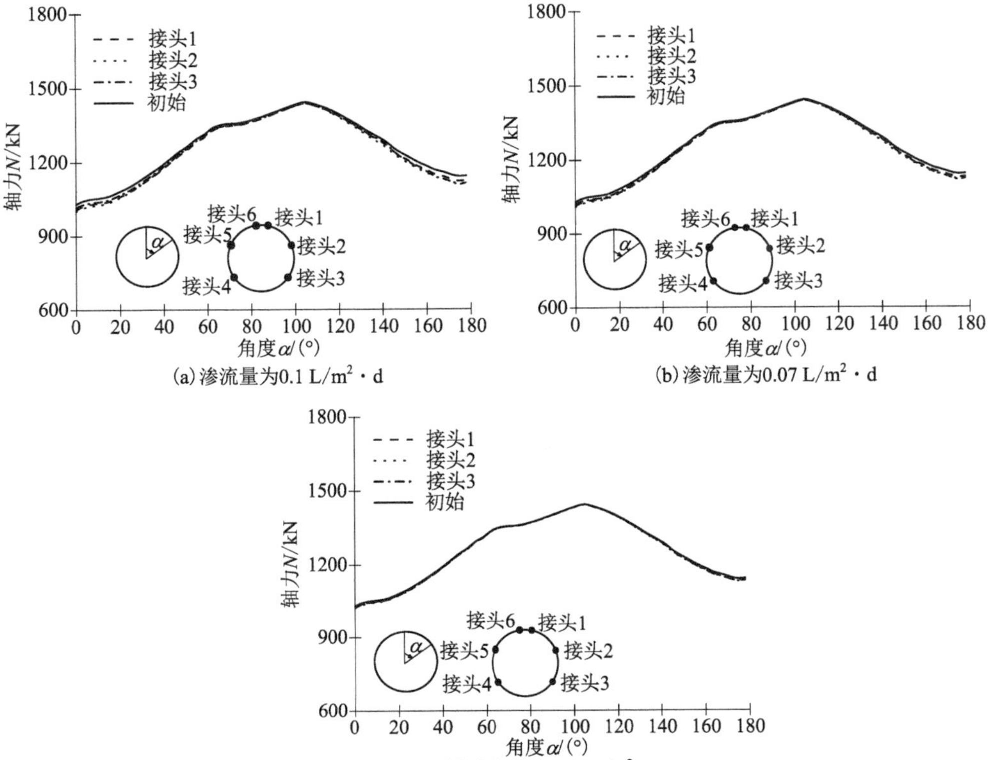

(a) 渗流量为0.1 L/m² · d

(b) 渗流量为0.07 L/m² · d

(c) 渗流量为0.03 L/m² · d

图 8-11　不同接头位置处相同渗流量时衬砌结构轴力

8.4.2　管片结构变形

当隧道接头发生渗流时，隧道-结构会发生明显的移动和变形。图 8-12 表示了不同工况下隧道结构的变形和侧向移动。由图 8-12 可知，在相同的渗流量情况下，渗流发生在接头 2 处时，隧道侧移量和变形量均最大，而在接头 3 处发生渗流时隧道侧移量和变形量次之，当接头 1 发生渗流时隧道侧移量和变形量最小。由此可见，接头 2 发生渗流对于隧道结构的影响最大。从数值上看，当渗流量为 0.1 $L/m^2 \cdot d$ 时，接头 1、接头 2 和接头 3 发生渗流时，隧道结构的侧移量分别为 0.665 mm、5.365 mm 和 3.391 mm，而表 8-5 给出了渗流量为 0.1 $L/m^2 \cdot d$、0.07 $L/m^2 \cdot d$ 和 0.03 $L/m^2 \cdot d$ 时不同接头渗流时隧道结构的侧移量。通过对比分析发现不同渗流量情况下，接头 2 发生渗流时隧道结构的侧移量为最大，接头 3 发生渗流时侧移量次之，接头 1 发生渗流时侧移量最小。从数值上看，接头

2 或接头 3 发生渗流时的侧移量分别为接头 1 发生渗流时的 8 倍和 5 倍。因此接头 2 发生渗流的情况是最不利的工况，而接头 3 发生渗流时对隧道结构侧向变形的影响也较大。此外，隧道结构的侧移量随着渗流量的减小或增加存在几乎等比例减小或增加的情况。

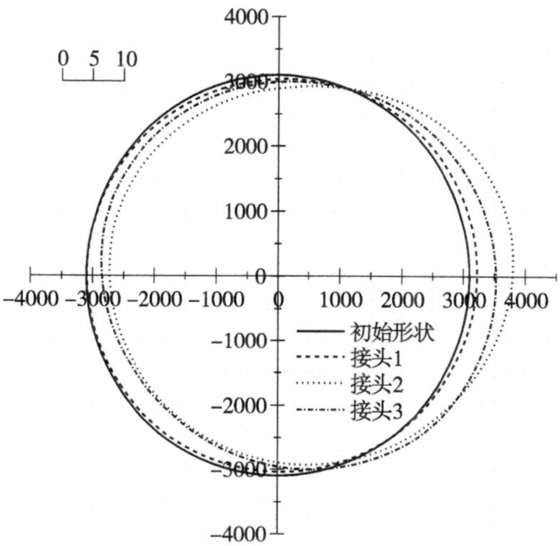

图 8-12　不同接头位置处渗流量为 0.1 L/m² · d 时衬砌结构变形（放大 100 倍，单位为 mm）

表 8-5　不同渗流量和渗流位置时隧道侧移量

渗流量 /(L · m^{-2} · d^{-1})	接头 1 /mm	比例	接头 2 /mm	比例	接头 3 /mm	比例
0.1	0.665	1	5.365	1	3.391	1
0.07	0.430	0.647	3.816	0.711	2.422	0.714
0.03	0.206	0.310	1.695	0.316	1.080	0.318

接头发生渗流除了引起隧道结构的侧向移动，也会导致隧道结构自身的变形，主要表现为水平方向直径增大、竖直方向直径减小，且数值方向的直径减小量略大于水平方向的直径增大量。从表 8-6 可以看出，当接头 2 发生渗流时，隧道衬砌结构变形最大，而接头 3 发生渗流时隧道衬砌结构变形次之，变形量分别为接头 1 发生渗流时的 3 倍和 1.5 倍左右。而当接头的渗流减小时，隧道衬砌结构的变形量也随之减小，且与渗流量的变化幅度基本一致。

表 8-6　不同渗流量和渗流位置时隧道直径变化

渗流量 /(L·m^{-2}·d^{-1})	接头 1/mm		接头 2/mm		接头 3/mm	
	水平	竖直	水平	竖直	水平	竖直
0.1	1.187	1.193	3.247	3.405	1.759	1.990
0.07	0.820	0.887	2.384	2.490	1.352	1.444
0.03	0.417	0.469	1.066	1.142	0.590	0.664

8.4.3　隧道及地表沉降

隧道接头渗流时地表会产生明显的沉降槽，沉降槽的形状近似于正态分布函数。沉降量的大小与接头渗流位置和渗流量明显相关。当渗流位置相同时，渗流量越大则地表沉降量越大。而当渗流量相同时，在接头 1 位置处渗流引起地表沉降量最大，接头 2 位置处渗流引起的沉降量次之，接头 3 位置处渗流引起的沉降量最小。这主要是因为，接头 1 处于隧道顶部附近，其发生渗流时隧道顶部以上土体内孔隙水压力变化明显，因此沉降量最大(图 8-13 和图 8-14)。另外，由于隧道渗流点位置与隧道中心线有一定偏差，因此地表沉降槽最大沉降量位置也相对隧道中心线有一定的偏差。表 8-7 和表 8-8 列出了不同渗流位置和渗流量时地表沉降槽最大沉降位置相对隧道中心线的偏差情况。当接头 2 发生渗流时，地表沉降槽最大沉降量位置相对隧道中心线偏离最远。同时，当渗流量减小，地表沉降槽最大沉降量位置相对隧道中心线逐渐靠近。

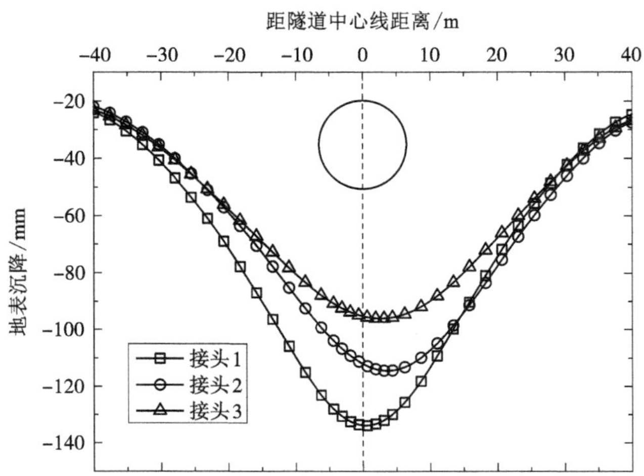

图 8-13　渗流量为 0.1 L/m^2 · d 时不同渗流位置时地表沉降槽

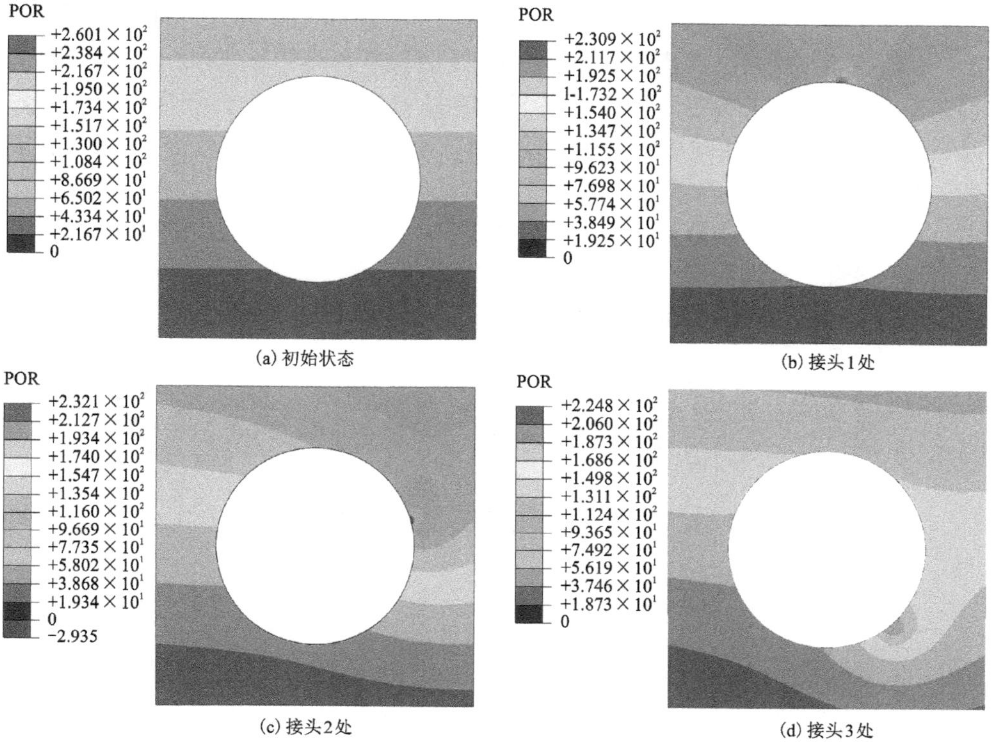

图 8-14　不同接头处渗流孔隙水压力分布云图(单位：kPa)

扫一扫，看彩图

表 8-7　地表沉降槽最大沉降量

渗流量/($L\cdot m^{-2}\cdot d^{-1}$)	接头 1/m	接头 2/m	接头 3/m
0.1	0.1339	0.1145	0.0961
0.07	0.0900	0.0779	0.0669
0.03	0.0387	0.0349	0.0311

表 8-8　地表沉降槽最大沉降位置离隧道中心线距离

渗流量/($L\cdot m^{-2}\cdot d^{-1}$)	接头 1/m	接头 2/m	接头 3/m
0.1	0.3134	3.5972	2.5025
0.07	0.3131	3.4405	2.3393
0.03	0.3134	2.6509	1.7159

以工况 4~工况 6 为例(图 8-15)，地表最大沉降量随渗流时间的增加逐渐增大，并且在渗流早期沉降量较大，随着时间的增加沉降速率逐渐减小，到后期基本保持不变。表 8-9 对比了各工况中隧道中心线处地表最大沉降量和隧道最大沉降量，可以看出，相同渗流量情况下，接头 1 发生渗流时地表沉降量最大，接头 2 次之，接头 3 最小；而隧道的沉降量则是接头 3 发生渗流时最大，接头 2 次之，接头 1 最小。这是由于接头 1 发生渗流时，隧道顶面以上土层中孔隙水压力发生较大变化，隧道顶部以上土体沉降较为明显，而接头 3 发生渗流时，隧道靠近底部附近的孔隙水压力变化较为明显，因此引起的隧道沉降值较大，但由于隧道的阻隔作用，地表沉降量反而较小。由此可以得出，隧道顶部发生渗流时，引起地表的变形较为明显，对地面的其他构筑物影响较大；而隧道底部发生渗流时，引起隧道发生较大沉降，对隧道结构本身的影响较大。

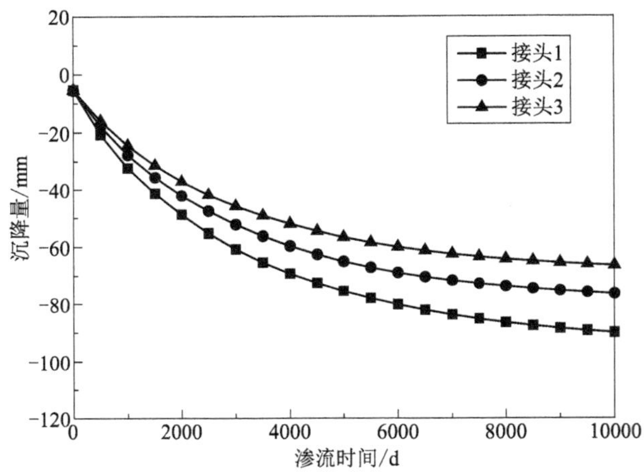

图 8-15　渗流量为 0.07 L/m^2 · d 时隧道中心地表沉降量随时间变化规律

表 8-9　各工况中隧道中心地表最大沉降量和隧道最大沉降量

工况	初始渗流接头位置	渗流量/(L · m^{-2} · d^{-1})	地表最大沉降/m	隧道最大沉降/m
1	接头 1	0.1	-0.134	-0.023
2	接头 2	0.1	-0.112	-0.026
3	接头 3	0.1	-0.095	-0.031
4	接头 1	0.07	-0.090	-0.018
5	接头 2	0.07	-0.077	-0.021
6	接头 3	0.07	-0.066	-0.024

续表 8-9

工况	初始渗流接头位置	渗流量 /($L \cdot m^{-2} \cdot d^{-1}$)	地表最大沉降/m	隧道最大沉降/m
7	接头 1	0.03	-0.039	-0.012
8	接头 2	0.03	-0.035	-0.013
9	接头 3	0.03	-0.031	-0.015

8.4.4　隧道各接头渗流量与周围孔压变化

当盾构隧道接头存渗流现象，隧道周围孔隙水压力明显减小(图 8-16)，且渗流量越大，其减小的程度的越明显。在渗流接头附近，孔隙水压力存在一明显低点，幅度与渗流量有关。例如，当接头渗流量为 0.1 L/m^2 · d，接头 1、接头 2 和接头 3 分别发生渗流时，接头位置处孔隙水压力分别下降 211 kPa、203.6 kPa 和 200.5 kPa；当接头渗流量为 0.07 L/m^2 · d，接头 1、接头 2 和接头 3 分别发生渗流时，接头位置处孔隙水压力分别下降 148.6 kPa、143.3 kPa 和 141.1 kPa；当接头渗流量为 0.03 L/m^2 · d，接头 1、接头 2 和接头 3 分别发生渗流时，接头位置处孔隙水压力分别下降 64 kPa、61.7 kPa 和 60.9 kPa。由此可知，当渗流接头位置越靠近隧道底部时，在相同渗流量情况下，接头处孔隙水压力下降幅度偏小。此外，根据达西定律，水流量大小与渗透系数 k 和水力坡降 i 有关，当渗透系数相同时，水流量与水力坡降之间成正比关系。而通过对上述数据分析可知，不同渗流量情况，孔隙水压力的下降幅度确与渗流量成正比，因此符合达西定律。

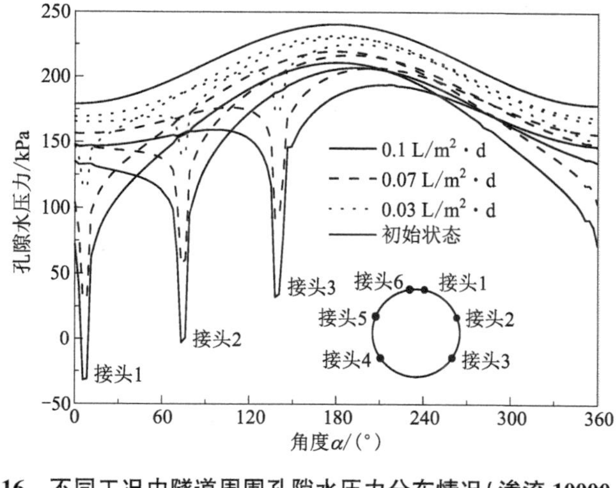

图 8-16　不同工况中隧道周围孔隙水压力分布情况(渗流 10000 d 后)

隧道周围孔隙水压力随时间的变化影响着土体和隧道结构的变形。图 8-17 提供了工况 1～工况 3 中各个接头附近孔隙水压力随时间的变化规律。从图 8-17 中看到，接头附近的孔隙水压力随着渗流时间增加都逐渐减小，并且在渗流初期下降幅度较大，这与隧道和土体变形规律一致。在工况 1 中，由于在接头 1 位置处发生渗流，因此接头 1 处的孔隙水压力下降幅度最大；且由于接头 6 距离接头 1 位置较近，在其附近的孔隙水压力也明显下降；而由于接头 2～接头 5 距离渗流点有一定距离，所以这些接头位置处的孔隙水压力下降幅度不大，且数量上接近。在工况 2 中，接头 2 处发生渗流导致孔隙水压力下降明显，而接头 1 和接头 6 处略有下降且幅度接近；接头 3 和接头 4 相比，由于接头 3 靠近渗流点，因此孔隙水压力下降较为明显。在工况 3 中，除了渗流点接头 3 位置处孔隙水压力下降较为明显外，只有相邻的接头 2 处孔隙水压力下降明显，其他各接头处只是略有下降。由此可知，当一个接头发生渗流时，与其相邻的接头处孔隙水压力变化较为明显，其他位置接头由于距离较远，孔隙水压力下降幅度不大。

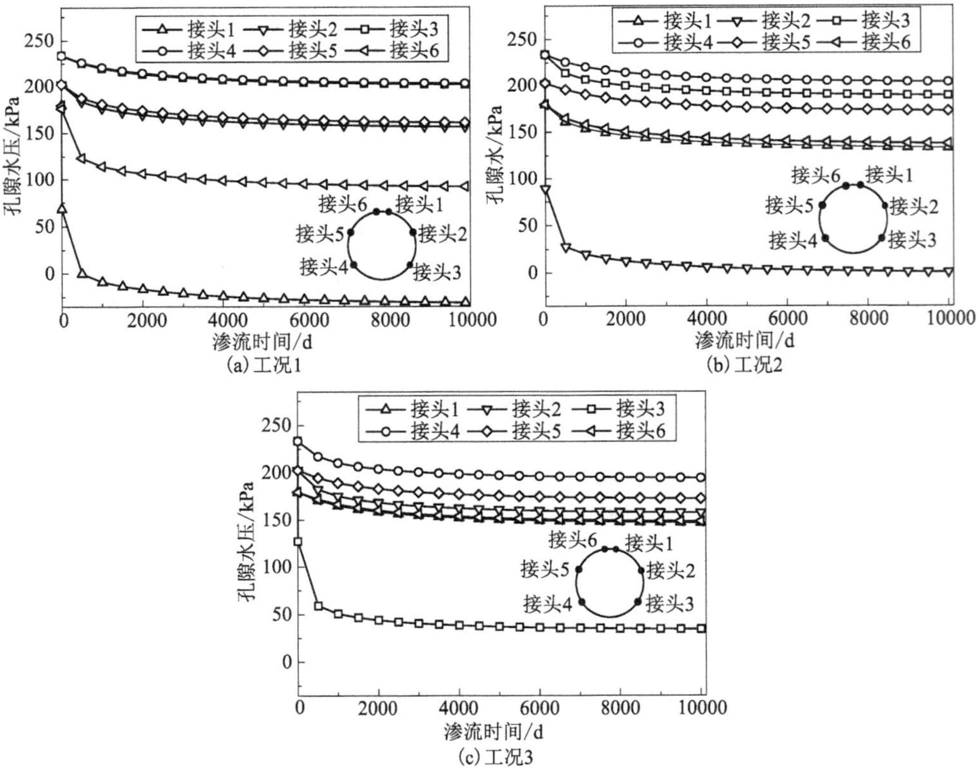

图 8-17　工况 1～工况 3 中各个接头孔隙水压力随时间变化规律

由于采用了接头连接单元，因此可以获得各个接头处张角的变化情况。定义由负弯矩引起的张角数值为负，由正弯矩引起的张角数值为正。根据衬砌结构的变形特点，接头 1、接头 3、接头 4 和接头 6 张角为正，表面接头处靠内弧面一侧张开、外弧面一侧压缩，由于地铁隧道弹性密封垫安装于靠近外弧面一侧，在不考虑其他因素的影响下，当接头张角为正时，弹性密封垫进一步压实，从而防水性能进一步提高。而接头 2 和接头 5 处承受负弯矩，所以接头靠近外弧面一侧张开、内弧面一侧闭合，导致弹性密封垫张开量进一步增加，引起防水性能下降，可能导致新的渗流点发生。图 8-18 给出了工况 1~工况 3 中接头 2 和接头 5 张角随渗流时间的变化。

从数值上看，三种工况中接头张角均较小，弹性密封垫的张开量为 1.5 mm 左右。若假定隧道拼装时弹性密封垫完全闭合，则根据前述章节给出的弹性密封垫防水能力计算公式可知，在这三种工况中，弹性密封垫的防水能力大于外界水压，同时由于地铁隧道弹性密封垫的安全系数相对较高，一般为 3 左右[119]。接头张角随时间的变化规律也是在渗流早期变化幅度较大，随着渗流时间的推移变化逐渐减小，这与隧道结构的变形相一致。

从三种工况对比来看，工况 2(即接头 2 发生渗流)的接头张角明显大于工况 3 和工况 1，而工况 2 中隧道变形和侧移相比于其他两种工况大也印证了这个事实。在同一工况中，接头 5 的张角大于接头 2 的张角，说明当隧道一侧的某个接头发生渗流时，在另一侧的中间接头(即接头 2 或接头 5)存在着引发新的渗流点的可能性。

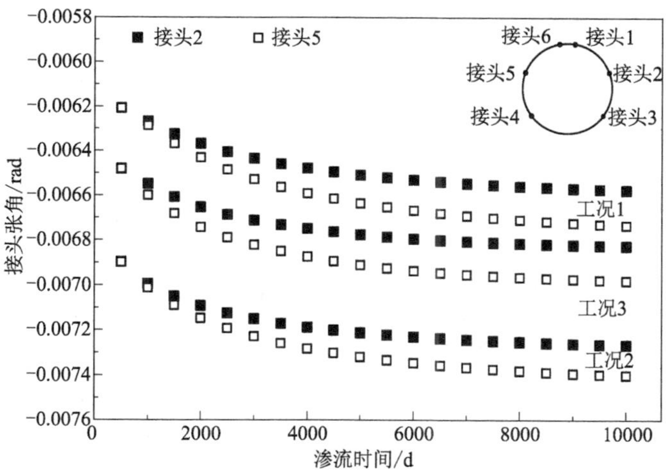

图 8-18　不同工况下接头 2 和接头 5 张角变化情况

8.4.5 接头刚度与弹性密封垫防水性能下降的影响

通过前面的分析可知，当地铁隧道接头完好且弹性密封垫防水性能良好情况下，局部接头发生 0.1 $L/m^2 \cdot d$ 之内的渗流量时，引起的接头张开量较小，且由于弹性密封垫防水能力富余较多，因此除了初始渗流点外，其他位置接头不会出现渗流。但在实际工程中，由于各种施工影响和材料性质变化等因素的影响，接头刚度和弹性密封垫可能有一定下降。在这种情况下，局部接头渗流对隧道衬砌结构整体变形和流固耦合的影响值得进一步研究。因此，选取工况 10、工况 11 和工况 12 计算并与工况 2 进行对比。

图 8-19 和表 8-10 表示了工况 10~工况 12 获得的地表沉降槽和隧道沉降量，并与工况 2 进行对比，发现随着接头刚度的减小，地表沉降槽与隧道沉降量几乎没有任何变化，说明接头刚度的变化对地表和隧道的沉降几乎没有影响，而对隧道结构本身的内力和变形存在较为明显的影响。表 8-11 列出了上述工况中，衬砌结构最大正负弯矩的数值。从数值上看，随着接头刚度的减小，在隧道侧面的衬砌最大负弯矩逐渐增大，而隧道底部附近的最大正弯矩则逐渐减小。这是由于接头刚度的减小使隧道的横向变形增加，隧道侧面的土体抗力增加。在逐渐增加的土体抗力作用下，隧道侧面的负弯矩则逐渐增大，而与此同时隧道底部的最大正弯矩则逐渐减小。

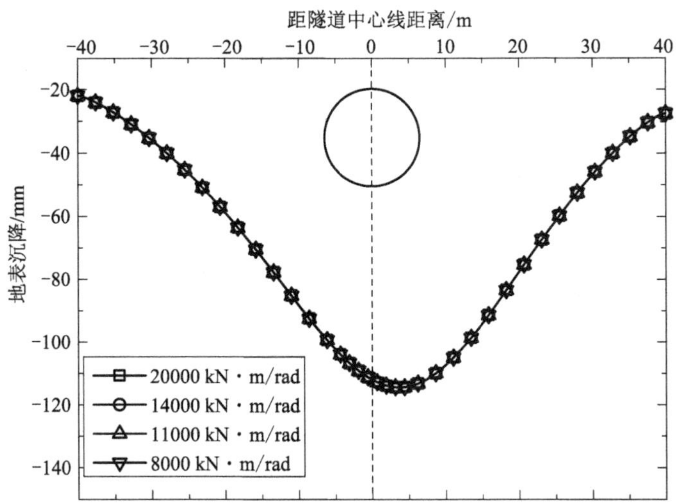

图 8-19 不同接头刚度时地表沉降槽

表 8-10　不同接头刚度时隧道沉降量

工况	2	10	11	12
接头刚度/(kN·m·rad^{-1})	20000	14000	11000	8000
沉降量/m	-0.02595	-0.02600	-0.02603	-0.02608

表 8-11　不同接头刚度时衬砌最大弯矩

工况	接头刚度 /(kN·m·rad^{-1})	最大负弯矩 /(kN·m)	最大正弯矩 /(kN·m)
2	20000	-319.3	301.0
10	14000	-330.1	294.9
11	11000	-337.4	289.6
12	8000	-346.7	281.7

图 8-20 和表 8-12 给出了不同接头刚度情况下各个接头的张角情况。可以看出，随着接头刚度的减小，各个接头的张角均明显增大，其中接头 2 和接头 5 张角最大。在接头 1 和接头 6、接头 2 和接头 5、接头 3 和接头 4 的对比中发现，若隧道右侧某一接头发生渗流，则左侧的接头张角会大于右侧，这是因为右侧发生渗流时隧道结构会向右侧偏移，另外一侧的接头张角增大。此外，根据弹性密

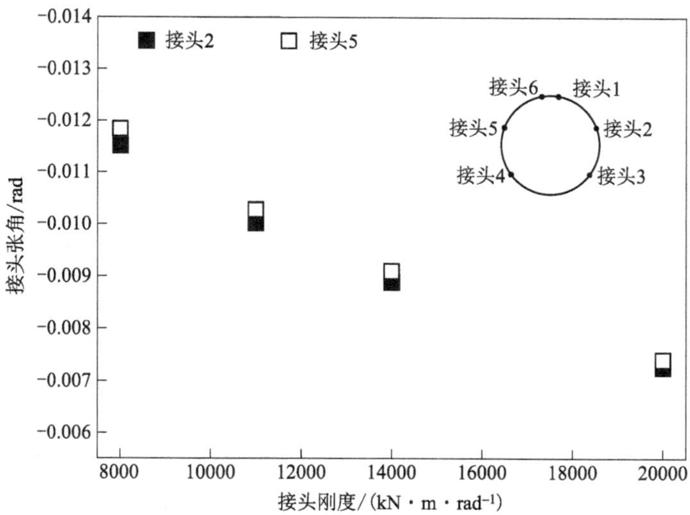

图 8-20　不同接头刚度情况下接头 2 和接头 5 张角变化

封垫防水性能计算公式，工况 12 中接头 2 和接头 5 的张角最大，此时防水能力为 324 kPa 左右，而接头 2 和接头 5 处最大孔隙压力约为 200 kPa，依然小于弹性密封垫的防水能力，所以还是不会产生新的渗流点。由此可以推断，即使当地铁隧道中接头刚度下降至 8000 kN · m/rad，弹性密封垫的防水性能降至原来的 30%，任一接头单独发生渗流时，其他接头处张角依然较小，不足以产生新的渗流点。

表 8-12　不同接头刚度时接头 1、接头 3、接头 4 和接头 6 张角变化

工况	接头刚度 /(kN · m · rad^{-1})	接头 1 /rad	接头 6 /rad	接头 3 /rad	接头 4 /rad
2	20000	0.0067	0.0068	0.0024	0.0024
10	14000	0.0081	0.0081	0.0032	0.0032
11	11000	0.0090	0.0091	0.0037	0.0038
12	8000	0.0101	0.0103	0.0045	0.0046

8.5　环间接头渗流时盾构隧道衬砌结构力学特性分析

8.5.1　计算模型

在实际地铁隧道中，环间接头处也可能发生渗流，且实地调研发现，环间接头处渗流出现的频率大于管片接头处。为研究环间接头渗流对隧道结构内力变形和土体沉降的影响，本节建立了盾构隧道环间接头渗流分析的三维有限元计算模型，在计算模型中包含土体、注浆层和隧道结构，其中土体的范围、分层情况、注浆层和隧道结构尺寸、隧道结构的分块以及土体、注浆层和隧道结构材料本构模型和参数选择与 8.3 节中的二维计算模型一致，模型如图 8-21 所示。

在三维计算模型中，纵向长度为 79.2 m，隧道结构中含有 66 环管片，结构的模拟采用了本书提出的壳-接头模型进行计算。在每个管片接头处设置 2 个管片接头连接单元，在每个环间接头处设置 40 个环间接头连接单元，其中每个邻接块和标准块上有 7 个环间接头连接单元，每个封顶块上有 5 个环间接头连接单元（图 8-22）。考虑到模型中隧道结构的管片接头轴力不可能出现拉力，且也不可能出现剪切的情况，因此在管片接头连接单元中只考虑其绕隧道纵向的旋转刚度，管片接头弯曲刚度取值为 20000 kN · m/rad，因此管片接头连接单元的旋转刚度取值为 10000 kN · m/rad。在环间接头上，实际盾构隧道采用 17 根 M30 纵向螺栓连接，螺栓长度为 400 mm，其总的抗拉刚度为 6008296 kN/m，因此每个

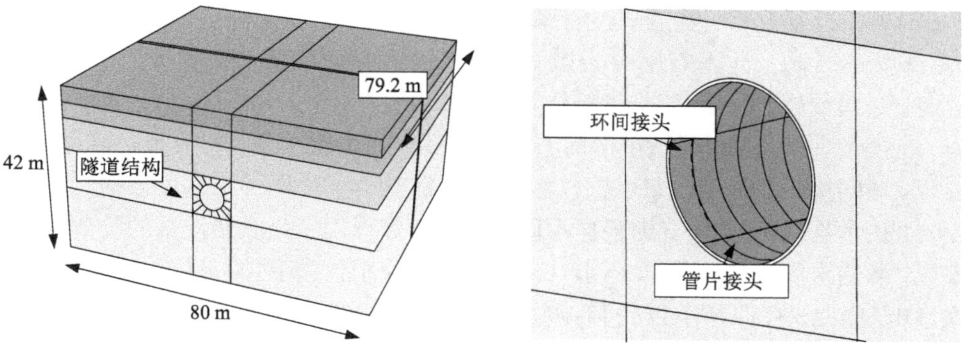

(a) 整体模型　　(b) 隧道结构周围组成

图 8-21　环间接头渗流流固耦合数值计算模型

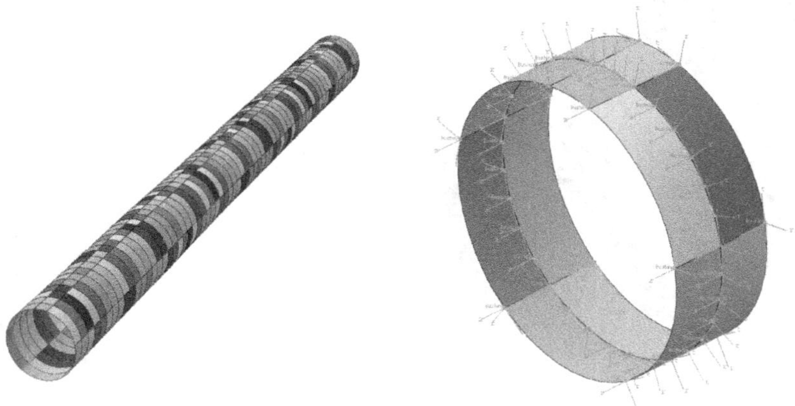

(a) 隧道整体模型　　(b) 管片接头和环间接头连接单元布置

图 8-22　基于壳-接头模型的盾构隧道衬砌结构数值计算模型

环间接头连接单元的抗拉刚度为 150207.4 kN/m，考虑到环间接头受压时为混凝土受压，假定其抗压刚度为无穷大，在计算中取为抗拉刚度的 1000 倍。在环间接头连接单元中，其剪切特性由隧道纵向力和混凝土的摩擦系数确定，由于在实际盾构隧道中，隧道纵向力在各个时期均有差别，如在隧道施工时，其纵向力包括螺栓预紧力和盾构千斤顶的顶推力等，又如在建成后，可能发生螺栓应力松弛，混凝土管片收缩徐变导致隧道的纵向力减小，因此在数值计算模型中难以体现。所以在本计算模型中，通过设定不同的纵向力取值范围，并将环间接头最大错动量取为 10 mm，计算环间接头剪切刚度。假定环节接头的纵向力为 0 kN 时，则环间接头发生错动时剪切力也为 0 kN，此时环间接头的剪切刚度为 0 kN/m。而假定螺栓预紧力保持初始状态(每个螺栓预紧力为 80 kN)，同时环间接头承担盾构顶进时的千斤顶推力，隧道中心埋深为 21 m，土体平均重度为 18 kN/m³，盾构机外径取为 6.4 m，土体侧压力系数为 0.47。此时作用于环间接头上总压力为 7075 kN。所以每个环间接头连接单元的剪切刚度为 1.77×10^7 kN/m。

在模型中，取靠近隧道中部的一环间接头作为渗流接头，将流量边界条件施加于该环间接头的处的注浆层上，宽度为一环隧道宽度(图 8-23)。根据《盾构隧道防水技术规程》，盾构隧道根据不同的防水等级设定了最大渗流量的控制指标，其中上海地铁区间隧道要求小于 0.1 L/m² · d 并且任何 100 m² 渗流量不超过 20 L/d。因此，在计算中以任何 100 m² 渗流量不超过 20 L/d 作为基准，设置 10 L/d、20 L/d、30 L/d 和 40 L/d 作为四种不同计算工况，研究不同渗流量对隧道的影响。同时考虑到环间接头剪切刚度的不同，表 8-13 列出了八种计算工况进行研究分析。

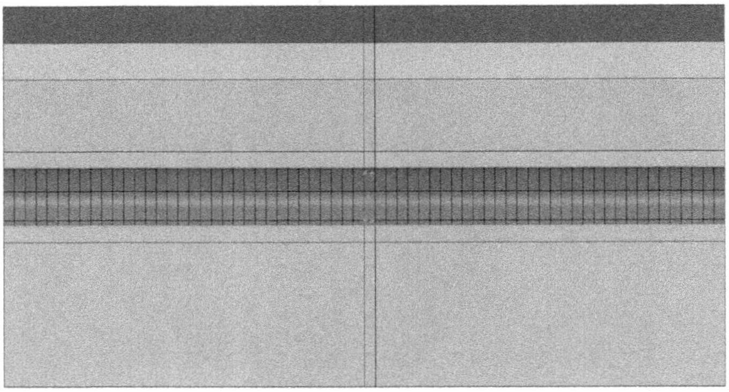

扫一扫，看彩图

图 8-23　环间接头渗流边界位置示意

表 8-13　环间接头渗流计算工况

工况	任意 100 m² 渗流量 /($L\cdot d^{-1}$)	环间接头剪切刚度 /($kN\cdot m^{-1}$)
13	10	100000
14	20	100000
15	30	100000
16	40	100000
17	20	1000000
18	20	10000
19	20	1000
20	20	100

计算步骤分为三步：①初始地应力和地下水孔隙压力场平衡（图 8-24）；②移除开挖区土体单元，施加注浆层和衬砌结构单元；③激活隧道内部渗流边界条件，进行流固耦合计算，计算时间为 10000 d。

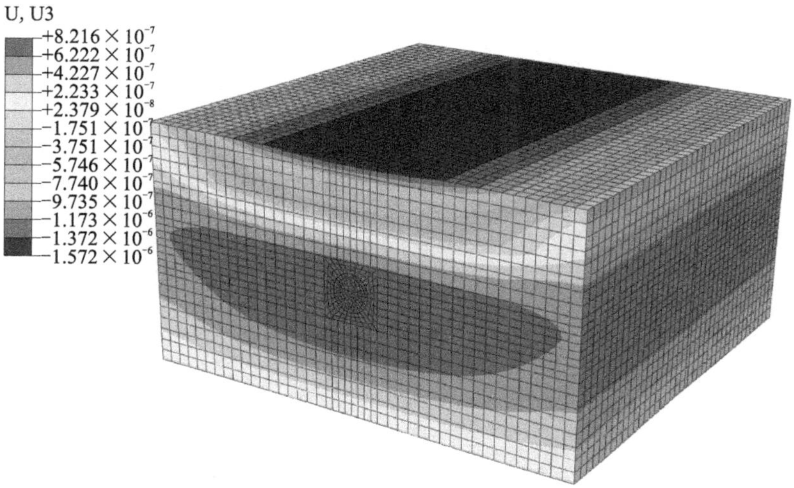

(a) 位移场/m

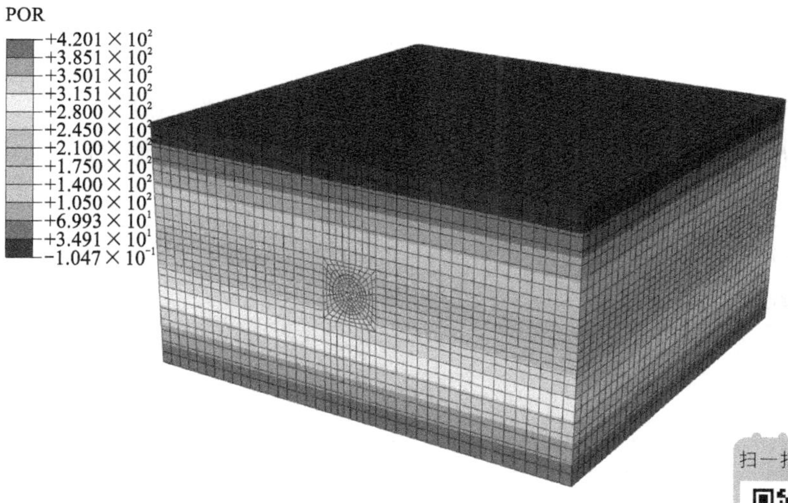

(b) 孔隙水压力场/kPa

图 8-24　地应力平衡后的土体位移场和孔隙水压力场

扫一扫，看彩图

8.5.2　管片结构内力

管片结构横向内力包括轴力和弯矩，假定轴力为压力且为正，管片内弧面受拉、外弧面受压且它们的弯矩为正。表 8-14 和表 8-15 分别列出了不同环间接头渗流量和不同环间接头剪切刚度情况下隧道顶部、侧部和底部的弯矩轴力对比。对比不同环间接头渗流量发现，随着接头渗流量增大，管片结构的弯矩随之增大，如在渗流量为 40 L/100 m^2 · d 工况中，管片弯矩增大 3%左右；而从轴力的对比来看，随着接头渗流量增大，接头轴力逐渐减小，减小幅度为 1%左右。由此可以看出，接头发生渗流时对管片接头弯矩的影响较大。在不同环间接头剪切刚度的工况对比中，发现环间接头剪切刚度的变化对隧道结构的环向的弯矩和轴力的影响不大，可以看出，环间接头剪切刚度对隧道横向的力学特性的影响不大。

表 8-14　不同渗流量时衬砌结构内力变化

任意 100 m^2 渗流量 /(L · d^{-1})	弯矩/kN · m			轴力/kN		
	顶部	侧部	底部	顶部	侧部	底部
渗流前	110.74	−269.71	158.79	963.90	1253.16	1015.64
10	111.47	−270.25	159.66	964.33	1252.13	1012.87
20	112.20	−270.83	160.55	964.80	1251.35	1010.26
30	112.93	−271.45	161.47	965.31	1250.79	1007.81
40	113.67	−272.10	162.40	965.87	1250.45	1005.50

表 8-15　不同环间接头剪切刚度时衬砌结构内力变化

接头剪切刚度 /(kN · m^{-1})	弯矩/kN · m			轴力/kN		
	顶部	侧部	底部	顶部	侧部	底部
渗流前	110.74	−269.71	158.79	963.90	1253.16	1015.64
1000000	112.22	−270.77	160.83	960.40	1251.37	1007.47
10000	112.17	−270.93	160.85	958.76	1251.56	1010.06
1000	112.20	−270.99	160.92	958.31	1251.74	1010.76
100	112.21	−271.00	160.94	958.27	1251.78	1010.86

而隧道结构的纵向力分析中，假定纵向力为压力时取为正。图 8-25 为工况 16 时渗流时间 10000 d 后，隧道结构纵向力分布云图。由图 8-25 可知，渗流 10000 d 后，隧道中部产生的沉降量大于两端，此时在隧道中间顶部出现较大的纵向力(压力)而隧道两端纵向力(压力)则减小；在隧道底部，则呈现中间小两端大的规律。由此说明，在隧道中部发生渗流时，隧道沉降变形部分是由隧道顶部受压、底部受拉引起的。将不同接头渗流量和环间接头刚度工况中的隧道顶部、

侧部和底部纵向力变化情况绘于图 8-26 和图 8-27 中。

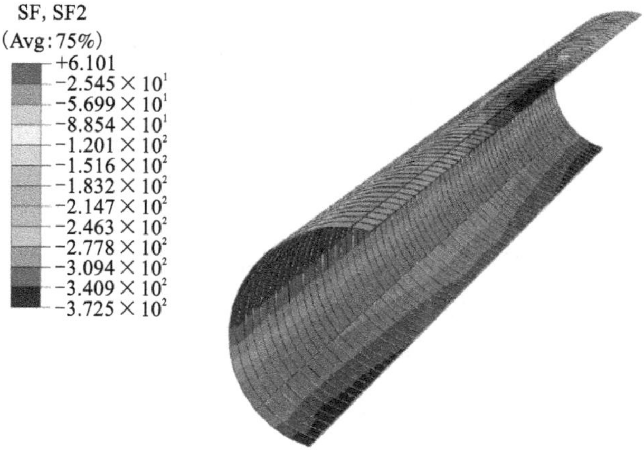

扫一扫，看彩图

图 8-25　工况 16 中隧道纵向力分布云图(单位：kN)

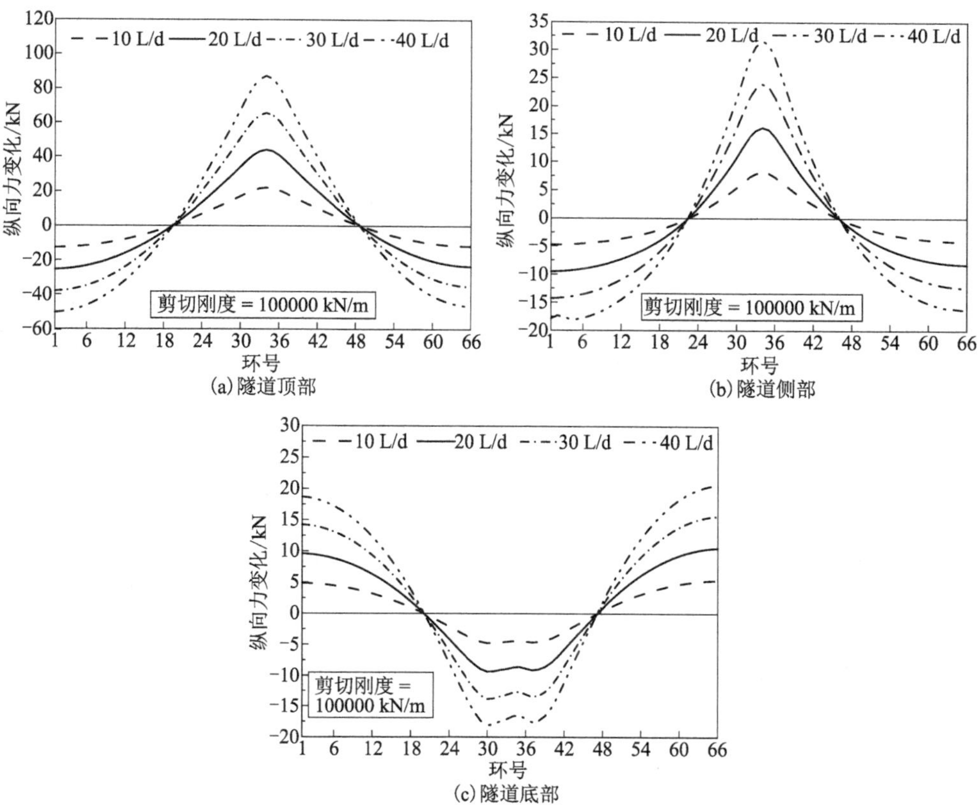

图 8-26　不同渗流量情况下隧道结构纵向力分布情况

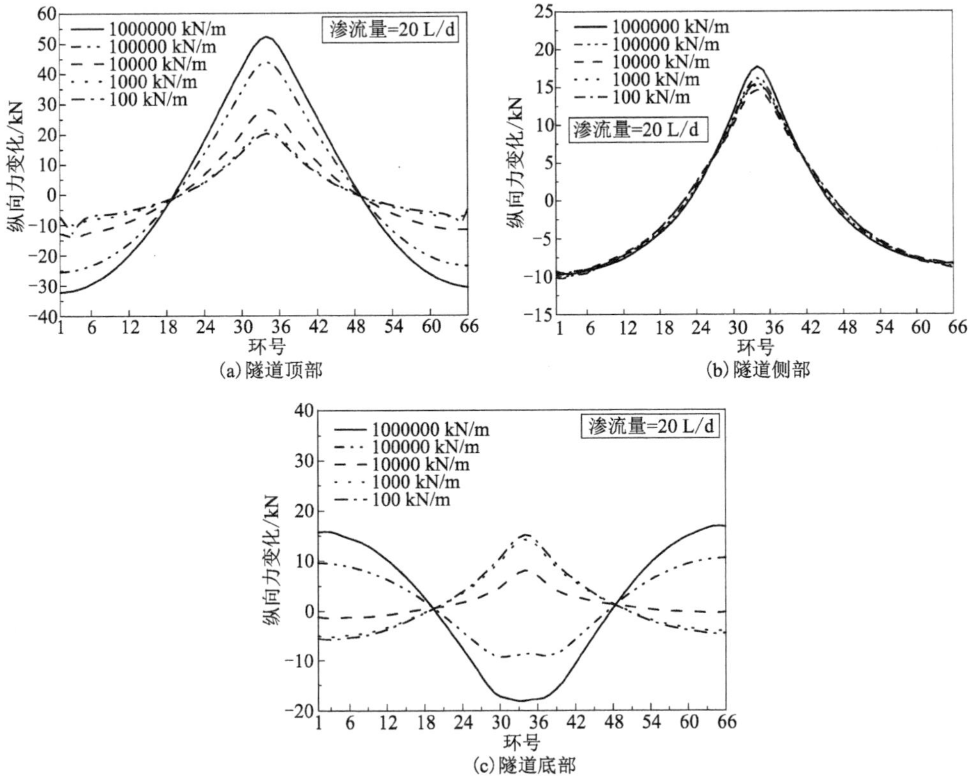

图 8-27　不同环间接头剪切刚度时隧道纵向力分布情况

在不同接头渗流量工况中，隧道顶部纵向力变化最为明显，具体表现为在隧道中部纵向力增大，而隧道两侧则减小，变化幅度基本与接头渗流量成正比。在隧道侧部，纵向力的变化规律与隧道顶部一致，但数值明显小于隧道顶部。在隧道底部，纵向力呈现的是中间减小两边增大的变化规律，同时在隧道中间较长的区域内纵向力的变化范围基本一致，该区域为 10 环左右。

在不同环间接头剪切刚度工况中，隧道顶部纵向力变化最为明显。随着环间接头剪切刚度的减小，纵向力的变化量也逐渐减小，而在隧道侧部的纵向力变化基本不明显。在隧道底部，不同的环间接头剪切刚度的隧道纵向力变化规律不同，例如，当环间接头剪切刚度大于 100000 kN/m 时，隧道中部纵向力减小而两端增大，当剪切刚度小于 100000 kN/m 时，则正好相反。王如路等(2001)[44]在分析上海地铁盾构隧道的纵向变形时提出了两种变形模式：一种是由隧道纵向弯曲引起；另外一种是由隧道管片环间的错动引起。当隧道的纵向变形是由隧道的纵向弯曲引起时，隧道的变形类似于梁，因此可能出现的隧道顶部纵向力增大，而底部减小。当隧道纵向变形由管片环间错动引起时，则对纵向力的影响应该相比于第一种情况要小。通过对不同环间接头剪切刚度工况计算，可以推断隧道纵向变形模式由环间接头刚度决定，当环间接头刚度较大时，纵向变形主要由纵向弯曲引起；而当环间刚度较小时，隧道变形主要由环间接头错动引起。

8.5.3　管片结构变形与沉降

图 8-28 和图 8-29 表示了在不同渗流量和不同环间接头剪切刚度情况下，隧道第 34 环管片横向情况，基本变形模式是隧道竖向压缩，横向扩张。从图 8-28、图 8-29 中可以看出，随着隧道渗流量从 10 L/d 增加至 40 L/d，隧道结构整体向下沉降，同时隧道竖向变形量从-36.19 mm 变化至-36.02 mm，而横向变形量从 37.28 mm 增加至 37.76 mm。由于隧道环间接头渗流是整环均匀渗流，因此对于隧道结构的横向变形影响不明显。在不同环间接头剪切刚度工况计算中，隧道横向结构变形和沉降基本没有变化。

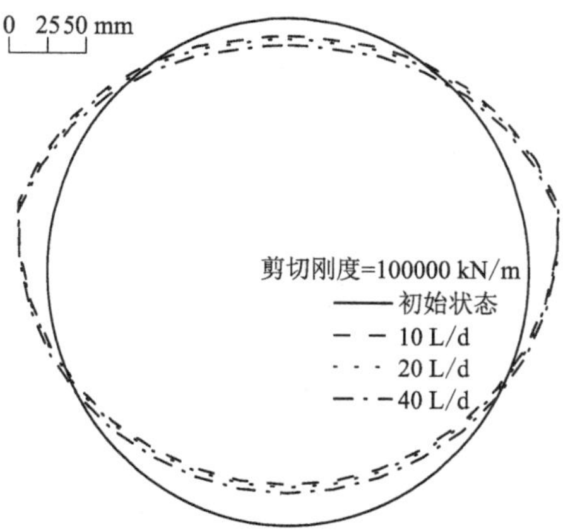

图 8-28　不同渗流量情况下渗流处隧道衬砌结构变形(放大 20 倍，单位为 mm)

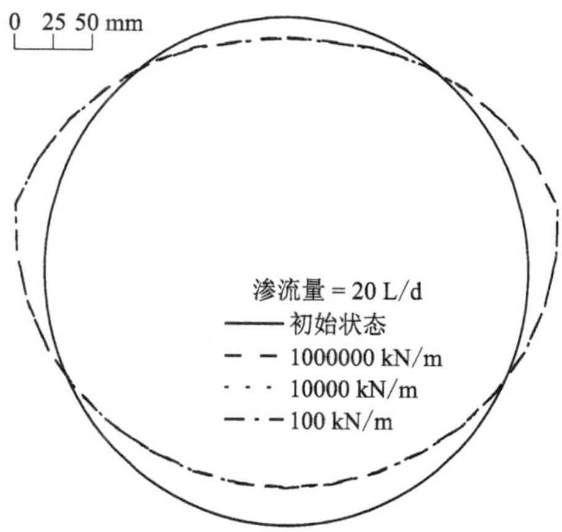

图 8-29　不同环间接头剪切刚度时渗流处隧道衬砌结构变形(放大 20 倍，单位为 mm)

图 8-30 为不同渗流量和环间接头剪切刚度时隧道顶部沉降量随时间变化情况。从图 8-30 中可知，渗流量对于隧道的沉降量的影响明显大于环间接头剪切刚度的影响；并且随着渗流量增大，隧道的沉降量成正比增加，而随着环间接头剪切刚度增加，隧道沉降量逐渐减小。

图 8-31 为在渗流 10000 d 后，不同渗流量和环间接头剪切刚度情况下，隧道纵向沉降曲线。从图 8-31(a)可知，当环间接头渗流量较大时，隧道纵向沉降量较大同时隧道中间和两端沉降差也较大，例如，接头渗流量从 10 L/100 m^2 · d 增加至 40 L/100 m^2 · d 的过程中，隧道中部和两端的差异沉降从 0.6 mm 增加至

2.6 mm。在图 8-31(b)中，则显示了不同环间接头剪切刚度情况下，隧道纵向沉降变化情况。当环间接头剪切刚度越大时，隧道中部沉降量越小而两端的沉降量越大，由此带来的隧道中部与两端的沉降差异则越小。这说明当环间接头剪切刚度越大时，隧道纵向刚度越大。通过将隧道环间接头处不同位置的剪切错动量绘于图 8-32 中发现，隧道顶部和底部的剪切错动量相对较小，而隧道侧部的剪切错动量较大，这可能是由于隧道顶部和底部发生剪切错动时受到外界土体的约束作用，而在环间接头的侧部阻碍其发生剪切的阻力较小。从隧道纵向来看，隧道中部和两端环间接头的剪切错动量相对较小，而在隧道接近中部的位置处环间接头剪切错动量较大(约在第 25 环和第 42 环处)。图 8-33 给出了不同环间接头剪切刚度情况下，隧道环间接头的剪切错动量分布情况，符合随着环间接头剪切刚度的减小剪切错动量增加的规律。

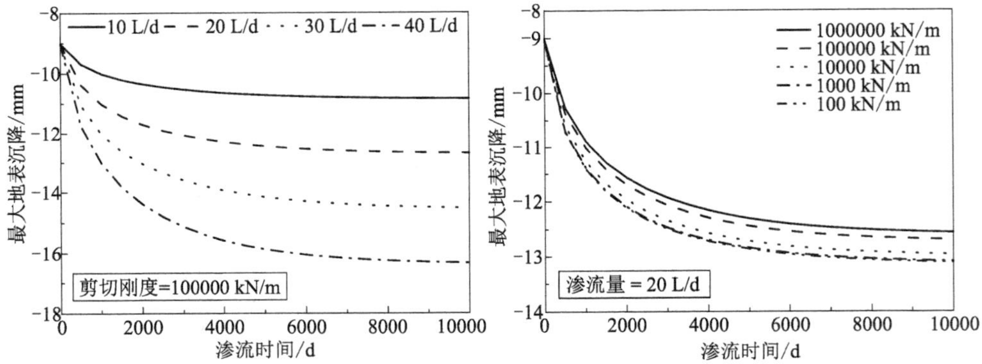

(a) 不同渗流量时　　(b) 不同环间接头剪切刚度时

图 8-30　不同渗流量和环间接头剪切刚度时地表最大沉降量

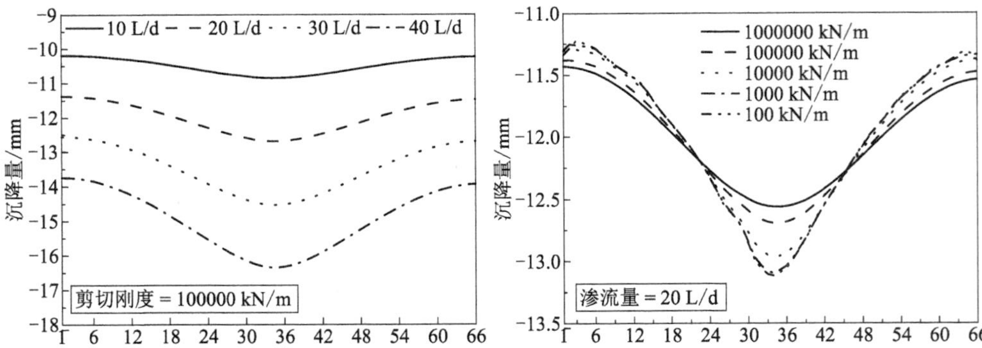

(a) 不同渗流量时　　(b) 不同环间接头剪切刚度时

图 8-31　不同渗流量和环间接头剪切刚度时隧道纵向沉降量

通过将不同环间接头剪切刚度时隧道纵向最大沉降量、差异沉降量和最大剪切错动量列于表 8-16 中发现，盾构隧道纵向沉降由隧道纵向弯曲和环间接头剪切错动两个方面引起。这两个方面所占的比例由环间接头剪切刚度决定，例如，当环间接头剪切刚度为 1000000 kN/m 时，环间接头错动引起隧道差异沉降量只占总差异沉降量的 6.2%，而随着环间接头剪切刚度的减小，环间接头错动引起的差异沉降量所占的比值迅速上升，最后可接近 92%。此时，隧道纵向差异沉降主要由隧道环间接头的剪切错动引起。

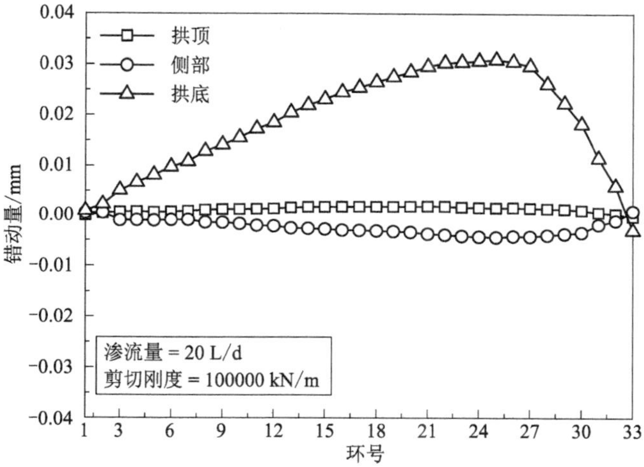

图 8-32 隧道不同部位的错动量(工况 14)

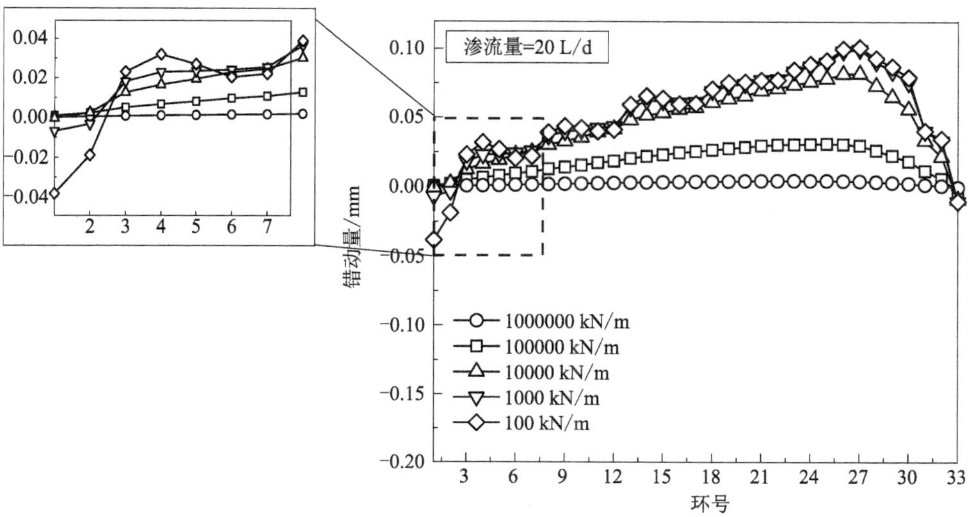

图 8-33 渗流量为 20 L/d 时不同接头刚度下隧道侧部错动量

表 8-16　环间接头剪切刚度对于隧道沉降量的影响

剪切刚度 /(kN·m^{-1})	纵向最大沉降量/mm	差异沉降量 /mm	最大剪切错动量/mm	剪切错动量累计/mm	剪切错动量占差异沉降量比值/%
1000000	12.56	1.13	4.4×10^{-3}	0.07	6.2
100000	12.69	1.31	3.1×10^{-2}	0.51	38.9
10000	12.97	1.68	8.2×10^{-2}	1.35	80.4
1000	13.10	1.76	9.9×10^{-2}	1.63	92.6
100	13.12	1.78	1.0×10^{-1}	1.65	92.7

8.6　本章小结

(1)建立了考虑接头渗流的盾构隧道流固耦合计算流程，并且通过 ABAQUS 有限元软件的子程序 DFLOW 的二次开发实现了该计算过程，计算过程中可根据实际情况对渗流发生条件和渗流量大小进行定义，从而实现盾构隧道接头渗流时流固耦合计算，以上海地铁隧道为算例分别建立了二维和三维有限元模型，进行了管片接头渗流和环间接头渗流对隧道衬砌结构和周围土体影响的分析研究。

(2)在管片接头发生渗流的计算工况中，分别对不同管片接头位置和渗流量进行了分析研究，认为管片接头位置与渗流量对衬砌结构的内力存在一定影响，具体表现为衬砌内弯矩明显增加而轴力略微减小，其中接头 2 处发生渗流对于结构的内力影响最大。例如，当接头 2 处发生大小为 0.1 L/m^2·d 的渗流并持续 10000 d 后，衬砌中弯矩增加约 14%，而轴力则减少 2.5%。

(3)管片接头发生渗流时，隧道结构的变形受到渗流量和渗流接头位置的影响。具体来说，隧道结构的变形随着渗流量的增加而增加且基本成正比。接头渗流位置对于衬砌结构的影响主要表现为：当接头 2 发生渗流时，隧道结构的侧向移动和变形均最大，当接头 3 发生渗流时次之，而接头 1 位置发生渗流时隧道结构的变形较小。

(4)管片接头渗流位置和渗流量对隧道结构的沉降和地表的沉降存在明显影响。隧道结构和地表的沉降随着管片接头的渗流量增加而增加，且也基本成正比，而发生渗流的管片接头位置不同时，隧道结构和地表的沉降规律也不同，具体表现为：当接头 1 发生渗流时地表沉降最大但隧道沉降最小，而当接头 3 发生渗流时地表沉降最小但隧道沉降最大，这主要是因为渗流接头位置不同，对土体内孔隙水压力场的影响也不同。

(5)盾构隧道结构某一环间接头发生渗流时的主要表现为隧道结构沿纵向的不均匀沉降，此时渗流量的大小和环间接头剪切刚度对隧道结构的横断面变形和内力影响较小，主要影响隧道结构的纵向变形和纵向力的分布，其中隧道顶部的纵向力变化最为明显，在发生渗流的环间接头附近，隧道顶部的纵向力明显增大且与渗流量成正比，在远离渗流接头位置处的隧道衬砌顶部，纵向力出现一定程度的减小，因为此处的环间接头有张开的趋势。

(6)在环间结构渗流计算中发现，隧道结构和地表的最大沉降量受到渗流量的影响较为明显，而环间接头剪切刚度对其有影响但小于渗流量的影响。隧道的纵向沉降变形由隧道的纵向弯曲和管片环间的错动引起，这两部分所占比例由环间接头剪切刚度决定，当环间接头剪切刚度越大时，纵向弯曲引起的纵向沉降变形越大。从数值上看，当环间接头剪切刚度从 1000000 kN/m 减小至 100 kN/m 时，环间接头错动引起隧道差异沉降量占总差异沉降量从 6. 2%增加至 92. 7%，并且在距离发生渗流的环间接头约 10 环位置处，环间接头的错动量最大。

参考文献

[1] 钱七虎. 水下隧道工程实践面临的挑战、对策及思考[J]. 隧道建设, 2014, 34(6): 503-507.

[2] 唐雄俊, 肖明清, 焦齐柱, 等. 甬舟铁路金塘海底隧道总体设计与关键技术研究[J]. 铁道标准设计, 2021, 65(10): 20-25.

[3] 徐安宁. 深圳妈湾跨海通道总体方案设计关键技术研究[J]. 城市道桥与防洪, 2018, 10(10): 5-8, 258.

[4] 谭忠盛, 贺维国, 王梦恕. 琼州海峡工程地质条件及铁路隧道方案研究[J]. 隧道建设(中英文), 2018, 38(1): 1-7.

[5] 王梦恕. 水下交通隧道发展现状与技术难题——兼论"台湾海峡海底铁路隧道建设方案"[J]. 岩石力学与工程学报, 2008, 27(11): 2161-2172.

[6] 毕湘利. 上海轨道交通提升盾构隧道结构本质安全的创新实践[J]. 城市轨道交通研究, 2024, 27(1): 1-5.

[7] 张成平, 王李斌, 唐海栋, 等. 北京地铁盾构隧道渗漏病害成因及对管片结构的影响研究[J]. 隧道建设(中英文), 2024, 44(S1): 456-466.

[8] WU H, SHEN S, CHEN R, et al. Three-dimensional numerical modelling on localised leakage in segmental lining of shield tunnels[J]. Computers and Geotechnics, 2020, 122: 103549.

[9] 王剑宏, 常洪雷, 刘健, 等. 水下盾构隧道耐久性与全生命周期设计[J]. 隧道与地下工程灾害防治, 2020, 2(2): 1-13.

[10] 何川, 刘四进, 张玉春, 等. 水下隧道衬砌结构服役安全及其保障对策思考[J]. 中国工程科学, 2017, 19(6): 44-51.

[11] 陈湘生, 徐志豪, 包小华, 等. 中国隧道建设面临的若干挑战与技术突破[J]. 中国公路学报, 2020, 33(12): 1-14.

[12] 朱祖熹. 城市隧道防水技术的现状与前景[J]. 中国建筑防水, 1998(1): 10-13.

[13] PAUL S L. Sealability tsets of gaskets between precast concrete tunnel lining segments[J]. 1978: Urbana-Champiaign: University of Illinois at Urbana-Champiaign.

[14] 陆明. 上海市地铁 2 号线衬砌接缝弹性密封垫实验研究[J]. 地下工程与隧道, 1997(3): 26-31.

[15] OHTSUKA M. Water sealing design method for shield tunnel segment with hydrophilic

sealing material[D]. Tokyo: Waseda University, 2002.

[16] SCHURCH M. Small but important-Gaskets for tunnel segments[C]. Bangkok: International Symposium on Underground Excavation and Tunnelling, 2006: 239-248.

[17] 赵运臣，肖龙鸽，刘招伟，等. 武汉长江隧道管片接缝防水密封垫设计与试验研究[J]. 隧道建设，2008，28(5)：570-575.

[18] 刘建国. 盾构管片密封垫防水机理及应用研究[D]. 上海：同济大学，2010.

[19] SHALABI F I, CORDING E J, PAUL S L. Concrete segment tunnel lining sealant performance under earthquake loading[J]. Tunnelling and Underground Space Technology, 2012, 31(5): 51-60.

[20] SHALABI F I, CORDING E J, PAUL S L. Sealant behavior of gasketed segmental tunnel lining-Conceptual model[J]. Geomechanics and Tunnelling, 2016, 9(4): 345-355.

[21] 赵明. 越江盾构隧道密封垫防水性能试验分析研究[D]. 上海：同济大学，2013.

[22] 黄星程. 高水压盾构隧道接缝防水密封垫性能研究与优化[D]. 上海：同济大学，2014.

[23] 沈佳佳. 地铁盾构隧道管片接头抗渗与耐久性能演化研究[D]. 长沙：中南大学，2014.

[24] 刘腾，袁大军，张海. 火灾高温下盾构管片接头橡胶防水性能劣化规律试验研究[J]. 土木工程学报，2015(s1)：244-249.

[25] 吴炜枫，丁文其，魏立新，等. 深层排水盾构隧道接缝防水密封垫形式试验研究[J]. 现代隧道技术，2016，53(6)：190-195.

[26] 朱洺嵚，丁文其，金跃郎，等. 上海市高水压深层排水盾构隧道管片接缝密封垫形式试验研究 [J]. 隧道建设，2017，37(10)：1303-1308.

[27] 董林伟，江玉生，杨志勇，等. 隧道管片接缝密封垫防水机理及试验研究[J]. 岩土工程学报，2017a，39(3)：469-474.

[28] 谢宏明，杜彦良，何川，等. 强震作用下大断面海底盾构隧道管片环缝防水性能[J]. 中国公路学报，2017，30(8)：201-209.

[29] 向科. 盾构隧道弹性密封垫优化设计与试验研究[J]. 中国建筑防水，2010(10)：30-35.

[30] 雷震宇. 盾构隧道管片橡胶密封垫的优化设计方法[J]. 地下空间与工程学报，2010，6(4)：770-774.

[31] 欧阳文彪. 盾构隧道橡胶密封垫力学性能试验及数值分析[J]. 隧道建设，2013，33(11)：933-936.

[32] 王文浩. 高水压盾构衬砌管片和密封垫力学特性研究[D]. 石家庄：石家庄铁道大学，2018.

[33] 罗驰，雷震宇. 孔洞排布型式对盾构隧道橡胶密封垫的受力差异及稳定性分析[J]. 城市轨道交通研究，2015，18(5)：44-47，52.

[34] 张子新，谷冠思，黄昕，等. 盾构隧道管片接头嵌入式密封垫防水性能探究[J]. 隧道建设(中英文)，2019，39(9)：1402-1411.

[35] 王湛. 水下盾构隧道弹性密封垫防水失效数值模拟研究[J]. 隧道建设，2015，35(11)：1164-1168.

[36] 孙廉威. 外界荷载作用下已建盾构隧道结构性状[D]. 杭州：浙江大学，2016.

[37] WU H, SHEN S, CHEN R, et al. Three-dimensional numerical modelling onlocalised leakage in segmental lining of shield tunnels[J]. Computers and Geotechnics, 2020, 122: 103549.

[38] ZHOU W F, LIAO S, MEN Y. A fluid-solid coupled modeling on water seepage through gasketed joint of segmented tunnels [J]. Tunnelling and Underground Space Technology incorporating Trenchless Technology Research, 2021(8): 1-14.

[39] 周文锋, 廖少明, 门燕青. 盾构隧道"T 字缝"接触应力与防水性能研究[J]. 岩土工程学报, 2020, 42(12): 2264-2270.

[40] WU H, LIU L, LIU Y, et al. Weakening behavior of waterproof performance in joints of shield tunnels under adjacent constructions[J]. Frontiers of Structural and Civil Engineering, 2023, 17(6): 884-900.

[41] YI X, ROWE R, LEE K M. Observed and calculated pore pressure and deformations induced by an earth balance shield[J]. Canadian Geotechnical Journal, 1993, 30(3): 476-490.

[42] 陈基炜, 詹龙喜. 上海市地铁一号线变形测量及规律分析[J]. 城市地质, 2000(2): 51-56.

[43] 陈勇, 朱继文. 上海地铁区间隧道渗漏水发生的机理与防治[J]. 地下空间, 2001, 21(1): 55-66.

[44] 王如路, 刘建航. 上海地铁长期运营中纵向变形的监测与研究[J]. 地下工程与隧道, 2001a(4): 6-11.

[45] O′ REILLY M P, MAIR R J. ALDERMAN G. H. Long-term settlements over tunnels: an eleven-year study at Grimsby [C]. London: Proceedings of Conference Tunnelling, 1991: 55-64.

[46] LI X. Stress and displacement fields around a deep circular tunnel with partial sealing[J]. Computers and Geotechnics, 1999, 24(2): 125-140.

[47] LI X, BERRONES R F. Time-dependent behavior of partially sealed circular tunnels[J]. Computers and Geotechnics, 2002, 29(6): 433-449.

[48] SHIN J H. A numerical study of the effect of groundwater movement on long-term tunnel behavior[J]. Geotechnique, 2002, 52(6): 391-403.

[49] 张冬梅, 黄宏伟, 杨峻. 衬砌局部渗流对软土隧道地表长期沉降的影响研究[J]. 岩土工程学报, 2005(12): 1430-1436.

[50] 包鹤立. 衬砌局部渗漏条件下软土盾构隧道的长期性态研究[D]. 上海: 同济大学, 2008.

[51] ARJNOI P, JEONG J H, KIM C Y, et al. Effect of drainage conditions on porewater pressure distributions and lining stresses in drained tunnels[J]. Tunnelling and Underground Space Technology, 2009, 24(4): 376-389.

[52] ATKINSON J H, MAIR R J. Loads on leaking and watertight tunnel linings, sewers and buried pipes due to groundwater[J]. Geotechnique, 1983, 33(3): 341-344.

[53] LEE I, NAM S. The study of seepage forces acting on the tunnel lining and tunnel face in shallow tunnels[J]. Tunnelling and Underground Space Technology, 2001, 16(1): 31-40.

[54] WONGSAROJ J, SOGA K, MAIR R J. Modelling of long-term ground response to tunnelling under St James's Park, London[J]. Geotechnique, 2007, 57(1): 75-90.

[55] 郑永来, 李美利, 王明洋, 等. 软土隧道渗漏对隧道及地面沉降影响研究[J]. 岩土工程学报, 2005(2): 243-247.

[56] 吴怀娜, 胡蒙达, 许烨霜, 等. 管片局部渗漏对地铁隧道长期沉降的影响规律[J]. 地下空间与工程学报, 2009(S2): 1608-1611.

[57] 刘印, 张冬梅, 黄宏伟. 盾构隧道局部长期渗水对隧道变形及地表沉降的影响分析[J]. 岩土力学, 2013(1): 290-298.

[58] GENT A N, CAMPION R P. Engineering with rubber: how to design rubber components[M]. 2nd ed. Munich: Hanser Publishers, 2001.

[59] MAJUMDAR A, BHUSHAN B. Fractal Model of Elastic-Plastic Contact Between Rough Surfaces, ASME Journal of Tribology[J]. Journal of Tribology, 1991, 113(1): 1-11.

[60] YU R, CHEN W, GACHOT C. Fractal modeling of elastic-plastic contact between three-dimensional rough surfaces[J]. Industrial Lubrication and Tribology, 2018(11):.

[61] WAGNER P, WRIGGERS P, KLAPPROTH C, et al. Multiscale FEM approach for hysteresis friction of rubber on rough surfaces [J]. Computer Methods in Applied Mechanics and Engineering, 2015, 296: 150-168.

[62] 董吉义. 航空密封型材接触特性分析及试验研究[D]. 哈尔滨: 哈尔滨工业大学, 2017.

[63] PERSSON B, BUCHER F, CHIAIA B. Elastoplastic contact mechanics between randomly rough surfaces[J].

[64] GREENWOOD J A, WU J J. Surface Roughness and Contact: An Apology[J]. Meccanica, 2001, 36(6): 617-630.

[65] HONGYAN C, RAN A, LIGANG C. Applicability of the Hertz Contact Theory to Rolling Rubber Cylinders Model: 2017 第二届电气工程, 机械工程与自动化国际会议[C]. 西安: 2017.

[66] OHTSUKA M. Water sealing design method for shield tunnel segment with hydrophilic sealing material[D]. Tokyo: Waseda University, 2002.

[67] STUVATEC T O A. STUVA recommendations for testing and application of sealing gaskets in segmental linings[J]. Tunnel, 2005, 8: 8-21.

[68] 刘建国, 周顺华. 考虑气囊效应的盾构隧道密封垫压缩性能分析[J]. 建筑材料学报, 2013, 16(6): 993-997.

[69] 黄星程. 高水压盾构隧道接缝防水密封垫性能研究与优化[D]. 上海: 同济大学, 2014.

[70] 赵明, 丁文其, 彭益成, 等. 高水压盾构隧道管片接缝防水可靠性试验研究[J]. 现代隧道技术, 2013, 50(3): 87-93.

[71] SHALABI F I, CORDING E J, PAUL S L. Concrete segment tunnel lining sealant performance under earthquake loading[J]. Tunnelling and Underground Space Technology, 2012, 31(5): 51-60.

[72] SCHREYER I J. Seals for monocoque segmental linings with sealing gaskets[J]. Tunnel, 2001,

1: 40-47.

[73] TIMOSHENKO S, GOODIER J. Theory of elasticity-2nd edition[M]. New York: McGraw-Hill Press, 1951.

[74] GENT A N. Engineering with rubber: how to design rubber components[M]. Munich: Hanser Publisher, 2012.

[75] DASSAULT SYSTEMES. Abaqus version 6. 12: theory manual, user's manual, verification manual and example problems manual[M]. 2012.

[76] MOONEY M. A theory of large elastic deformation[J]. Journal of Applied Physics, 2004, 11(9): 582-592.

[77] RIVLIN R S. Large elastic deformations of isotropic materials. IV. Further developments of the general theory[J]. Philosophical Transactions of the Royal SocietyA Mathematical Physical and Engineering Sciences, 1948, 241(241): 379-397.

[78] DING W Q, PENG Y C, YAN Z G, et al. Full-scale testing and modeling of the mechanical behavior of shield TBM tunnel joints[J]. Structural Engineering and Mechanics, 2013, 45(45): 337-354.

[79] LI X, YAN Z, WANG Z, et al. A progressive model to simulate the full mechanical behavior of concrete segmental lining longitudinal joints[J]. Engineering Structures, 2015, 93: 97-113.

[80] LI X, YAN Z, WANG Z, et al. Experimental and analytical study on longitudinal joint opening of concrete segmental lining[J]. Tunnelling and Underground Space Technology, 2015, 46(46): 52-63.

[81] HUANG H, SHAO H, ZHANG D, et al. Deformational responses of operated shield tunnel to extreme surcharge: a case study[J]. Structure and Infrastructure Engineering, 2017, 13(3): 345-360.

[82] SHALABI F I. Behavior of gasketed segmental concrete tunnel lining[D]. Champaign: University of Illinois at Urbana-Champaign, 2001.

[83] 吴长贵, 索双富, 张开会, 等. 基于 ABAQUS 的航空作动器 VL 密封圈有限元分析[J]. 液压与气动, 2016(1): 60-65.

[84] WANG Z, WANG L, LI L, et al. Failure mechanism of tunnel lining joints and bolts with uneven longitudinal ground settlement[J]. Tunnelling and Underground Space Technology, 2014, 40(1): 300-308.

[85] 林赞权. 大直径盾构隧道接缝双道密封垫防水机制与设计方法[D]. 长沙: 中南大学, 2023.

[86] DING W, WANG Q, QIAO Y, et al. Experimental investigation on waterproofing performance of segmental joint with double gaskets for shield tunnel[J]. Underground Space, 2022, 7(5): 898-910.

[87] 李拼. 高水压盾构隧道双道密封垫防水机理与设计方法研究[D]. 成都: 西南交通大学, 2021.

[88] LUBLINER J, OLIVER J, OLLER S, et al. A plastic-damage model for concrete [J]. International Journal of Solids and Structures, 1989, 25(3): 299-326.

[89] LEE J, FENVES G L. Plastic-damage model for cyclic loading of concrete structures [J]. Journal of Engineering Mechanics, 1998, 124(8): 892-900.

[90] FLITNEY R. Seals and sealing handbook[M]. Oxford: Butterworth-Heinemann, 2014.

[91] SPENCE D A, SHARP P W. Self-similar solution for elastohydrodynamic cavity flow [J]. Proceedings of the Royal Society Series A, 1985, 400(1819): 289-313.

[92] DESROCHES J, DETOURNAY E, LENOACH B, PAPANASTASIOU P. The crack tip region in hydraulic fracturing [J]. Proceedings of Royal Society London, Series A, 1994 (447): 39-48.

[93] GARAGASH D, DETOURNAY E. The tip region of a fluid-driven fracture in an elastic medium [J]. Journal of Applied Mechanics, 2000, 67(1), 183-192.

[94] MEDLIN W L, MASSE L. Laboratory experiments in fracture propagation [J]. Society of Petroleum Engineers, 1984, 24(3): 256-268.

[95] GROENENBOOM J, VAN DAM D B, DE PATER C J. Time lapse ultrasonic measurements of laboratory hydraulic fracture growth: width profile and tip behavior[C]. Houston: Proceedings of SPE Annual Technical Conference and Exhibition, 2001: 14-24.

[96] BUNGER A P, DETOURNAY E, JEFFREY R G. Crack tip behavior in near-surface fluid-driven fracture experiments[J]. Comptes Rendus Mecanique, 2005, 333(4): 299-304.

[97] PERKINS T K, KERN L R. Widths of hydraulic fractures [J]. Journal of Petroleum Technology, 1961, 13(9): 937-949.

[98] GEERTSMA J, DE KLERK F. A rapid method of predicting width and extent of hydraulic induced fractures[J]. Journal of Petroleum. Technology, 1969, 21(12): 1571-1581.

[99] ABE H, KEER L M, MURA T. Growth rate of a penny-shaped crack in hydraulic fracturing of rocks [J]. Journal of Geophysical Research, 1976, 81(35): 6292-6298.

[100] HUANG N C, SZEWCZYK A A, LI Y C. Self-similar solution in problems of hydraulic fracturing[J]. Journal Appllied Mechanics, 1990, 57(4): 877-881.

[101] CARBONELL R, DESROCHES J, DETOURNAY E. A comparison between a semi-analytical and a numerical solution of a two-dimensional hydraulic fracture[J]. International Journal of Solids and Structures, 1999, 36(31-32): 4869-4888.

[102] SAVITSKI A, DETOURNAY E. Propagation of a fluid-driven penny-shaped fracture in an impermeable rock: asymptotic solutions [J]. International Journal of Solids and Structures, 2002, 39(26): 6311-6337.

[103] GARAGASH D, DETOURNAY E. Plane-strain propagation of a fluid-driven fracture: small toughness solution[J]. Journal of Applied Mechanics, 2005, 72(6): 916-928.

[104] KHRISTIANOVIC S, ZHELTOV Y. Formation of vertical fractures by means of highly viscous fluids[C]. Rome: Proceedings of the 4th World Petroleum Congress, 1955: 579-586.

[105] BARENBLATT G I. On the formation of horizontal cracks in hydraulic fracture of an oil-bearing

stratum[J]. Prikl. Mat. Mech., 1956(20): 475-486.

[106] JEFFREY R G, SCHLUMBERGER D. The combined effect of fluid lag and fracture toughness on hydraulic fracture propagation [C]. Denver: Proceedings of Joint Rocky Mountain Regional/Low Permeability Reservoirs Symposium and Exhibition, 1989: 269-276.

[107] ADVANI S H, LEE T S, DEAN R H, et al. Consequences of fluid lag in three-dimensional hydraulic fractures [J]. International Journal for Numerical and Analytical Methods in Geomechanics, 1997, 21(4): 229-240.

[108] NILSON R H. Gas driven fracture propagation[J]. Journal Applied Mechanics, 1981(48): 757-762.

[109] GARAGASH D. Propagation of a plane-strain hydraulic fracture with a fluid lag: Early-time solution[J]. International Journal of Solids and Structures, 2006, 43(18-19): 5811-5835.

[110] LECAMPION B, DETOURNAY E. An implicit algorithm for the propagation of a hydraulic fracture with a fluid lag[J]. Computer Methods in Applied Mechanics and Engineering, 2007(196): 4863-4880.

[111] BATCHELOR G K. An Introduction to Fluid Dynamics [M]. Cambridge: Cambridge University Press, 1967.

[112] SNEDDON I, LOWENGRUB M. Crack Problems in the Classical Theory of Elasticity [M]. New York: John Wiley & Sons, 1969.

[113] DETOURNAY E. Propagation regimes of fluid-driven fractures in impermeable rocks[J]. International Journal of Geomechanics, 2004, 4(1): 35-45.

[114] ADACHI J I, DETOURNAY E. Self-similar solution of a plane-strain fracture driven by a power-law fluid [J]. International Journal for Numerical and Analytical Methods in Geomechanics, 2002, 26(6): 579-604.

[115] RICE J R. The mechanics of earthquake rupture[C]. Amsterdam: North-Holland Publishing Company, 1980.

[116] 徐中华. 上海地区支护结构与主体地下结构相结合的深基坑变形性状研究[D]. 上海: 上海交通大学, 2007.

[117] 方勇, 何川. 土压平衡式盾构掘削面支护压力特性分析[J]. 岩土力学, 2009(11): 3528-3532.

[118] 胡江顺, 郭小红, 等. 管片接缝防水可靠性试验及数值分析研究[R]. 武汉: 中交第二公路勘察设计研究院有限公司, 2012.

[119] 顾赟. 青草沙输水隧道防水密封设计[J]. 中国建筑防水, 2010(18): 32-36.

附录：本书内容发表的相关期刊论文

[1] DING W Q, GONG C J, MOSALAM M K, et al. Development and application of the integrated sealant test apparatus for sealing gaskets in tunnel segmental joints [J]. Tunnelling and Underground Space Technology, 2017, 63: 54-68.

[2] GONG C J, DING W Q, SOGA K, et al. Sealant behavior of gasketed segmental joints in shield tunnels: An experimental and numerical study [J]. Tunnelling and Underground Space Technology, 2018, 77: 127-141.

[3] GONG C J, DING W Q. A computational framework to predict the water-leakage pressure of segmental joints in underwater shield tunnels using an advanced finite element method [J]. International Journal for Numerical and Analytical Methods in Geomechanics, 2018, 42(16): 1957-1975.

[4] GONG C J, DING W Q, SOGA K, et al. Failure mechanism of joint waterproofing in precast segmental tunnel linings [J]. Tunnelling and Underground Space Technology, 2019, 84: 334-352.

[5] GONG C J, DING W Q, MOSALAM M K. Performance-based design of joint waterproofing of segmental tunnel linings using hybrid computational/experimental procedures[J]. Tunnelling and Underground Space Technology, 2020, 96: 103172.

[6] GONG C J, DING W Q, XIE D W. Parametric investigation on the sealant behavior of tunnel segmental joints under water pressurization[J]. Tunnelling and Underground Space Technology, 2020, 97: 103231.

[7] GONG C J, WANG Y Y, PENG Y C, et al. Three-dimensional coupled hydromechanical analysis of localized joint leakage in segmental tunnel linings[J]. Tunnelling and Underground Space Technology, 2022, 130: 104726.

[8] GONG C J, CHENG M J, PENG Y C, et al. Seepage propagation simulation of a tunnel gasketed joint using the cohesive zone model [J]. Tunnelling and Underground Space Technology incorporating Trenchless Technology Research, 2024, 147: 105726.

[9] GONG C J, CHENG M J, FAN X, et al. Hydraulic fracturing-based analytical method for determining seepage characteristics at tunnel-gasketed joints [J]. Journal of Central South University, 2025, 32(4): 1520-1534.

[10] GONG C J, CHENG M J, ZHU H H, et al. A novel computational framework for progressive seepage modeling of tunnel double-gasketed joint [J]. Tunnelling and Underground Space Technology, 2024, 57(3): 106348.

[11] 彭益成, 龚琛杰, 丁文其, 等. 考虑管片接头渗流的盾构隧道流固耦合模型研究[J]. 土木工程学报, 2022, 55(04): 95-108.

[12] 彭益成, 龚琛杰, 丁文其. 基于零厚度内聚力单元的盾构隧道接缝密封垫张开渗流行为研究[J]. 中南大学学报(自然科学版), 2022, 53(11): 4485-4493.

[13] 龚琛杰, 程明进, 林赞权, 等. 盾构隧道管片接缝密封垫接触性态的感知与分析[J]. 中南大学学报(自然科学版), 2025, 56(1): 269-282.